EVROPA

Terror und Liberalismus: Ein Ereignis und eine Sorge waren Anlass für dieses Buch. Zum einen der 11. September und zum anderen seine politische Bewertung. Warum verbeißt sich die liberale Kritik am Handeln der USA, warum an Israel? Warum unterstützt niemand die Sache moderater Muslime? Paul Berman konstatiert mit Besorgnis, dass die liberale Gesellschaft die Gefahren des radikalen Islams unterschätzt.

Um diesen Verdacht zu erhärten, begibt er sich auf die Spurensuche nach den politischen und geistigen Quellen des Islamismus. Berman sucht im Nahen Osten und in Europa. Und er macht eine schreckliche Entdeckung: Seine These lautet, dass der Todeskult des Nationalsozialismus und der Stalinzeit heute in den Selbstmordattentaten seine Fortsetzung findet. Sehr eindrücklich porträtiert er das Werk des islamistischen Chefideologen Qutb, der in den 50er Jahren – im ägyptischen Gefängnis – ein fünfzehnbändiges Opus schrieb über den Islam als totale Weltanschauung. Für Qutb ist das plurale Nebeneinander konkurrierender Weltsichten in den offenen Gesellschaften die Quelle moralischen Verfalls schlechthin, vor der es die (islamische) Welt zu schützen gilt. Weit davon entfernt, Islamismus als Armuts- oder Unterdrückungsphänomen zu werten, aber auch weit davon entfernt, einem »Kampf der Kulturen« das Wort zu reden, fordert Berman, die Gefahr des totalitären Denkens endlich ernst zu nehmen, die Fehler der europäischen Geschichte nicht noch einmal zu wiederholen.

Paul Berman, geboren 1949, ist einer der profiliertesten politischen Essayisten der USA. Seine Literatur- und Kulturkritiken erscheinen regelmäßig in der *New York Times*, der *New Republic* oder in *Dissent*. Paul Berman im Urteil der Presse: »einer der führenden amerikanischen Intellektuellen« *(Sunday Times)*, »ein hervorragender Intellektueller der Zeitgeschichte« *(The Economist)*, »einer der bedeutendsten amerikanischen Kulturkritiker« *(Yomiuri Shinbum*, Tokio). In deutscher Übersetzung liegt vor: *Zappa Meets Havel. 1968 und die Folgen – eine politische Reise*, Rotbuch 1998.

PAUL BERMAN

Terror und Liberalismus

Aus dem Amerikanischen
von Hans-Joachim Maass

Europäische Verlagsanstalt

Die Originalausgabe »Terror and Liberalism« erschien 2003
bei W.W. Norton, New York
© 2003 by Paul Berman

Informationen zu unseren Verlagsprogrammen finden Sie im Internet
unter www.europaeische-verlagsanstalt.de

Bibliografische Information Der Deutschen Bibliothek

Die Deutsche Bibliothek verzeichnet diese Publikation in der
Deutschen Nationalbibliografie; detaillierte bibliografische Daten
sind im Internet über http://dnb.ddb.de abrufbar

© Europäische Verlagsanstalt | Sabine Groenewold Verlage, Hamburg 2004
Umschlaggestaltung: projekt ® | Walter Hellmann, Hamburg
Umschlagfoto: © Mauritius / Cupak
Signet: Dorothee Wallner nach Caspar Neher »Europa« (1945)
Herstellung: Das Herstellungsbüro, Hamburg
Druck und Bindung: Clausen & Bosse, Leck
Alle Rechte vorbehalten
Printed in Germany
ISBN 3-434-50579-2

INHALT

*Hier sind Selbstmord und Mord
zwei Seiten desselben Systems.*
ALBERT CAMUS

*Der Tod kommt zu allen,
doch auf ihn wartet das Martyrium.
Er wird zum Garten weiterwandern,
während seine Eroberer ins Feuer gehen.*
SAYYID QUTB

Vorwort: Brief an einen fernen Leser

Dieses Buch wurde am 11. September 2001 geboren. Meine Wohnung liegt in Brooklyn, Lower Manhattan gegenüber am Ostufer des East River, und an jenem Morgen stolperte ich nach oben auf das Flachdach, um zu sehen, weshalb meine Nachbarn einen solchen Lärm machten und die Treppe hinauf- und hinunterrannten. Und dann sah ich es. Die beiden Türme glänzten silbrig im fernen Manhattan. Die Flugzeuge waren schon eingeschlagen, und die Spitzen beider Türme waren in scheußliche Flammen gehüllt. Rauch quoll in Strömen von Schwarz und Grau nach oben, und über dem Rauch flatterten winzige weiße Flecken. Ich hielt diese Flecken für Seemöwen, von der Katastrophe angelockt. Sie erwiesen sich als Geschäftspapiere, die durch die Wucht der Hitze aus den Gebäuden hinausgetragen worden waren. Viele Stunden später erfuhr ich, dass einige dieser flatternden Flecken Teile menschlicher Leiber waren, die auf Strömen heißer Luft aufs Meer hinausgetragen wurden oder nach unten auf das Straßenpflaster trieben; manche wurden sogar quer über den Hafen nach Brooklyn geweht. Ein silbernes Halsband, das so breit war wie ein Gebäude, fiel direkt nach unten. Ich dachte, dass es vielleicht eine Fassade war, die vom Gebäude weggerissen worden war. Es war keine Fassade. Der Rauch und der Qualm lichteten sich für eine Sekunde, und einer der Türme war verschwunden.

Ich arbeite schon seit vielen Jahren als Journalist. Normalerweise schreibe ich über Bücher und Kunst, gelegentlich politische Kommentare. Ich habe aber auch genügend Kriege und Revolutionen miterlebt, über die ich getreulich für verschiedene Zeitschriften in den Vereinigten Staaten berichtet habe. Während der 80er und 90er Jahre berichtete ich aus Mittelamerika über die sandinistische Revolution und verschiedene Kriege. Manchmal befand ich mich in schwierigen Situationen, etwa wenn ich auf Straßen fuhr, die womöglich vermint waren, oder hörte, wie in nicht allzu weiter Ferne Bomben detonierten. Und dennoch kritzelte ich dabei unentwegt in meinem Notizbuch weiter – ein kühler und beherrschter Profi, wie ich meinte, der seinem journalistischen Geschäft nachgeht. Und folglich ließen mich meine Reporterinstinkte am 11. September, als der erste Turm schon verschwunden war, die Treppe in meine Wohnung hinunterrennen, um Stifte und Papier zu holen. Der verbleibende Turm war vom Fenster meines Arbeitszimmers aus noch hinter den gewaltigen Rauchwolken zu sehen. Ich suchte tastend in meiner Schreibtischschublade, warf einen Blick zum Fenster – und da war auch der zweite Turm verschwunden.

Ich hatte keine Ahnung, was da passierte oder was das alles zu bedeuten hatte. Aus dem Radio erfuhr ich sehr wenig. Die Sprecher gaben sich die größte Mühe, ruhig zu bleiben – auch sie waren kühle und beherrschte Profis, wenn man von dem erstickten Tonfall ihrer Stimmen absieht –, und gaben Gerüchte weiter, die sie mit aller Vorsicht als unbestätigt bezeichneten. Sie meldeten ein Gerücht, dass auch das Pentagon zum Ziel eines Anschlags geworden sei – was sich als wahr erwies. Doch dann fiel mir wieder etwas ein. Ich wusste, dass an einem gewöhnlichen Werktag rund 50 000 Menschen im World Trade Center arbeiten konnten. Auf dieser Grundlage stellte ich mir vor, soeben den Tod von vermutlich Zehntausenden von Menschen miterlebt zu haben. Wie sich herausstellte, hatten die beiden Türme dem Einschlag der Flugzeuge fast eine Stunde standgehalten, bevor ich mein Flachdach erreichte, und den meisten Menschen war es inzwischen gelungen, auf die Straße zu entkommen. Am Ende waren in Manhattan insgesamt weniger als 3000 Todesopfer zu beklagen;

hinzu kamen einige hundert im Pentagon und in der vierten gekaperten Maschine, die in Pennsylvania abstürzte. Auch so waren das große Zahlen. Doch in dem Buch, das ich später zu schreiben begann – dem Buch, das Sie gerade in den Händen halten –, sind immense Zahlen ermordeter Menschen ein immer wiederkehrendes Thema. Tötungen in einem industriellen Maßstab: ein Motiv unserer Zeit.

Vielleicht übertreibe ich es mit meiner unerschütterlichen Beherrschung. Als ich in meinem Wohnzimmer stand, brachte ich sogar Notizen zu Papier – »goldene Flammen«, »weiße Flecken« –, als ich von Radiosender zu Radiosender schaltete. (Das Fernsehgerät zeigte kein Bild: Die Sendemasten waren auf dem World Trade Center angebracht gewesen und jetzt zerstört.) Doch was sollte ich mit diesen hingekritzelten Notizen tun? Ich überlegte, ob ich die Redakteure der *Village Voice* anrufen sollte – der alternativen linken Zeitschrift in New York, für die ich in den 80er Jahren gearbeitet hatte. Aber funktionierten die Telefone?

Sie funktionierten. Das Telefon läutete – jemand rief mich an. Es war ein Redakteur der Zeitschrift *The New Republic*, der aus Washington anrief. Er wollte sich erkundigen, ob mit mir alles in Ordnung war. Ja sicher, *The New Republic* – diese Zeitschrift hatte ich total vergessen! *The New Republic* war meine jetzige Zeitschrift. Doch irgendwie war sie mir total entfallen. Und nicht nur die Zeitschrift – mein Leben in der Gegenwart, die letzten zehn Jahre und überhaupt. Der Redakteur wollte einen Artikel und bat mich, ihn später am Tag per E-Mail zu schicken.

Ich hatte also Arbeit vor mir. Und mit Kugelschreibern und Notizbuch versehen begab ich mich auf die Straße, um zu sehen, was es dort zu sehen gab – begab mich durch die Haustür auf den Bürgersteig und die breiten Fahrbahnen der Atlantic Avenue. Die Bürgersteige waren voll von Leuten aus Lower Manhattan. Es war die größte Menschenmenge, die ich je gesehen habe. Menschen quollen über die Brücken nach Brooklyn und schwärmten mit aschgrauen Füßen auf den Avenues aus. Diese buntscheckige Menschenmenge ist für

New York City so typisch wie sonst nur für sehr wenige Orte auf Erden, eine Menge, deren rußige und bleiche Gesichter aus jedem Land und jedem Kontinent der Erde zu sein schienen. Alle trotteten in die gleiche Richtung – bloß weg! weg von dem silbrigen Staub in Manhattan, weg von der ungeheuren Katastrophe. Und ich stand da, mit Kugelschreiber und Papier, und hielt erst einen erschöpften Passanten an, dann einen anderen, um zu fragen, was jeder von ihnen gesehen hatte – ob er gesehen hatte, wie Menschen aus großer Höhe zu Boden stürzten, die Panik auf den Brücken, den Rauch – und brachte meine Notizen und Gedanken sorgfältig zu Papier.

Und so begann mein Buch Gestalt anzunehmen – kein Buch über den 11. September, ebenso wenig ein Buch über New York, sondern Reflexionen über Geschichte und Politik, über die liberale Gesellschaft und ihre Feinde.

Der größte Teil des Buches entstand im Sommer und Herbst 2002 – das heißt während des kurzen Zeitraums zwischen der Invasion Afghanistans und der Invasion des Irak. Sie werden auf diesen Seiten also das Bild eines Mannes im Strudel dieser Ereignisse sehen, der ein schlüssiges Bild der Welt zu zeichnen versucht, ohne zu wissen, wie eins dieser ungeheuren Vorhaben ausgehen wird. Ich weiß noch immer nicht, wie sich die Dinge entwickeln werden – und Sie, lieber Leser, wissen es auch nicht, es sei denn, Sie lesen diese Seiten in hundert Jahren.

Ich erinnere mich aber genau daran, welches meine Hoffnungen während dieser Monate des Schreibens waren. Ich hatte, wenn auch ein wenig wehmütig, gehofft, dass die Leute an der Spitze der amerikanischen Regierung sich klar machen würden, dass der Terrorismus in seiner Version vom 11. September mehr war als ein Ausbruch des »Bösen«, um das Wort von George W. Bush zu verwenden. Ich hatte gehofft, dass die amerikanische Führung in den terroristischen Doktrinen eine Version derselben apokalyptischen und paranoiden Weltanschauungen erkennen würde, die einmal den europäischen

Totalitarismus in der Vergangenheit belebt hatten. Ich hatte gehofft, die Führung Amerikas würde den Krieg gegen den Terror als einen Krieg gegen einen neuen Ausbruch von Totalitarismus sehen – selbst wenn die Vertreter dieses Totalitarismus sich diesmal als fromme Muslime oder aufrichtige Nationalisten der arabischen Sache ausgaben, ohne jede Verbindung zu den europäischen Bewegungen der nicht sehr fernen Vergangenheit. Ich hatte gehofft, dass der amerikanische Präsident in einem Anflug von Hellsichtigkeit die politischen Grundsätze benennen würde, die in einem solchen Krieg auf dem Spiel stehen – dass er in einer politischen Sprache sprechen würde, die geeignet war, die Sympathie und den Idealismus von Menschen aus anderen Ländern zu wecken. Ich hatte gehofft, dass Amerikas Präsident seine Prägung und intellektuellen Grenzen überwinden und Berater um sich scharen würde, die über andere Talente verfügten als er selbst, um dann auf diese Weise einen Krieg der Ideen zu führen, einen Krieg von Doktrin gegen Doktrin, ausgetragen auf der Ebene einer öffentlichen Auseinandersetzung und zugleich auf der Ebene eines qualifizierten philosophischen Streits.

Ich hatte gehofft, der Präsident würde die humanitäre Katastrophe in den Vordergrund rücken, die der Totalitarismus in seinem muslimischen Gewand schon in vielen Regionen angerichtet hatte – eine Katastrophe, unter der Muslime stärker zu leiden haben als alle anderen. Ich hatte gehofft, er würde der Welt erklären, dass das Massaker vom 11. September lediglich ein weiteres Ereignis in dieser schrecklichen Geschichte sei – der Tropfen, der das Fass zum Überlaufen gebracht hatte, was Amerikas Bereitschaft angeht, sich diesen furchterregenden Bewegungen entgegenzustellen. Ich hatte gehofft, Amerikas Präsident würde auf die Ähnlichkeiten zwischen den Kriegen in Afghanistan und im Irak einerseits und dem Krieg der Nato im Kosovo andererseits hinweisen. Ich hatte gehofft, er würde sich auf die moderne Tradition der humanitären Intervention und der internationalen Verantwortung berufen – eine zwar schwach entwickelte und äußerst unsichere Tradition, aber dennoch eine sehr ehrenwerte.

Ich hatte auf ein energisches und strenges Durchgreifen gehofft, auf dynamisches Handeln, Voraussicht und sogar Aufrichtigkeit – hatte gehofft, in diesem Fall von den normalen Machenschaften und Verlogenheiten von Politikern verschont zu werden. Ich gründete meine Analyse zwar nicht auf diese Hoffnungen, schon gar nicht auf eine besondere Wertschätzung der Weisheit oder Überredungskunst des Präsidenten, auch nicht auf die Weisheit seiner Berater. Im Gegenteil!

Ich hatte gehofft, liberal gesinnte Menschen überall in den westlichen Ländern würden erkennen, dass die muslimische Welt kein ferner Planet ist, obwohl manche es gern so darstellen. Ich hatte gehofft, es würden zahlreiche Europäer und nicht nur ein paar erkennen, dass Europa es in seiner kreativen Dynamik geschafft hatte, die bösartigsten Lehren seiner Vergangenheit in die muslimische Welt zu exportieren, und dass die reichsten und mächtigsten Länder Europas sich nicht vor den Konsequenzen drücken und die Hände in Unschuld waschen dürften. Ich hatte gehofft, die Menschen würden die Gefahr erkennen, die von den totalitären Bewegungen der Gegenwart ausgeht – die Gefahren für die muslimische Welt, aber auch für alle anderen: die Gefahren, die sich schon an zahlreichen Orten als ganz und gar real erwiesen hatten. Ich denke dabei an die verschiedenen Bombenattentate in den Straßen von Paris während der 1980er Jahre, an das Flugzeug, das Entführer am Eiffelturm hatten zerschellen lassen wollen, und an das Flugzeug, das über Schottland in die Luft gesprengt wurde, an eine Disco in Berlin, die zum Ziel eines Bombenanschlags wurde, und an die terroristischen Bombenattentate auf jüdische Einrichtungen im fernen Buenos Aires sowie an zahlreiche Massaker und Mordanschläge überall auf der Welt, auch außerhalb des Nahen Ostens.

Ich hatte gehofft, die Menschen würden verstehen, dass am 11. September ein Tabu verletzt worden war, nämlich das Verbot des Versuchs, gezielt eine große Anzahl Unschuldiger zu töten; und dass die Wahrscheinlichkeit wahrhaft massiver Zahlen von Todesopfern bei zukünftigen Anschlägen größer, tausendmal größer geworden war als je in der Vergangenheit. Ich hatte gehofft, dass wohlmeinende Menschen überall die verbalen Taktlosigkeiten des amerikanischen Präsidenten, seine besorgniserregenden Vorstellungen über eine amerikanische Hegemonie und seine unsympathische Politik in Fragen des weltweiten Treibhauseffekts und der Handelsbeziehungen mit einem Achselzucken abtun und ihre eigenen Schlüsse ziehen würden. Ich hatte gehofft, man würde sich durch die gelegentlichen Torheiten des Weißen Hauses nicht entmutigen lassen und Möglichkeiten finden, einen echten eigenen Kampf aufzunehmen – nicht gegen Amerika, sondern gegen Terroristen und Anhänger des Totalitarismus, gegen den Faschismus unserer Zeit. Das war meine Hoffnung gewesen – eine hochfliegende, ausgefallene Hoffnung! Sie erwies sich weitgehend als vergeblich oder hat sich zumindest bis jetzt als vergeblich erwiesen – eine Hoffnung, die, wie ich annehme, aus Verzweiflung entstanden war.

Ich kann jedoch nicht behaupten, dass mich die Enttäuschung schockiert oder auch nur leicht überrascht hätte. Auch bin ich nicht bestürzt. Mein Buch bietet eine Darstellung des modernen Todeskults – einen Bericht über die Motive und ideologische Gestalt des Terrorismus. Und das Buch legt außerdem Beobachtungen über die dunkle Nemesis des Terrorismus vor, über das, was der Terror fürchtet, verachtet und zu vernichten wünscht. Nämlich den Liberalismus – doch damit meine ich nicht die Philosophie des ungezügelten Kapitalismus. Ich meine die Philosophie der Freiheit und die Praxis der Freiheit. Ich meine den Liberalismus, der den Menschen ihre Gedankenfreiheit lässt, der Kirche und Staat in getrennten Sphären hält und es ablehnt, jeder menschlichen Tätigkeit eine allumfassende Doktrin oder Wahrheit aufzuerlegen. Wenn ich auf diesen Seiten von Liberalismus spreche, schwebt mir manchmal auch die eng gefasste amerikanische Bedeutung dieses Begriffs vor – ich meine dann den Liberalismus der realistischen und demokratischen Linken in den Vereinigten Staaten, den amerikanischen Liberalismus, der trotz einiger freiheitlicher Besonderheiten in vielerlei Hinsicht einer der wichtigsten politischen Strömungen Westeuropas in der Neuzeit ähnelt, der Sozialdemokratie des modernen Westens. In diesen verschiedenen Bedeutungen des Wortes habe ich über den Liberalismus eine Menge zu sagen. Ich mache meine Kommentare in einem freundlichen Geist, nämlich angesichts der Tatsache, dass ich auf meine Weise selbst ein Liberaler bin, sowohl in dem allgemeinen philosophischen Sinn als auch in dem eng gefassten amerikanischen Sinn des politisch links gerichteten Bürgers.

Doch meine Beobachtungen über den Liberalismus und die Liberalen haben in mir keinen übertriebenen Optimismus ausgelöst. Denn in der liberalen Vorstellungswelt hat es immer eine merkwürdige Schwäche gegeben, eine Einfachheit oder Aufrichtigkeit, etwas Kindliches – eine Art Unschuld, die auf das neunzehnte Jahrhundert und eine vielleicht noch frühere Zeit zurückgeht und Menschen mit den höchsten Idealen und den aufgeklärtesten Grundsätzen wiederholt dazu gebracht hat, sich über ihre schlimmsten Feinde schwer zu täuschen. Die ganze Geschichte des zwanzigsten Jahrhunderts – zumindest große Teile davon – lässt sich als eine Geschichte der entschiedensten Feinde des Liberalismus darstellen – und als eine Geschichte der Weigerung des Liberalismus, seine entschiedensten Feinde zu verstehen.

Heute sind wir schon ein gutes Stück im einundzwanzigsten Jahrhundert vorangekommen; das sagt uns zumindest der Kalender. Und doch zeigen uns die Fernsehnachrichten jeden Tag aufs Neue Menschenmengen, die Loblieder auf den Tod skandieren – ganz so, als lebten wir noch im zwanzigsten Jahrhundert. »Mit unserem Blut und unseren Seelen opfern wir uns für dich, Saddam!« Und jeden Tag bringen uns die Fernsehnachrichten Bilder von anderen Menschen in anderen Teilen der Welt, den *Guten*, den Gewissenhaften – die einfach nicht glauben wollen, dass man Loblieder auf den Tod singt. Die Feinde des Liberalismus, die Verleugnungen des Liberalismus.

Die Kriege in Afghanistan und im Irak sowie die Gewalt an einigen anderen Orten mögen unendlich komplex sein; und doch zeichnen sich diese Kriege für meine Begriffe durch eine bestimmte Einfachheit aus. Sie sind nämlich ein einziger Krieg: der Krieg des modernen muslimischen Totalitarismus in seinen verschiedenen Erscheinungsformen, der mit aller Kraft gegen die Befürworter der liberalen Idee kämpft, unter denen sich sowohl Muslime wie Nichtmuslime finden. Und im Stil des zwanzigsten Jahrhunderts spielt sich dieser Krieg unter Umständen ab, die von absurder Verwirrung geprägt sind – die amerikanische Regierung ist unfähig zu definieren, was eigentlich auf dem Spiel steht, und daher nicht in der Lage, intelligent zu planen oder angemessen zu handeln; und die Kritiker der amerikanischen Regierung sind nicht bereit, Amerikas Versäumnisse und Mängel auszugleichen, nicht bereit, überhaupt irgendeine große Rolle zu spielen, es sei denn als Kritiker der amerikanischen Regierung. Wir befinden uns in einer Situation, in der liberal gesinnte Menschen in Afghanistan, im Irak und vielleicht auch anderenorts, nämlich die tapferen muslimischen Liberalen, gegen ihre und unsere Feinde um ihr Leben kämpfen. Sie brauchen dringend Solidarität und Unterstützung durch Menschen mit ähnlichen Ideen überall in der Welt. Außerdem müssen wir feststellen, dass die Massenbewegungen der politischen Linken überall auf der Welt, die natürlichen Verbündeten der muslimischen Liberalen, nicht einmal im Traum daran denken würden, sich auf die Seite der muslimischen Liberalen zu schlagen – aus Furcht, den amerikanischen Imperialismus zu unterstützen.

Wir müssen erkennen, dass die verschiedenen Strömungen des muslimischen Totalitarismus während des letzten Vierteljahrhunderts buchstäblich Millionen von Menschen ermordet haben. Allein die Regierung Saddam Husseins war für den Tod von vielen Hunderttausend verantwortlich. Und wir müssen gleichfalls erkennen, dass in all diesen Jahren kein Mensch je daran gedacht hat, eine wirklich umfassende globale Massenbewegung oder Mobilisierung zu organisieren, um gegen diese Massentötungen zu protestieren und sie zu brandmarken. Im Gegenteil – die größten internationalen Demonstrationen der Weltgeschichte, die Demonstrationen, die Anfang des Jahres 2003 stattfanden, wurden abgehalten, um gegen George W. Bushs Plan zum Sturz Saddam Husseins zu protestieren. Das ist eine absurde Situation, eine unmögliche Verwirrung – ein Anzeichen moralischer Verfinsterung.

Doch genau dies ist die geistige Unklarheit, die es totalitären Regimen und Bewegungen in der Vergangenheit erlaubt hat, ungestört zu gedeihen. Denn das totalitäre Zeitalter war auch das Zeitalter der liberalen Blindheit – sonst wäre es nicht das totalitäre Zeitalter gewesen. So sah die Vergangenheit aus. Sie ist immer noch lebendig – und das nicht nur in Augenblicken, in denen die Katastrophen sich zufällig vor unseren Augen ereignen.

Brooklyn, November 2003
Paul Berman

Gegen Nixon

Als sich im Vorfeld des ersten Golfkriegs von 1991 der Konflikt zusammenbraute, schrieb Richard Nixon einen Beitrag für die *New York Times*, in dem er den bevorstehenden Krieg befürwortete und dessen Ziele erklärte. »Bei diesem Krieg wird es nicht um Demokratie gehen«, sagte er. Er wollte die amerikanische Öffentlichkeit davor bewahren, auf Wolken überhöhter Erwartungen davonzuschweben. Bei diesem Krieg werde es stattdessen um »lebenswichtige Wirtschaftsinteressen« gehen. Saddam Hussein hatte Kuwait und damit das Öl unter dessen Wüste erobert und sich so eine schöne Ausgangsposition dafür gesichert, dass er sich noch weitere Teile der arabischen Welt einverleiben konnte, darunter Saudi-Arabien und noch mehr Öl.

Eine Kontrolle über den Persischen Golf und die Arabische Halbinsel würde ihm erlauben, Europa und Japan wegen deren Abhängigkeit von Öl aus der Golfregion die Bedingungen zu diktieren. Und damit hatten die Vereinigten Staaten nach Nixons Ansicht gute Gründe dafür, Saddam und seine Armee aus Kuwait zu vertreiben, und zwar schnell, bevor er sich irgendwelche Vorteile der Eroberung sichern konnte. Nixon bereitete noch etwas Kopfzerbrechen. Er wollte Amerikas »Glaubwürdigkeit« aufrechterhalten. Damit meinte er die Fähigkeit, anderen eine Todesangst einzujagen. Er wollte sicherstellen, dass bei allen künftigen Streitigkeiten irgendwo auf der Welt der Präsident der USA mit der Faust auf den Tisch schlagen und

Drohungen murmeln konnte, damit der Adressat dieser Drohungen zusammenzuckte und zitterte. So sahen Nixons Besorgnisse aus. Im Jargon der Autoren, die damals über Außenpolitik schrieben, waren dies »realistische« Argumente.

Sein Artikel erschien in der ersten Januarwoche 1991. In jenen angespannten Tagen forderte die Redaktion der *New York Times* zahlreiche Zeitgenossen auf, Beiträge zu schreiben. Die Autoren sollten aus möglichst vielen Lebensbereichen kommen und den unterschiedlichsten ideologischen Neigungen anhängen; eine dieser Einladungen erging an mich. Ich schrieb pflichtschuldigst meine 750 Worte. Es war meine Widerlegung Nixons. Meine Entgegnung zog jedoch nicht alle seine Argumente in Zweifel. Es war unsäglich und schrecklich, den bevorstehenden Krieg zu billigen (und ich muss gestehen, dass die Befürwortung jeder Art von Krieg mich noch heute mit Angst und Schrecken erfüllt). Dennoch war ich der Meinung, dass ein Krieg gegen Saddam überwiegend gerechtfertigt war. Meine Argumentation war jedoch nicht die von Nixon. Nach meiner Analyse sind nicht alle Kriege gleich. Es gibt idealistische Kriege und zynische Kriege. Pragmatische Kriege und solche, die hoffnungslos falsch sind. Und Nixons Krieg und der meine waren nicht der gleiche.

Die Ölpolitik war mir an und für sich vollkommen gleichgültig, ebenso die »lebenswichtigen Interessen« – obwohl ich überzeugt bin, dass es naiv von mir war, diese Dinge nicht ein wenig ernster zu nehmen. Ich verbrachte meine Tage nicht damit, mir um die Fähigkeit Amerikas Sorgen zu machen, seinen Feinden Angst einzujagen. Schon das Wort »Glaubwürdigkeit« machte mir eine Heidenangst. In den Jahren seiner Präsidentschaft pflegte Nixon seine Kriegslust in Indochina damit zu verteidigen, dass er immer wieder dieses eine Wort in den Mund nahm, bis »Glaubwürdigkeit« wie der schiere Irrsinn erschien – ein Argument zugunsten von Kriegen, mit denen nur zu beweisen war, dass wir Kriege führen konnten. »Glaubwürdigkeit« zur Zeit Nixons hat Amerika und Indochina gleichermaßen nichts als Katastrophen gebracht.

Dennoch machte ich mir wegen Saddam Hussein Sorgen. Ich glaubte, dass wir uns in Saddam und seiner Regierung einer totalitären Bedrohung gegenübersahen – etwas dem Faschismus Vergleichbarem. Saddams Regime war aggressiv, dynamisch, irrational, paranoid, mörderisch, großspurig und demagogisch. Er gehörte einer politischen Partei an, den Baath-Sozialisten, und er und die anderen Baath-Mitglieder schienen im gesamten arabischen Nahen Osten und auch in anderen Ländern zahlreiche Menschen davon überzeugt zu haben, dass kleine Gruppen von bösen Imperialisten und verschwörerischen Zionisten für das Elend und die Leiden von Dutzenden Millionen Menschen verantwortlich seien. Auf diese Weise hatte Saddam zu großem Hass aufgehetzt. Er war besonders geschickt darin, für alles einen Sündenbock zu benennen. Er hatte schon einen schauerlichen Krieg mit Iran geführt, in dem seine eigene Armee Giftgas eingesetzt hatte. Im Norden Iraks wüteten er und seine Soldaten, und ganze Städte und Dörfer wurden dem Erdboden gleichgemacht und die Menschen bei Gasangriffen auf entsetzliche Weise ermordet. Saddam war furchterregend. Hier gab es Glaubwürdigkeit. Er und sein Regime würden mit Sicherheit auch weiterhin Verbrechen begehen und morden – sie mussten es schon aus ideologischen Gründen tun, um die arabische Welt gegen die satanischen amerikanischen und zionistischen Feinde zusammenzuschweißen; und auch aus praktischen Gründen waren sie dazu gezwungen. In Zeiten des Friedens und des Wohlstands können wahnsinnige Diktatoren nicht gedeihen, denn zu diesen Zeiten haben die Bürger genügend Ruhe, sich bei Licht umzusehen, aber Krieg und Hysterie lassen jeden unten im Keller bleiben.

Ich machte mir tatsächlich Sorgen, Saddam und seine Fanatiker könnten am Ende doch Arabien und die anderen Golfstaaten in der Hand haben; und in einer Hinsicht sorgte ich mich auch um Erdöl. Ich erkannte, dass Saddams Kontrolle über Erdöl, die jetzt schon ungeheuer war, riesenhafte Proportionen annehmen würde. Üppig sprudelnder Reichtum würde ihm den Glanz einer Supermacht verleihen, was seine Macht weiter vervielfachen würde. Es lag auf der Hand, dass seine Wissenschaftler, wenn man sie in Ruhe arbeiten ließ, irgendwann ihren Durchbruch im Labor erreichen würden. Und da sein neuer Reichtum, seine neuen Fähigkeiten und seine Waffen mit jeder Minute unheilvoller wurden, würde Saddam überall im Nahen Osten als der einzige Mensch erscheinen, der in der Lage war, sich der amerikanischen Supermacht zu widersetzen, der einzige Held, der mächtig genug war, die heimtückischen Unterdrücker abzuwehren und die arabischen Massen zu retten. Der Mann strahlte einen unheimlichen Hass auf den Zionismus aus, der furchterregend anzusehen war. Die irakische Grenze liegt Hunderte von Kilometern von Israel entfernt. Dennoch wandte sich Saddam in den Monaten vor seiner Invasion in Kuwait mit den Worten an seine Soldaten: »Wir werden dafür sorgen, dass das Feuer halb Israel vertilgt, wenn es versucht, etwas gegen den Irak zu unternehmen.« Die *New York Times* veröffentlichte eine kurze Meldung über diese Erklärung, und diese kurze Meldung weckte in mir Erinnerungen an die kurdischen Dörfer. Er verkündete, er werde auf Jerusalem marschieren.

Die ganze Situation erinnerte an Europa im Jahre 1939, wenn auch aktualisiert auf den Nahen Osten in der Zeit nach dem Ende des Kalten Krieges. Alles an Saddam und seiner Eroberung Kuwaits wies in Richtung auf eine allgemeine Katastrophe. Dieser Mann schien nicht viel Kompromissbereitschaft an sich zu haben. Es war äußerst unwahrscheinlich, dass er auf den Druck eines Wirtschaftsboykotts reagieren würde. Wie sollte außerdem jemand einen Boykott eines Regimes durchsetzen, dessen Öl so viele Menschen unbedingt kaufen wollten, und das überall auf der Welt? Die Nahost-Experten, nicht alle, aber doch einige, vertraten die Ansicht, dass wir früher oder später Saddam würden entgegentreten müssen, je eher, umso besser, und zwar für uns und alle anderen auf der Welt, ganz besonders für die armen und unterdrückten Menschen, die das Pech hätten, im Schatten Saddam Husseins zu leben. Dieses Argument leuchtete mir ein. Und so schlug ich in meinem Artikel eine Politik vor, die weder diplomatisch noch pazifistisch, aber auch nicht à la Nixon war. Ich schlug einen antitotalitären Krieg vor. In der verstaubten Sprache der altmodischen politischen Linken nannte ich ihn einen »antifaschistischen« Krieg – einen Krieg mit »fortschrittlichen« Zielen.

Aber was konnten diese Worte in der Welt der frühen 1990er Jahre überhaupt bedeuten? Mein Artikel zeigte ein wenig schwach und unbeholfen in die Richtung politischer Reformen in Kuwait – ein kleiner Hinweis auf die möglichen Ziele, die Amerika nicht außer Acht lassen sollte. Ich war der Meinung, dass am Persischen Golf ein amerikanischer Krieg »ein Krieg um Demokratie« sein sollte. Wenn Hunderttausende amerikanischer Soldaten um die halbe Erdkugel fliegen sollten, um die Unabhängigkeit eines tyrannischen Emirats am Persischen Golf zu erhalten, sah ich für uns keine Möglichkeit, dem Emir die Fortsetzung seiner tyrannischen Herrschaft zu erlauben. Sollte der arabische Nahe Osten nicht ebenso fortschrittlich denken wie andere Teile der Welt? Sind die westlichen Freiheiten nur etwas für Bürger des Westens? (Niemand denkt, dass das Öl des Nahen Ostens nur für die Bewohner des Nahen Ostens da sei.) So lauteten meine instinktiven Fragen. Doch sobald ich meinen Vergleich mit den Faschisten Europas Mitte des zwanzigsten Jahrhunderts gezogen und meinen Satz von einem »fortschrittlichen« Krieg enthüllt hatte, schien es sinnlos zu sein, mein Argument zur Gänze darzulegen.

Das lag daran, dass so gut wie jeder, der den ersten Präsidenten Bush und dessen Irak-Politik unterstützte, in den vielen Krisenmonaten und dann im Krieg selbst wie Nixon argumentierte. »Lebenswichtige Wirtschaftsinteressen«, »Glaubwürdigkeit« – so lauteten die Argumente. Es gab zwar eine Hand voll von Neokonservativen auf der Rechten, Veteranen der Reagan-Jahre, die zu keinem Zeitpunkt dem älteren Bush zustimmten und sich seiner von wirtschaftlichen Argumenten geprägten Einstellung zum Krieg widersetzten. Bei den Neokonservativen fand sich jedoch eine seltsame Mischung ihrer außenpolitischen Ansichten mit ihrem Zorn auf die kulturellen und politischen Reformen der 1960er Jahre, was für mich keinen Sinn ergab. Ich konnte diese Leute nicht verstehen; und ich glaube, dass dies auf Gegenseitigkeit beruhte. Die Neokonservativen hatten eine innere Abneigung gegen rührselige Wörter der Linken wie etwa »fortschrittlich«, aber auch gegen den Rest meines antifaschistischen Vokabulars. Und was die Leute betrifft, die diese Art von Sprache zu schätzen wussten, meine unerschrockenen Genossen der demokratischen Linken sowie einige der Liberalen, so neigten diese Leute dazu, den Krieg grundsätzlich abzulehnen. Ihre Oppositionshaltung war instinktiv. Sie sorgten sich um imperialistische Motive Amerikas, um die Habgier von Großunternehmen und deren Einfluss auf die Politik des Weißen Hauses und schafften es nicht, ihre Besorgnis zu überwinden. Krieg war für sie immer der Vietnamkrieg, ein unausweichliches Debakel. Sie stellten sich vor, dass Amerika einen großen Teil der Schuld trug, wie immer die Probleme und das Elend des Nahen Ostens aussehen mochten, und mehr Amerikaner im Nahen Osten konnten nur noch mehr Schande bedeuten – zu gewinnen gab es für diese Kritiker also nichts.

Außerdem schreckten viele Leute auf der Linken und nicht wenige der Liberalen fast körperlich vor jeder Art von militärischen Operationen zurück, zumindest vor solchen der Vereinigten Staaten. So sah die Meinungslandschaft aus – eine Mondlandschaft aus Vietnam-Ängsten, Ressentiments gegen Großunternehmen und pazifistischen Instinkten. Und über dieser Landschaft schwebten die Politiker der Demokratischen Partei, welche die politischen Vorteile zu berechnen versuchten; und nachdem die Politiker ihre Berechnungen angestellt hatten, kehrten sie in ihre Zelte zurück. Das Schmollen endete in Schweigen. Anders sah es nur bei Al Gore aus, damals Senator, sowie Joseph Lieberman und einigen anderen Falken des konservativen außenpolitischen Flügels der Demokratischen Partei, die für den Krieg eintraten. Aber diese Leute, die Falken der Demokratischen Partei, hörten sich an wie das Weiße Haus und die Republikaner. Sie hatten weder eine eigene Botschaft noch eine eigene Meinung.

Im gesamten Land schienen vielleicht fünfzehn oder zwanzig Personen Positionen wie ich einzunehmen. Es waren Linke, die für den Krieg eintraten. Und die meisten dieser fünfzehn oder zwanzig Personen schienen die Leser, Autoren und Redakteure der Zeitschrift *Dissent* zu sein, einem Blatt mit winziger Auflage. Das war jedenfalls mein Eindruck. Selbst bei *Dissent* unterstützte nicht jeder den Krieg. (Es gab bei *Dissent* nämlich durchaus einen Dissens.) Ein Gerücht brachte mir die Nachricht zur Kenntnis, dass irgendwo in Amerika ein ehemals trotzkistischer Amerikaner arabischer Herkunft ebenfalls für den Krieg eintrat, und zwar aus richtigen linksgerichteten Gründen. Einer der liberalen Redakteure des *American Prospect* vertrat eine Ansicht, die meiner ähnlich war. So sah die Partei der linken Falken aus. Unsere Zahl war alles andere als imposant. Mein Zeitungsbeitrag über den Nahen Osten und einen fortschrittlichen Krieg war somit dazu verurteilt, auf praktisch niemanden Einfluss auszuüben. Ich nahm der ganzen Angelegenheit gegenüber eine fatalistische Haltung an. Die *New York Times* veröffentlichte meinen Beitrag dennoch. Er erschien drei Wochen nach dem von Nixon. Die *Operation Desert Storm* hatte schon begonnen. Und später, da ich meine Ansicht schon geäußert hatte, machte ich mir nicht mehr die Mühe, die weiteren Implikationen meiner Argumentation darzulegen – den weiter gehenden Unterschied zwischen Nixons »Realismus« und meinem Liberalismus linker Prägung, den Unterschied zwischen einem Krieg à la Nixon und einem antitotalitären Krieg.

Doch wenn ich heute zurückblicke, denke ich, dass es vielleicht eine gute Idee gewesen wäre, diese Unterschiede deutlich zu machen.

Außenpolitischer »Realismus« ist in meinen Augen eine spezifische Doktrin, weshalb ich den Begriff in Anführungszeichen setze. Er ist eine Doktrin aus dem neunzehnten Jahrhundert, eine Art Materialismus, selbst wenn die meisten seiner Anhänger beschwören würden, es sei anders. Karl Marx, der König der Materialisten auf dem Feld der Politik, stellte sich vor, dass die Weltgeschichte von einer einzigen greifbaren Kraft vorangetrieben werde, nämlich dem System der ökonomischen Produktion. Hippolyte Taine, der König der Materialisten auf dem Feld der Literaturkritik, stellte sich vor, dass die Weltliteratur von drei greifbaren Kräften getrieben werde, die er als Rasse, Zeit und Geografie benannte. Ähnlich stellen sich die »Realisten« von heute – in meiner Karikatur – die Weltpolitik so vor, als würde sie ebenso von drei greifbaren Kräften getrieben. Dies seien Reichtum, Macht und Geografie. Alle materialistischen Lehren des neunzehnten Jahrhunderts verströmen eine selbstbewusste Aura von knallhartem Raffinement, und das gilt auch für den außenpolitischen »Realismus«. Ein »Realist« ist wie ein Marxist jemand, der bekennen wird, nicht überrascht zu sein, gleichgültig, welch bizarre Ereignisse rund um die Welt stattfinden. Dies ist jedoch die Schwäche des »Realismus«. Weisheit besteht in der Fähigkeit, sich schockieren zu lassen.

Im »realistischen« Bild von der Welt brechen Kriege aus, weil das Verlangen irgendeiner Nation nach Reichtum, Macht und Land mit dem gleichermaßen greifbaren Verlangen einer anderen Nation nach den gleichen Dingen zusammenprallt. Nation Nummer zwei ruft ihre Verbündeten zu Hilfe, und alle ziehen die Waffen. So etwa sahen Nixon und seine Schule von »Realisten« die Golfkrise von 1990 bis 1991. Saddam verfolgte sein handfestes Interesse an Reichtum und Macht, was Erdöl bedeutete. Sechshunderttausend Menschen flüchteten voller Angst durch die Wüste. Kuwait, das Nachbarland, rief seine Verbündeten zu Hilfe, die ihr gleichermaßen handfestes Interesse an Öl verfolgten. Alle Beteiligten legten mit Streitereien über geografische Fragen los. Das Ergebnis ist bekannt.

Jeder Krieg führt auf natürliche Weise zu neuen Kontroversen und Forderungen, die nicht weniger handfest sind; und so war es auch 1991. Die Alliierten jagten Saddams Armee in den Irak zurück und stellten im Rausch des Sieges einige zusätzliche Forderungen: Saddam solle seine Suche nach Waffen aufgeben, seine Luftstreitkräfte aus dem Norden wie dem Süden des Irak fern halten; den Kuwaitis solle er Schadensersatz anbieten, die schrecklich gelitten hätten; ferner solle er seine Kriegsgefangenen freilassen usw. – eine genaue Aufzählung sorgfältig definierter neuer Themen auf der Grundlage wesentlicher Tatsachen. Der Hauptpunkt war jedoch immer der ursprüngliche. Zieh dich aus Kuwait zurück, sonst bringen wir dich um. Diese Ölquellen gehören nicht dir. Das war der Sinn des Golfkriegs von 1991 in der Interpretation der »Realisten«.

Es stimmt, dass Präsident Bush der Ältere Saddam im Vorfeld der Kämpfe mit Hitler verglich, und dieser Vergleich warf eine etwas andere Frage auf, die etwas mit Saddams umfassenderen Ambitionen und Zielen zu tun hatte – eine Frage der Ideen, der Instinkte und gar der hinter allem stehenden geistigen Gesundheit, etwas Ungreifbares. Bush meinte es jedoch nicht ernst. Der Vergleich mit Hitler war in erster Linie als Beleidigung gedacht, die in Richtung Saddam geschleudert wurde. Bush hatte jedoch ungenau gezielt, sodass sie Saddam Hussein nicht erreichte, sondern in den Persischen Golf stürzte und dort auf Nimmerwiedersehen verschwand. Von einem praktischen Standpunkt aus gesehen spielte das wahrscheinlich auch keine Rolle. Nachdem Saddam Kuwait erobert hatte, hatte Bush der Ältere zunächst den Impuls, eine riesige weltweite Koalition zustande zu bringen, um eine militärische Reaktion zu ermöglichen. Umfassende Koalitionen gelten im Reich der internationalen Politik als Inbegriff eines politischen Prinzips. Solche gigantischen Koalitionen verhandeln jedoch nicht gern über Ideen und Ideale, wenn wir von verwickelten Rechtsfragen einmal absehen.

Bush der Ältere arbeitete jedoch ernsthaft am Zusammenschmieden seiner Koalition und tat dies auch mit sehr großem Geschick, bis seine Allianz sich um die Zeit, zu der er sie zusammengebracht hatte, in ideologischer Hinsicht von der Baath-Diktatur in Syrien, die sich kaum von der Baath-Diktatur in Irak unterschied, bis zu den westlichen Demokratien erstreckte. Die mittelalterlichen Despoten Saudi-Arabiens nahmen in dieser großen Koalition ebenfalls ihren Platz ein. Die Allianz erwies sich als Piratenbesatzung, bestehend aus Terroristen, Diktatoren, Königen, Antizionisten, Öl-Moguln und einäugigen Gangstern. Sie war ein erschreckender Anblick: die Vollversammlung der Vereinten Nationen. Was hätten einige dieser finsteren Koalitionspartner wohl gedacht, wenn der amerikanische Präsident weiterhin von Hitler gesprochen und die antifaschistische Flagge geschwenkt hätte? Die Koalitionspartner wären unruhig auf ihren Stühlen herumgerutscht und hätten nach ihren Dolchen gegriffen. Bush hatte jedoch nicht die Absicht, irgendjemandem Unbehagen zu bereiten. »Visionen« waren seine Sache nicht. Er begann seinen Einstieg in die Politik als so etwas wie ein Nixon-Protegé, und ein hartgesottener, wirtschaftsorientierter »Realismus« entsprach seinen natürlichen Instinkten.

Doch das war damals, und jetzt befinden wir uns in den Geburtswehen der neuen Krise. Damit könnten wir uns fragen, zu welchen Ergebnissen der »Realismus« in jenem früheren Konflikt geführt hat, im Krieg von 1991. Amerikanische Soldaten wurden getötet, und noch lange nach den Kämpfen wurden viele tausend Soldaten von rätselhaften Krankheiten befallen – eine furchterregende Angelegenheit. Und doch war der Krieg von diesen Personen abgesehen auf unserer Seite märchenhaft erfolgreich. Bush der Ältere hielt seine riesige Koalition lange genug zusammen, um die militärischen Operationen zu Ende zu führen. Das war eine solide Leistung. Er hielt sein Bündnis sogar lange genug zusammen, um hinterher noch etwas Druck auf Saddam ausüben zu können. Das amerikanische Militär zeigte, dass nicht jeder Krieg der Vietnamkrieg ist. Amerikas Waffen und Strategien erwiesen sich als kraftvoll und effizient (mit Ausnahme der Fälle, in denen sie es nicht waren). Die Briten kämpften tapfer, ebenso die Franzosen, obwohl die Amerikaner sich gern über die Franzosen beklagen. Saddams Macht schrumpfte. Sobald der Krieg zu Ende gegangen war, konnte sich niemand mehr vorstellen, dass Saddam quer durch die Wüste marschieren, Jerusalem von den Juden befreien und das einstige Kalifat wiedererrichten würde, wie er es hatte tun wollen. Saudi-Arabien würde eindeutig überleben.

Sobald der Krieg zu Ende gegangen war, machten andererseits die Kurden im irakischen Norden den fatalen Fehler, auf amerikanische Ratschläge zu hören und zu rebellieren. Das hatte zur Folge, dass rund 20 000 von ihnen dahingeschlachtet wurden. Später flohen eine Million Kurden in die Türkei, um das nackte Leben zu retten – und erst dann rückten amerikanische und britische Militärs in die Nordregion des Irak ein und errichteten dort eine Schutzzone. Im Süden des Irak folgten die dort lebenden Schiiten ebenso dem Rat Amerikas und rebellierten. Die Folge: Zwischen 30 000 und 60 000 von ihnen wurden getötet, bis die Alliierten wieder gewisse Schutzmaßnahmen ergriffen. Unterdessen verkündete Saddam, im Golfkrieg habe er den Sieg davongetragen. Seine Proklamation schien irrsinnig zu sein. Jahre verstrichen, doch niemand stürzte ihn.

Die Macht im Weißen Haus ging in neue Hände über. Gezielte amerikanische Angriffe wurden nie ganz eingestellt, und Saddam gab keiner Forderung der USA nach. 1993 besuchte Bush der Ältere als Ex-Präsident Kuwait, und Saddams Streitkräfte schmiedeten einen Plan zu seiner Ermordung. Amerikanische Raketen flogen Angriffe auf Bagdad (und trafen die Falschen). Saddam zeigte keinerlei Furcht. Die Vereinigten Staaten indessen zeigten Angst, und das aus gutem Grund. Nach dem Krieg stellte sich heraus, dass Saddams Waffenproduktion umfangreicher gewesen war als zuvor angenommen; und auch in der Nachkriegszeit wurde die Produktion zu keiner Zeit eingestellt. Inspekteure inspizierten, und Saddam erlaubte es ihnen in seinem geschwächten Zustand, mit ihrer Arbeit fortzufahren. Doch dann wurde er stärker und warf die Inspekteure hinaus.

Doch die Vereinigten Staaten beklagten sich vom Spielfeldrand aus. Und jede neue Klage enthüllte Amerikas wachsende Besorgnis. Frankreich und Russland verfolgten ihre geschäftlichen Interessen, was sie dazu brachte, für weniger und nicht umfangreichere Restriktionen gegenüber Saddam zu agitieren. Dessen Rolle im israelisch-palästinensischen Konflikt nahm an Einfluss zu. Selbst nach den Terrorangriffen auf die Zwillingstürme in New York am

11. September 2001 trieb er seine Ölpreise in die Höhe und erklärte das als einen Schlag gegen den Zionismus. Und dabei hielt er weiterhin die politische Kultur seiner Diktatorenherrschaft aufrecht, seinen Kriegskult, seine Kanonade von Drohungen, seine spirituelle Anbetung des Todes und seinen Abscheu gegen Israel – einen giftigen Hass voller Verschwörungstheorien und Komplotte gegen die ganze Welt. Er zeigte, dass selbst ein wahnsinniger Tyrann überleben und gedeihen und seine Macht wieder aufbauen und den Amerikanern Todesangst einjagen konnte, obwohl er die Wucht eines Angriffs einer halben Million amerikanischer Soldaten und ihrer Verbündeten aus der ganzen Welt überstanden hatte. Er hauchte der Idee des Selbstmordterrorismus Leben ein, indem er Palästinenser dafür bezahlte, sich für einen Preis von 25 000 US-Dollar pro Märtyrer selbst in die Luft zu jagen. Für die verarmten Palästinenser war das eine Menge Geld. So sahen die Konsequenzen des Golfkriegs von 1991 aus – oder (wenn wir auch zugeben müssen, dass Ursachen und Wirkungen schwer zu beweisen sind) so sahen zumindest die Nachwehen aus, die sehr wohl wie Konsequenzen aussahen.

Und es gab noch weitere Schocks: Die gewalttätigsten und fanatischsten der antiamerikanischen und Antizionisten-Gruppen des gesamten Nahen Ostens schienen jetzt zu bemerken, dass die amerikanische Macht Grenzen hatte, so groß sie auch sein mochte. Saddam hatte gegen die Vereinigten Staaten gekämpft und überlebt. Daraus schienen andere Völker den Schluss zu ziehen, dass auch sie mit genügend Heroismus und Leidensbereitschaft ebenfalls in der Lage sein würden, ihre Angriffe gegen die USA fortzusetzen oder vielleicht sogar noch zu verstärken, um auch dann zu überleben und sogar erfolgreich zu sein. Der Krieg war wie geplant verlaufen, und dennoch schien Amerika keinen Funken der Glaubwürdigkeit hergestellt zu haben, die Richard Nixon so beschäftigt hatte.

Kuwait war der Hauptnutznießer der amerikanischen Kriegsanstrengung, aber auch Saudi-Arabien profitierte, und zwar nicht unerheblich. Die Saudis hatten allen Grund, die Vereinigten Staaten voller Sympathie und Dankbarkeit zu betrachten – nicht nur, weil sie sie vor Saddam gerettet hatten, sondern weil sie bei der Errichtung des weltweiten Industriesystems, dessen Abhängigkeit von Öl die Saudis reich gemacht hatte, wahre Wunder vollbracht hatten. Und dennoch schienen Sympathie und Dankbarkeit im Lauf der nächsten Jahre in der saudischen Politik eine überraschend bescheidene Rolle zu spielen. Im Verlauf der 1990er Jahre fuhr die saudische Elite vielmehr fort, alle Arten mittelalterlich anmutender islamischer Akademien in der ganzen Welt zu subventionieren. Dort wurde den Studenten beigebracht, die Vereinigten Staaten zu verachten, und das nicht nur passiv. Die USA übten auf Israel und die Palästinenser Druck aus, damit diese die Vereinbarungen von Oslo unterzeichneten und Frieden schlossen; die Saudis boten in dieser Hinsicht keinerlei Unterstützung an. Ganz im Gegenteil: Auch die Saudis zahlten laut Auskunft der Website ihrer Regierung für palästinensische Selbstmorde, allerdings zu dem bescheideneren Tarif von 5000 US-Dollar pro Märtyrer.

Der schwerreiche Erbe der saudi-arabischen Familie bin Laden organisierte seine Selbstmordarmee, und offensichtlich gab es in Saudi-Arabien eine ansehnliche Menge von Leuten, die ihn unterstützten. Und diese Armee Osama bin Ladens begann zusammen mit der saudi-arabischen Hisbollah und einer Reihe anderer Untergrundgruppen ihren Krieg gegen amerikanische Einrichtungen und Menschen – es folgten der Angriff auf die US-Marines in Mogadischu im Jahre 1993, ein Anschlag mit einem mit Sprengstoff beladenen Lastwagen in der saudischen Hauptstadt Riad 1995, der Bombenanschlag auf die Khobar-Türme im saudi-arabischen Dhahran 1996, der Anschlag auf die amerikanischen Botschaften in Ostafrika 1998, der Angriff auf das amerikanische Kriegsschiff *Cole* im Jahre 2000 – sowie einige wenige andere Anschläge, die entweder misslangen oder in letzter Minute von schnell denkenden Polizeibeamten oder Zollbediensteten vereitelt wurden. Die Vereinigten Staaten erkannten in ihrer einfältigen Torheit nicht, dass diese Flohstiche Teil eines Krieges waren. Doch die Flöhe stachen weiter, und die Rolle Saudi-Arabiens dabei war mysteriös und zweideutig.

Die saudischen Prinzen schickten bin Laden ins Exil; doch saudisches Geld strömte weiter in seine Richtung. In öffentlichen Erklärungen sagten die Prinzen Freundlichkeiten über die Vereinigten Staaten, lehnten es aber ab, sich an amerikanischen Ermittlungen zu beteiligen. Von Zeit zu Zeit stand in Washington jemand auf und erklärte, dass die saudischen Prinzen trotz ihres Images anständige Burschen seien, nämlich aufgrund von geheim gehaltener Zusammenarbeit, die nie ans Tageslicht kommen werde. Aber wie sollte jemand davon erfahren? Die saudi-arabische Gesellschaft war und ist verschlossen und geheimnistuerisch, obskurantistisch, feudal und repressiv. Journalisten schafften es so gut wie nie, etwas Substanzielles zu erfahren. Von Zeit zu Zeit erschienen Auszüge der saudischen Presse in englischer Übersetzung. Darin kamen derart bizarre und mittelalterliche Ansichten und abergläubische Vorstellungen zum Ausdruck, wie sie westlichen Beobachtern kaum möglich schienen. Die Enthauptungen, der Verschleierungszwang, die Unterdrückung der Frauen, die Intoleranz, die satanischen Verschwörungstheorien über die Juden – dies alles war in Saudi-Arabien jedoch deutlich sichtbar.

Auffallend auch, dass die saudische Regierung im Gefolge der Terroranschläge vom 11. September sich beeilte, bin Laden zu beschützen, indem sie seine Verwandten in aller Eile aus den Vereinigten Staaten verschwinden ließ. Das hinderte jeden seiner Verwandten daran, etwas über seinen Aufenthaltsort zu verraten. Bemerkenswert auch, dass Saudi-Arabien die Nutzung der amerikanischen Luftbasen im Land ablehnte, als die Vereinigten Staaten mit ihren Luftangriffen auf Al-Qaida und die Taliban in Afghanistan begannen. Die Saudis lehnten es sogar ab, amerikanischen Ermittlern die Vernehmung von Qaida-Gefangenen in Saudi-Arabien zu erlauben. So sah die Reaktion der Prinzen genau zehn Jahre nach Amerikas Krieg von 1991 aus, der zum Teil für die saudischen Prinzen geführt worden war. Diese legten eine Mischung aus Freundschaft und Feindschaft an den Tag – die sichtbare und die unsichtbare Seite derselben Medaille.

Und somit triumphierte der »Realismus« im Golfkrieg von 1990 bis 1991, und der Triumph erwies sich in jeder Hinsicht als Tragödie. Im Januar 1991 beendete Nixon seinen Beitrag für die *New York Times* mit einem bewegenden Schlusswort, in dem er zugunsten des ersten Golfkriegs erklärte: »Es wird ein Krieg um den Frieden sein – nicht nur Frieden in unserer Zeit, sondern um Frieden für unsere Kinder und Enkel in den vor uns liegenden Jahren.« Er hörte sich wie Woodrow Wilson an, der einmal von dem Krieg gesprochen hatte, der das Ende aller Kriege bringen sollte, allerdings fehlte ihm Wilsons nobles Auftreten. Und tatsächlich ähnelte der Krieg von 1991 dem Ersten Weltkrieg in mancherlei Hinsicht, während er mit dem Vietnamkrieg keinerlei Ähnlichkeit hatte. Er endete mit einem scheinbaren Sieg, der sich als Niederlage erwies. Mit einem Sieg, der eine zweite Runde erforderlich machte, die ernster und gefährlicher war als die erste.

Doch warum sollte man von einer antifaschistischen oder antitotalitären Alternative sprechen? Diese Wörter – »antifaschistisch«, »antitotalitaristisch« – sind mehr als sechzig Jahre alt, was sie eindeutig antiquiert macht; und das Vokabular aus uralten Zeiten hat die Tendenz, penetrant und nichts sagend zu sein, wenn jemand versucht, es in der Gegenwart zu neuem Leben zu erwecken. Ich würde nie erwarten, dass eine Sprache von einst genau in die Gegenwart passt. Dennoch glaube ich, dass das altmodische Vokabular 1991 einem nützlichen Zweck diente, und das denke ich mit einigen wenigen Vorbehalten auch jetzt noch. Doch am besten kann man seine Nützlichkeit zeigen, indem man einen Blick auf unser gegenwärtiges Dilemma wirft.

1993 schrieb der Harvard-Professor Samuel P. Huntington seinen berühmten Essay über einen *Kampf der Kulturen* (*Clash of Civili-*

zations, obwohl der Ausdruck von Bernard Lewis stammt), und in der letzten Zeit hat jeder einen Vorzug seiner Analyse anerkennen müssen. Huntington wies darauf hin, dass überall an den Grenzen der muslimischen Welt, auf den Philippinen, in Kaschmir, Tschetschenien, Kosovo, Bosnien, im Sudan, Nigeria und an anderen Orten, von Palästina ganz zu schweigen – überall dort, wo muslimische Bevölkerungen an nichtmuslimische grenzen –, in den letzten Jahren irgendein Krieg, ob groß oder klein, ausgebrochen sei. »Die Grenzen des Islam«, schrieb er, »sind blutig.« Und obwohl die Kriege, jeder für sich, als etwas Isoliertes und Besonderes erscheinen konnten, wobei jeder Konflikt eine eigene Tragödie darstellte, wies Huntington auf ihren gemeinsamen Aspekt hin, und er erwies sich darin als sehr scharfsinniger Beobachter. Er versuchte die Vereinigten Staaten auf weitreichende Gefahren aufmerksam zu machen. Da hatte er etwas sehr richtig erkannt. Amerika ist in der letzten Zeit zur einzigen Hypermacht der Welt angeschwollen, wie die Franzosen sagen. Das bedeutet, dass auch Amerikas Grenzen in ihrem aufgeblähten Zustand sich mit jedem Land auf der Welt berühren, einschließlich der muslimischen Länder. Von Huntingtons Standpunkt aus mussten diese vielen Kriege früher oder später die USA erreichen und hatten dies tatsächlich vor langer Zeit auch schon getan, ohne dass sich jemand die Mühe gemacht hätte, es zu bemerken. Das war eine sehr kluge Beobachtung, die überdies das Verdienst hatte, das wiederzugeben, was auf der anderen Seite geäußert wurde, nämlich von den militanten Islamisten und ihren Anhängern, Sympathisanten und Apologeten, deren Zahl Legion ist.

Dennoch lohnt es sich zu fragen, inwieweit Amerikas Politik und sein Handeln in den letzten Jahrzehnten den Gedanken eines Kriegs der Kulturen bestätigt. Wie sieht es beispielsweise mit der Zahl der amerikanischen militärischen Interventionen in den letzten Jahren aus? Es hat einige Interventionen gegeben – dies ist schließlich eine kriegslüsterne Epoche in der amerikanischen Geschichte –, und eigentümlicherweise sind diese Aktionen meist zur Verteidigung muslimischer Bevölkerungen unternommen worden. Da war zunächst einmal der Golfkrieg, der zur Verteidigung der Kuwaitis, der Saudis und fast aller anderen im Nahen Osten geführt wurde, die Luftverteidigung der im Norden des Irak lebenden Kurden sowie der Schiiten im Süden, die Intervention in Somalia, mit der Menschen vorm Verhungern gerettet werden sollten, sowie die Verteidigung von Bosniern und dann Kosovaren, die von fanatisierten Serben im Namen uralter christlicher Hassvorstellungen hingeschlachtet wurden.

Unzählige Kommentatoren haben rückblickend hervorgehoben, dass Ronald Reagans Politik in Afghanistan in den 1980er Jahren später zu Schwierigkeiten führte, was nicht zu bestreiten ist. In Afghanistan erwiesen sich Amerikas Nutznießer ebenso wie in Saudi-Arabien als die schlimmsten Feinde der USA. Die Welt ist voller Bösewichte, die einem am liebsten einen Dolch in den Rücken stoßen möchten: Das ist die Lehre der modernen Geschichte. (Sie ist allerdings nicht neu.) Reagan unterstützte die Mudschaheddin in ihrem Krieg gegen die sowjetische Besatzungsmacht, und Bush der Ältere setzte diese Hilfe fort. Sogar Bill Clinton fuhr eine Zeit lang mit der Unterstützung fort, worauf sich die Mudschaheddin gegen uns wandten. Dennoch bietet die amerikanische Politik in Afghanistan während dieser vielen Jahre ein weiteres Beispiel für Amerikas Bereitschaft, Muslime in abgelegenen Weltgegenden in ihrem Kampf zu unterstützen. Im Fall Afghanistan vielleicht eine törichte Politik, aber trotzdem promuslimisch – und wir könnten uns genauso gut das Verdienst daran zuschreiben, nämlich angesichts der Tatsache, dass wir für die Konsequenzen einzustehen hatten.

Und warum vergisst jeder, wie viel Zeit, Mühe und persönliches Prestige Amerikas Präsidenten bei den Versuchen aufgewandt haben, für die Palästinenser einen unabhängigen Staat zu etablieren? Schon 1978 überredete Jimmy Carter die Israelis dazu, Ägypten die Halbinsel Sinai zurückzugeben. Israels Einwilligung begründete den Grundsatz, dass erobertes Land gegen Frieden aufgegeben wird – gar kein schlechtes Prinzip. Nach dem Golfkrieg führte Bush der

Ältere die mühseligen Bemühungen ein, Israelis und Palästinenser zu direkten Verhandlungen zusammenzubringen, und zwar mit dem offenkundigen Ziel, einen Palästinenserstaat zu schaffen. Clinton vertausendfachte die Bemühungen seiner Vorgänger. Shlomo Ben-Ami, der israelische Verhandlungsführer in Camp David im Jahre 2000, hat gesagt: »Kein europäisches Land, kein internationales Forum hat so viel für die palästinensische Sache getan wie Clinton.«

Die Vereinigten Staaten gegen den Islam? In der ganzen jüngeren Geschichte hat kein Land der Erde so hart und konsequent für muslimische Bevölkerungen gekämpft wie die USA – merkwürdig, das zu sagen, wenn man bedenkt, was als konventionelle Erkenntnis gilt. Aber inwiefern ist diese Behauptung falsch? Die amerikanische Politik hat zwar die Interessen dieser oder jener Gruppe von Muslimen *gegeneinander* abgewogen – gegen Saddam und die Baath-Partei, um damit zu beginnen. Die gesamte arabische Region kocht vor Zorn über Amerikas Unterstützung Israels – auch wenn Amerika den Palästinensern eine Menge Unterstützung gewährt hat. Die Intervention in Somalia, die zum Ziel hatte, die muslimischen Massen zu ernähren, hatte sich aber auch zum Ziel gesetzt, die wenigen Muslime zu vernichten, die sich dem in den Weg stellten. Dennoch, das Schlimmste, was über die Vereinigten Staaten im Verhältnis zu der muslimischen Welt gesagt werden kann, ist, dass die amerikanische Politik sich in alle nur denkbaren Richtungen verneigt hat. Wie nicht anders zu erwarten. Nichts davon deutet auf einen Krieg der Kulturen hin.

Jemand könnte darauf mit der Bemerkung entgegnen, dass bin Ladens Organisation mit dem pompösen Namen »Die Front des Weltislam gegen Juden und Kreuzzügler« die Vereinigten Staaten in die Rolle der Kreuzfahrer-Hauptstadt drängt oder gar in die einer zionistischen Marionette, was genauso schlimm ist. Und wenn die Mitglieder der Front des Weltislam gegen Juden und Kreuzzügler darauf bestehen, einen Krieg der Kulturen zu erkennen, sollten wir ihre Ansichten dann nicht ernst nehmen? Wir sollten es tun. Dennoch, was die Frage der kriegführenden Kulturen angeht, tauchen selbst aus den Reihen von bin Ladens islamischer Front und seiner Selbstmordarmee ein paar komplizierende Details auf. Die moderne Ära ist ein Zeitalter multipler Identitäten – eine Ära, in der eine ungeheure Zahl von Menschen durch die Umstände dazu verdammt ist, am Montag eine Persönlichkeit zur Schau zu tragen, am Dienstag eine andere, und am Mittwoch dazu, sich mit ihren eigenen Komplexitäten auseinander zu setzen. Und unter dieser riesigen Menschenmenge befinden sich auch Osama bin Laden selbst und sein Kriegertrupp.

Denn wer ist bin Laden (oder wer war er, da ich zu einer Zeit schreibe, zu der sein Schicksal noch immer rätselhaft ist)? Er ist ein Mann aus der saudi-arabischen Plutokratie, der von einigen der brillantesten und radikalsten der antiwestlichen islamistischen Radikalen ausgebildet worden ist – doch zugleich ein Mann, dessen Verwandte an Universitäten in der gesamten westlichen Welt studiert haben und einigen der besten dieser Universitäten auch namhafte Spenden haben zukommen lassen: Harvard, Tufts und Oxford. Osama bin Laden ist ein Mann, dessen Familie sich viele Jahre lang wie selbstverständlich in der Elite der westlichen Welt bewegt hat. Die Familie hat sogar gemeinsame Geschäfte mit Bush dem Älteren gemacht, nämlich in einem Unternehmen mit dem Namen Carlyle Group (eine schockierende Tatsache angesichts des Urteilsvermögens von Bush dem Älteren – aber lassen wir das einmal durchgehen). Und wer sind die Fußsoldaten bin Ladens? Die Terroristen vom 11. September, jedenfalls die meisten von ihnen, erweisen sich ebenfalls überwiegend als Leute mit Verbindungen sowohl zur arabischen Vergangenheit als auch zur westlichen Gegenwart.

Die Selbstmordkrieger haben ihre Jugendjahre vielleicht in Saudi-Arabien, Ägypten und anderen Orten in der arabischen Welt verbracht. Doch dann haben sie als Erwachsene in Belgien und Deutschland gelebt, von den Jahren ihrer Vorbereitung in Florida, Südkalifornien und New Jersey ganz zu schweigen. Diese Leute haben Hochschulen besucht und ihre Miete gezahlt. Sie waren

Schaumkrönchen auf der riesigen Einwandererwelle in den modernen Westen. Und wie alle anderen in der Einwandererbevölkerung verbrachten sie ihre Jahre, wie wir annehmen dürfen, damit, zwei Welten gleichzeitig zu bewohnen – das Hier und Jetzt ihrer westlichen und modernen Realität sowie den weit entfernten Kosmos ihrer erinnerten Heimatländer.

Wie genau die Selbstmordkrieger vom 11. September mit ihrer Doppelexistenz fertig wurden, zu welchen Gedanken sie gelangten, welche Träume vom Ruhm des Korans ihnen durch den Kopf schossen, als sie auf den Bürgersteigen des modernen Lebens entlangschlenderten – all das wird für immer ein Rätsel bleiben. Dennoch können wir Spekulationen anstellen. Salman Rushdie schreibt seit vielen Jahren über Menschen, die diese Art von gespaltener Existenz ertragen – über Menschen, die sich am Tage im modernen Westen aufhalten und sich dann in der Fantasie in ihre Heimat und in die Welt muslimischer religiöser Träumereien zurückziehen. Salman Rushdies Buch *Die satanischen Verse*, das ihn bei Ayatollah Khomeini in Misskredit brachte, hatte ja gerade den Zweck, diese Art von Doppelexistenz zu beschwören.

Viele Menschen und nicht nur der Ayatollah stellten sich vor, dass Rushdies Roman dem Islam gegenüber entsetzlich respektlos war und auch vom Autor als respektlos gedacht war. Rushdie war in den Augen dieser Leute ein abscheulicher Provokateur. Aber man sehe sich *Die satanischen Verse* heute an. Rushdie beschreibt den Reiz ultraradikalen, sogar wahnsinnigen politischen Protests in den Einwandervierteln von London. Er beschreibt den Reiz der wildesten islamischen Fantasien und beschwört religiöse Fantasien, die in ihrer gequälten Verwirrung den muslimischen Glauben verzerren und entweihen. Rushdie hat eine Menge Spaß mit diesen Themen – zu viel Spaß, könnte mancher meinen –, aber wie kann es in einem Roman zu viel Spaß geben? Doch Rushdie hat diese Themen nicht erfunden. Kritiker nennen ihn gern einen »magischen Realisten«. Doch in den *Satanischen Versen* ist Rushdie ganz im Gegenteil ein sozialer Realist, der getreulich über die Realität berichtet, die sich vor seinen Augen zeigt.

Denn was war die Welt der Terroristen vom 11. September in ihren Jahren alltäglichen Lebens in den Ländern des Westens? Sie muss der gespensterhaften Landschaft der *Satanischen Verse* geähnelt haben, voller wilder Träume, lästerlicher Triebe und wahnsinniger politischer Ideen. Wenn bin Ladens Selbstmordkrieger sich in einer Hinsicht von den Gestalten Rushdies oder von Millionen typischerer Einwanderer aus dem richtigen Leben unterschieden, dann lag es nur daran, dass die Selbstmordkrieger wegen des saudi-arabischen Reichtums und der Wohlhabenheit einiger ihrer Familien meist privilegierte Männer waren. Dies waren nicht die namenlosen Massen. Die Selbstmordkrieger waren hochgebildete Leute mit einer beneidenswerten Zukunft – junge Männer, die mit mehr Chancen im Leben durch die Welt stolzierten als viele ihrer europäischen und amerikanischen Nachbarn, von den meisten ihrer Miteinwanderer ganz zu schweigen.

Ist es eine Bagatelle oder pervers, wenn man die andere Seite der Bindestrich-Identität dieser Leute betont – die westliche Hälfte? Werfen wir einen Blick auf einige von bin Ladens anderen Soldaten – oder zumindest auf Leute, die man im Durcheinander des Augenblicks fälschlich oder korrekt beschuldigt hat, zu seinen Soldaten zu gehören. Eine Gruppe junger Männer aus jemenitischen Familien wurde im September 2002 in Lackawanna, in New York festgenommen. Lackawanna ist ein heruntergekommener Vorort von Buffalo (ein weiterer Mann aus Lackawanna wurde in Bahrain festgenommen). Man beschuldigte sie, eine Al-Qaida-Zelle zu bilden – oder wenigstens eins von bin Ladens Ausbildungslagern in Afghanistan besucht zu haben. Die Al-Qaida-Zelle, falls sie das war, erweist sich als ein Produkt der Lackawanna High School. Die Soldaten des Dschihad sind die Fußballmannschaft der Lackawanna High School – Jungen aus dem Staat New York, die in revolutionärem Tourismus ein Abenteuer zu viel genossen haben. Eine alte Geschichte.

José Padilla, beschuldigt, ein Komplott zur Konstruktion einer »schmutzigen Bombe« für die Al-Qaida zu planen, begann sein Leben als Christ – er war ein harter Junge aus Puerto Rico, der die Straßen von Brooklyn und Chicago unsicher machte. Richard Reid, der »Schuh-Bomber«, war ebenfalls ein Christ – in England geboren. Diese Männer haben bin Ladens mordlustige Version des Islam aus freien Stücken übernommen – niemand hat sie dazu erzogen. In den letzten Jahren sind mehr als zwanzig Kanadier beschuldigt worden, so etwas wie eine Al-Qaida-Filiale gebildet zu haben; einer dieser Kanadier soll in Afghanistan einen amerikanischen Sanitäter getötet haben. Sehen wir uns einige der Leute an, die in noch anderen Organisationen als bin Ladens Waffenbrüder gedient haben.

John Walker Lindh, der bärtige Taliban, begann sein Leben als gewöhnlicher Christ aus den wohlhabenden Regionen Nordkaliforniens. Yesar Esam Hamdi, der beschuldigt wird, mit den Taliban zu kämpfen, wuchs in Saudi-Arabien auf – ist aber in Louisiana geboren. Dann haben wir den eigenartigen Fall von Ahmed Omar Sheikh, der in Pakistan mithalf, die Entführung und Ermordung Daniel Pearls zu organisieren, des *Wall Street Journal*-Reporters. Omar selbst ist pakistanischer Herkunft, aber in Großbritannien geboren. Er hat an der London School of Economics studiert – der Alma Mater von George Soros, der Hochschule, an der so mancher junge Trotzkist und Maoist und Ultra der neuen Linken vor nicht allzu langer Zeit durch die Korridore schlenderte und dann in die britische Elite aufstieg. Die Türen zum britischen Erfolg standen auch Ahmed Omar Sheikh offen. Denn noch ist er ein Mann, der den fundamentalistischen Kriegern aus Pakistan gleichwohl ganz und gar nicht fremdartig oder exotisch erscheint – für sie ist er jemand, den sie als einen der ihren erkennen und begrüßen können. Zur Hommage an diesen einen besonderen Studenten der London School of Economics schloss sich ein Häufchen islamistischer Terroristengruppen in Pakistan Ende des Jahres 2001 zusammen und gab sich den Namen »Omars Armee«. Und

Omars Armee machte sich pflichtschuldigst an ihre Arbeit, nämlich Massaker zu verüben.

Ich habe nicht die Absicht, auch nur eine Minute die authentisch muslimischen und lokalen Wurzeln von bin Ladens Vorhaben zu leugnen oder zu ignorieren, ebenso wenig diese Wurzeln der vielen anderen arabischen und islamischen Terrororganisationen der jüngsten Zeit. Dennoch zeigt sich, dass eine verblüffende Zahl der arabischen und muslimischen Terroristen eine zweite und sogar Hauptidentität als Menschen aus dem Westen besitzt. Es ist gut, einen Blick nach Osten und auf die Geschichte der arabischen und muslimischen Welt vor Hunderten von Jahren zu werfen. Doch bei dem Versuch, in dem sehr seltsamen Verhalten dieser Menschen einen Sinn zu entdecken, sollten wir auch nach Westen blicken – nicht nur auf westliche Politik und Strategien, sondern auch auf Literatur und Philosophie, auf die tiefsten westlichen Ideen. Nicht nur die von heute, sondern auch die aus der Vergangenheit und in der längst vergangenen historischen Vergangenheit. Auch im Westen haben wir unsere Sitten und Traditionen, von denen einige absolut schauerlich sind. Die Welt ist voll von exotischen Dingen, aber nicht alles, was exotisch ist, ist auch fremd.

Harmagedon in seinen modernen Versionen

In den Jahren um 1950 machten sich Autoren aus der ganzen Welt daran, eine neue Literatur der politischen Analyse zu schaffen, die sich von jeder anderen politischen Literatur der Vergangenheit unterschied. Sie nahm sich zum Ziel, die totalitären politischen Leidenschaften des zwanzigsten Jahrhunderts zu beschreiben und zu analysieren – das Thema der Stunde. Es gab eine Menge solcher Autoren – Hannah Arendt, George Orwell, Albert Camus, Sidney Hook, C.L.R. James, Alejo Carpentier, Czesław Miłosz, David Rousset, Arthur Koestler, Arthur M. Schlesinger Jr., Richard Wright sowie die anderen Beiträger zu Richard Crossmans Anthologie *The God That Failed*. Ihre neue Literatur kam in mancherlei Gestalt daher – als philosophische Untersuchung, Science Fiction, als historischer Roman, Literaturkritik, Journalismus, historische Untersuchung und autobiografische Beichte. Die Autoren waren untereinander uneinig. Diese Leute waren keine politische Gruppierung. Dennoch hatten ihre Schriften, Essays und Romane eine sehr bemerkenswerte Eigenschaft gemeinsam. Es war ein Tonfall. Der Tonfall gab einem gemeinsamen Gefühl Ausdruck, nämlich diesem: Erstaunen.

Jeder Einzelne dieser Autoren hatte in den 1930er und 1940er Jahren als Feind des Faschismus und der extremen Rechten begonnen; und ebenso hatte jeder in der Rückschau allmählich bemerkt, dass der Kommunismus im Zeitalter Stalins ebenfalls ziemlich furchterregend war. Und jeder dieser Schriftsteller machte eine zusätzliche

Beobachtung, die eindeutig besorgniserregend war. Faschismus und Kommunismus standen einander äußerst feindselig gegenüber – sie waren erbitterte Gegner. Doch in einem bestimmten Licht betrachtet sahen diese erbitterten Gegner seltsam ähnlich aus. Und diese sichtbare Ähnlichkeit führte zu einer ängstlichen Besorgnis. War es möglich, dass Faschismus und Kommunismus irgendwie miteinander verwandt waren? Waren diese beiden Bewegungen vielleicht aus irgendeiner anderen, tieferen, ursprünglichen Inspiration hervorgegangen? Konnte es nicht sein, dass Faschismus und Kommunismus Tentakeln eines einzigen größeren Monstrums aus der Tiefe waren – irgendein neues und schauerliches Geschöpf der modernen Zivilisation, das noch nie gesehen und nie benannt worden war, das aber dennoch fähig war, weitere schreckliche Tentakeln aus den finsteren Tiefen nach oben zu schicken?

In Europa und nicht nur dort schien sich eine neue Art von Politik zu regen, die sich manchmal links und manchmal rechts nannte – eine demagogische Politik, irrational, autoritär und wahnsinnig mörderisch, eine Politik der Massenmobilisierung für unerreichbare Ziele. Mussolini hatte das Wort »totalitär« gewählt, um seine Bewegung zu beschreiben; und der Begriff »totalitär« mit seinen stakkatohaft scharfen Silben schien zu der neuen Art von Politik in all ihrer Vielgestaltigkeit zu passen, rechts und links gleichermaßen. Die Implikationen liegen einigermaßen auf der Hand. Während des gesamten neunzehnten und der ersten Jahre des zwanzigsten Jahrhunderts waren sehr viele aufgeklärte und progressive Denker davon ausgegangen, dass eine Hauptgefahr, vielleicht die größte Gefahr, für die moderne Zivilisation von einer einzigen politischen Tendenz kam, der extremen Rechten, und meist von einem einzigen Land, nämlich Deutschland, ausging, dem geschworenen Feind der Französischen Revolution. Doch diese Einstellung schien um 1950 hoffnungslos antiquiert zu sein. In der neuen Ära bezweifelte niemand, dass politische Bewegungen auf der extremen Rechten immer noch Anlass zur Sorge bieten konnten. Niemand hatte großes Vertrauen in Deutschland und dessen politische Traditionen.

Doch die Autoren Mitte des zwanzigsten Jahrhunderts sahen nur zu deutlich, dass inzwischen in Russland und unter knallharten Stalinisten, aber auch unter anderen Leuten eine Gefahr für die Zivilisation aufgetaucht war. Die Autoren machten sich Sorgen wegen der vielen geistig unterbelichteten Liberalen und Mitläufer in der ganzen Welt, die, ohne selbst Stalinisten zu sein, es fertig brachten, das stalinistische Reich zu bewundern. Die Autoren sorgten sich wegen der totalitären Fortschritte selbst in Regionen, wo kaum damit zu rechnen war, dass die Rote Armee ihre Panzer dorthin schicken würde. Die Autoren machten sich Sorgen, überall in der Zivilisation hätten sich versteckte Risse aufgetan, womit eine weltweite Gefahr gegeben sei.

Doch diese Furcht ließ die bis heute gültige Frage aufkommen, der die Autoren vor fünfzig Jahren am liebsten auswichen. Es ist die gleiche Frage, die Huntington in seiner Theorie über den Kampf der Kulturen gestellt hat – und mit Huntington auch viele andere. Da ist, um ein beachtenswertes Beispiel zu nennen, Tariq Ramadan, ein Philosoph des zeitgenössischen Islamismus, der ein Buch mit dem Titel *Islam, the West and the Challenges of Modernity* geschrieben hat. Die Islamic Foundation hat es 2001 in englischer Übersetzung veröffentlicht. Ramadan stellt die Frage mit deutlicher Differenzierung. Was meinen wir, wenn wir das Wort »Kultur« verwenden, möchte er wissen. Gibt es so etwas wie eine globale Kultur? Sein Auge wandert am Bücherregal von vor fünfzig Jahren entlang, und er wählt einen Autor, den er in diesem Punkt kritisch befragen möchte. Es ist Albert Camus, dessen Buch über den Totalitarismus, *Der Mensch in der Revolte*, in französischer Erstausgabe 1949 erschien. Camus wollte die genauen Züge in der modernen Zivilisation benennen, die zum Totalitarismus und dessen Schrecken geführt hatten. Er suchte nach diesen Eigenheiten in der antiken Mythologie und in der modernen Literatur. Er fand sie auch – jedenfalls die kulturellen Eigenheiten.

Doch Ramadan beobachtet, dass Camus bei der Suche nach den Wurzeln des Totalitarismus in Mythologie und Literatur sich auf die Mythen und literarischen Klassiker des Westens beschränkte. Kultur und Zivilisation meinte für Camus westliche Kultur und nicht den Islam. Wenn Camus aber Recht gehabt habe, was die Wurzeln des Totalitarismus angehe, der die einzigartige und mit einem Makel versehene Kultur des Westens durchziehe, wie könne dann jemand behaupten, dass der Totalitarismus eine weltweite Gefahr darstelle? Der Westen ist nicht das Universum, und westliche Traditionen haben nichts mit der muslimischen Welt zu tun.

Ramadan meint, dass wenn wir die besonderen Probleme und die Verheißungen der muslimischen Welt verstehen wollten, wir nämlich nicht nach Westen blicken sollten, auch nicht auf Albert Camus und Bücher wie *Der Mensch in der Revolte*. Ramadan sagt: »Wir haben es tatsächlich mit zwei verschiedenen Bezugswelten zu tun, zwei Zivilisationen und zwei Kulturen.« Die ureigenste Mentalität und die tiefsten Emotionen der muslimischen Welt, die kulturellen Erinnerungen, die intellektuellen Instinkte – diese seien nicht nur anders als die im Westen, sondern für den westlichen Geist so gut wie gar nicht zu verstehen. Und die Implikation dieser Analyse ist klar genug. Jeder, der mit Tariq Ramadan übereinstimmt, würde den Schluss ziehen müssen, dass Camus und die Autoren vor einem halben Jahrhundert bei der Suche nach einer allgemeinen Ursache der der modernen Zivilisation drohenden Gefahren den falschen Weg eingeschlagen haben. Die moderne Zivilisation gebe es nicht – nur Zivilisationen, im Plural. Eine allgemeine Ursache für moderne Probleme, die weltweit am Werk seien, werde man nie finden. Dies ist ein plausibles Argument, das auch von vielen geteilt wird.

Dennoch möchte ich eine Bemerkung machen. Es ist die gleiche Bemerkung, die ich über die Selbstmordarmee des bin Laden und seiner Genossen gemacht habe – eine biografische Bemerkung, die in unserer Zeit auf sehr viele Menschen anwendbar ist. Tariq Ramadan ist heute unter islamistischen Intellektuellen ein angesehener Mann.

Er erklärt in *Islam, the West and the Challenges of Modernity*, dass er der Sohn eines verfolgten militanten Mitglieds der Muslimischen Bruderschaft Ägyptens sei – womit gesagt wird, dass Ramadans herausragende Stellung in der islamistischen Bewegung ihm ebenso sehr durch Geburtsrecht zustehe wie durch seine eigenen Leistungen. Er erwähnt nicht einmal, dass er obendrein der Enkel von Hassan al-Banna ist, dem Gründer der Muslimischen Bruderschaft, einem in Ägypten ermordeten Märtyrer der Sache – eine der einflussreichsten Gestalten in der Geschichte des modernen Islam weltweit.

Auf der hinteren Umschlagseite von Ramadans Buch findet sich unter den verkaufsfördernden Zitaten auch der Hinweis, dass er an der Universität von Fribourg in der Schweiz Philosophie und islamische Studien lehrt, womit seine Autorität bestätigt werden soll – eine erstklassige Referenz, auf die sich jeder Verleger berufen würde. Doch verweilen wir kurz bei dieser Referenz. Warum sollten wir den islamistischen Philosophen Tariq Ramadan letztlich nicht als einen Schweizer Professor bezeichnen? Er hat ein Buch geschrieben, in dem er Albert Camus widerspricht. Nichts könnte natürlicher sein – ein Schweizer Professor, der mit einem Pariser Philosophen streitet. Ich möchte mir jedoch die Freiheit nehmen, skeptisch die Augenbrauen hochzuziehen, was die Reinheit von Tariq Ramadans kultureller Identität betrifft. Und danach möchte ich gern nochmals die Augenbrauen hochziehen, nämlich was Camus und die Reinheit seiner Reflexionen über die Zivilisation und ihre westlichen Wurzeln angeht. Wer war Camus denn letzten Endes? Ein Algerier. Er verließ Algerien und ließ sich in Paris nieder. Doch selbst in seinem *Der Mensch in der Revolte* hielt Camus einen Moment inne, um in nostalgischen Erinnerungen an Algerien zu schwelgen und von den Stränden seiner Jugend und den Mädchen an den Stränden zu schwärmen – seine mediterrane Seele schickte selbst dann noch afrikanische Sonnenstrahlen aus, nachdem er schon längst in den kühlen Norden gezogen war.

Ramadan zweifelt also Camus an. Schön. Es ist ein Streit zwischen einem Schweizer und einem Pariser, der, von einem anderen Aussichtspunkt aus betrachtet, ein Streit zwischen zwei Nordafrikanern ist. In der modernen Welt sind wir alle Bindestrich-Persönlichkeiten. »Niemand ist etwas«, sagte C. L. R. James. Und die Unterscheidung zwischen westlicher und nichtwestlicher Zivilisation erscheint umso verschwommener, je mehr man sich bemüht, sie konzentriert in den Blick zu bekommen.

In einer Frage bin ich jedoch mit Ramadan einer Meinung. Wir Bindestrich-Modernen haben guten Grund, näher bei Camus und seinem *Mensch in der Revolte* zu verweilen. Etwas an diesem Buch schreit in diesen unruhigen Zeiten nach Aufmerksamkeit. Unter den vielen Kommentatoren der Zeit vor fünfzig Jahren war der Philosoph aus Algerien der Einzige, der intuitiv eine entscheidende Realität erfasste. Er erkannte, dass Totalitarismus und Terrorismus auf einer tiefen Ebene ein und dasselbe sind. Er erkannte, dass wenn es uns nur gelänge, die Wurzeln des Totalitarismus zu entdecken, wir damit auch die Wurzeln des Terrors entdeckt hätten – und umgekehrt.

Was waren nun diese Wurzeln? Camus wies auf einen spezifisch menschlichen, antiken und erhabenen Impuls, nämlich den Impuls zu revoltieren – den Impuls, der als Impuls begann, sich gegen Gott aufzulehnen. Und er wies auf die besonderen Formen, in denen dieser antike und erhabene Impuls sich entwickelt hat.

Nach Ramadans Ansicht bezeichnet nun dieser besondere Impuls, der Drang zur Revolte, die genaue Stelle, an der die westliche Zivilisation und der Islam voneinander abweichen. In der religiösen Tradition des Westens gebe es einen Platz für Skeptizismus und Zweifel. Diese beiden Haltungen, Skeptizismus und Zweifel, seien Elemente des Glaubens – die Elemente, mit denen die Authentizität des Glaubens an Gott bewiesen werde. Der Gott des Alten Testaments gibt Abraham die Anweisung, seinen Sohn Isaak zu opfern. Abraham zweifelt die Anweisung an und bemüht sich eine Zeit lang, sich ihr zu widersetzen – und Abrahams Zweifel und sein Kampf legen Zeugnis ab von der Ernsthaftigkeit seines Glaubens. Nach Ramadans Ansicht folgt der Impuls zur Revolte in der westlichen Kultur direkt aus der Wertschätzung, die man dem Skeptizismus und dem Zweifel zuschreibe. Man beginne mit Skeptizismus und Zweifel, und wenn man diese Einstellungen noch einen Schritt weitertreibe, komme man bei groß angelegter Rebellion an. Und diese besonderen Eigenschaften – Skeptizismus, Zweifel, Revolte – hätten in den westlichen Ländern von heute letztlich viel Elend hervorgebracht.

Die muslimische Tradition besitze diese Eigenschaften nicht. Im Islam, so erklärt uns Ramadan, gebe es keinen Impuls zur Revolte. Der Koran erzähle die gleiche Geschichte von Abraham und Isaak, doch der Koran hebe Abrahams Skepsis und Widerstand nicht hervor. In der Version des Korans hört Abraham Gottes Anweisungen und macht sich bereit, sie zu befolgen. Es gebe keinen Kampf, keine Versuchung, sich aufzulehnen. Im Islam sei Unterwerfung alles. Die Unterwerfung unter Gott erlaube es dem Islam, eine geeinte, moralische und zufrieden stellende Gesellschaft zu erschaffen – zumindest potenziell, selbst wenn die Muslime irgendeiner bestimmten Region aus Fleisch und Blut ihre religiösen Verpflichtungen vergessen hätten. Unterwerfung sei der Weg zu sozialer Gerechtigkeit, einer zufriedenen Seele und zu Harmonie mit der Welt.

Dies waren nicht die Einstellungen von Albert Camus. Der Autor von *Der Mensch in der Revolte* war selbst ein Rebell. Er schrieb Artikel für *La Révolution Prolétarienne*, die anarcho-syndikalistische Zeitschrift in Frankreich – das Blatt der freidenkenden, antiautoritären Linken. Rebellion war in seinen Augen das Beste, was je passiert war. Camus berief sich auf den Mythos des Titanen Prometheus, der weiter geht als Abraham und in einem Geist radikalen Handelns den letzten Schritt zu totaler Rebellion vollzieht. Prometheus stiehlt Zeus das Feuer und gibt es dem Menschen. Er wird für diesen Verstoß schrecklich bestraft – und doch ist der Verstoß des Titanen der Nutzen des Menschen. Camus applaudierte. Er ballte solidarisch die Faust. Er sah die prometheische Revolte als die Grundlage menschlichen Fortschritts und auch menschlicher Freiheit. In seinem Enthusiasmus entnahm er dem altmodischen Anarchistenvokabular den Begriff »anarchistisch« und legte ihn Prometheus zu Füßen.

Dennoch war Camus ein Mann aus der Mitte des zwanzigsten Jahrhunderts. Er starrte die Ruinen Europas an und musste in düsterer Stimmung eingestehen, dass der prometheische Impuls zur Revolte im Lauf der Jahrhunderte eine merkwürdige Wendung genommen hatte, und zwar nicht ganz zum Guten. Der Impuls zur Revolte in seiner modernen Version sei immer noch ein Drang zum Eintreten für die Freiheit des Einzelnen, dachte er. Und er sei immer noch eine Quelle des Fortschritts, zumindest potenziell. Doch der Impuls hatte ein neues und leicht widersprüchliches Element angenommen – eine Komplikation, die es zuvor nie gegeben hatte. In seiner neuen Version war der Impuls ein Tanzschritt, der mit einem Blick nach oben zu menschlicher Freiheit und Fortschritt begann – und sich dann mit der schnellsten und anmutigsten Bewegung abwärts dem Tod zuneigte. Das Libertäre und das Düstere hatten sich irgendwie miteinander vermengt, und die Liebe zu Freiheit und Fortschritt war auf unheimliche Art untrennbar mit einer morbiden Besessenheit von Mord und Selbstmord verbunden.

Diese Entwicklung hatte während der Französischen Revolution begonnen, dachte er – und das nicht nur wegen Leuten wie Saint-Just, des Anführers der Schreckensherrschaft, dessen Eifer seine Besonderheiten hatte. Der Marquis de Sade war damals eifrig damit beschäftigt, seine literarischen Texte zu verfassen, und Camus entdeckte dort etwas von der gleichen morbiden Neigung zur Revolte. Das Rebellische, das Düstere und das Sexuelle vermischten sich von Anfang an miteinander. Saint-Just und de Sade waren jedoch hauptsächlich Vorläufer. Nach Einschätzung von Camus kam der voll und ganz mutierende Impuls zur Revolte in den mittleren Jahren des neunzehnten Jahrhunderts zu voller Blüte, nämlich in der eleganten Form eines neuen Elans oder einer neuen Haltung in der französischen Dichtung. Camus glaubte, dass Victor Hugo, der größte der romantischen Dichter der französischen Sprache, zu fröhlich und positiv denkend sei, zu sehr der Nationaldichter Frankreichs, um diesem mutierten neuen Impuls Ausdruck zu verleihen – der Zusammenführung von Rebellion und Verbrechen. Doch Camus hat etwas übersehen. Unter den romantischen Schriftstellern in Frankreich war es Hugo mehr als jeder andere, der den Drang zur Revolte feierte. Und es war Hugo, der diese Verherrlichung mit morbiden Mord- und Selbstmordriten vollzog, nämlich in einer Version für das Theater.

Er tat dies in einem Versdrama mit dem Titel *Hernani oder Die kastilische Ehre,* das heute kein Mensch mehr aufführt – eine überholte Antiquität von Theaterstück, das inzwischen unter den vergessenen Schriften eines Autors gelandet ist, dessen erfolgreichere Werke, etwa *Der Glöckner von Notre Dame* oder *Die Elenden* ebenso wenig auch nur für einen Moment in Vergessenheit geraten sind wie (für französische Leser) seine Epen und seine Lyrik. *Hernani* war seinerzeit jedoch ein ungeheurer Erfolg und in einer verhängnisvollen Hinsicht nur zu modern. Das Stück erzählte die Geschichte eines romantischen Helden, der mit anderen konspiriert, um den König in einem rebellischen Racheakt zu töten – dieser Held stirbt jedoch am Ende in einem dreifachen Selbstmord, und sei es auch nur, um seine Rebellion dadurch zu vollziehen, dass er die Umstände seines eigenen Todes bestimmt. Mord als Rebellion, Selbstmord als Ehre, Mord und Selbstmord als gemeinschaftliches Symbol menschlicher Freiheit – das waren Victor Hugos Themen. Sein Stück rebellierte sogar in der Struktur seiner Dialoge gegen überlieferte Gesetze. Er verstieß gegen die starre klassische Einheitsregel ebenso wie gegen die Formstrenge des Alexandriners und verwendete stattdessen den unregelmäßigen *Vers coupé.* Das mag heute nicht sehr nach Revolte aussehen, doch bei der Premiere des Stücks – im Jahre 1833 – lösten Hugos Verstöße gegen die Regeln der Verslehre im Publikum Buhrufe und Schmähungen aus. Ein Aufruhr im Theater. Und somit war das ein Stück über Rebellion, das selbst ein Akt der Rebellion war –

ein Theaterstück, in dem der Held auf Freiheit abzielte und in Mord und Selbstmord endete.

Das war fast ganz das Thema von Camus. Victor Hugo war vorangegangen. Und dann ging der Impuls ein wenig weiter, genau wie Camus beschrieben hatte, und es kam ein neuer Autor, der einen weiteren Schritt in noch dunklere Zonen wagte. Dieser neue Autor war Charles Baudelaire aus der Generation, die jünger war als Hugo – Baudelaire, der den lästigen Behinderungen der traditionellen Moral entfliehen und nicht mehr unter der Knute des Christentums stehen wollte, der aber auch von den weltlichen Vermächtnissen des Christentums, seinem moralischen und liberalen Erbe, nichts mehr wissen wollte. Die bürgerliche Tugend solider Staatsbürger wie Victor Hugo erschien Charles Baudelaire als unerträglich. Und da ihn dieser Groll und diese Wünsche vorwärts trieben, rebellierte Baudelaire in einem hochmütigen Geist der Frechheit und der Provokation gegen Gott selbst und erklärte sich für Satan. Baudelaire dichtete seine *Blumen des Bösen* und präsentierte eine der Ausgaben dem Publikum mit den Worten:

> *Wenn du deine Rhetorik nicht bei Satan,*
> *diesem listigen Doyen, studiert hast,*
> *wirf es weg [dieses Buch]! du würdest nichts begreifen*
> *oder mich für hysterisch halten.*

Und was war Satans Rhetorik? Es war Rebellion im Namen absoluter Freiheit: die Freiheit zu tun, was absolut verboten ist. Es war ein Sprung in die Erfahrung, die mehr als flüchtig oder partiell ist: die Erfahrung der totalen Vernichtung. Sie war deshalb Mord – und Selbstmord. Mord und Selbstmord nicht als Akte einer tugendhaften und verantwortlichen Rebellion wie in *Hernani*, sondern als Akte satanischer Sünde. Mord und Selbstmord um ihrer selbst willen – um des Verbrechens willen. Das war Nihilismus: die Rebellion gegen alle moralischen Werte.

Camus zitierte Baudelaire: »Der wahre Heilige ist der Mensch, der die Menschen zum Wohl des Volkes peitscht und tötet.« Bürger Hugo hätte so etwas nie gesagt. Baudelaire sah beide Seiten revolutionärer Gewalt – das Töten und das Getötetwerden – als gleichermaßen anziehend an. »Ich wäre nicht nur glücklich, ein Opfer zu sein«, schrieb er, »würde es nicht hassen, der Scharfrichter zu sein, um die Revolution auf beiderlei Weise zu *fühlen*.« Baudelaire war tatsächlich ein Literat, und das Verbrechen war für ihn Poesie. Camus nannte ihn einen »Dandy« – jemanden, der sich um der Posen willen in Positur wirft. Seine Rebellion war mit den Worten von Camus »metaphysisch«. Dennoch war da etwas Neues und Echtes und Aufregendes in diesen Geisteshaltungen. Und Baudelaire war nicht der Einzige, der ihnen Ausdruck verlieh.

Camus verwies auf Dostojewski oder vielmehr auf Dostojewskis Gestalt Iwan, der sagt: »Alles ist erlaubt.« Was bedeutet: Moralische Werte gibt es nicht, und Nihilismus ist die einzige Wahrheit. Ebenso wenig ist dies der Schrei eines Menschen, der durch hoffnungslose Lebensumstände zu verzweifelten Extremen getrieben wird. Iwan wendet sich dem Nihilismus zu, weil er es will. Verzweiflung ist seine Sehnsucht. Und auch Iwan tastet sich in seinem Nihilismus zum Mord hin vor. Camus verwies auf die Surrealisten in Frankreich. Die surrealistische Bewegung, so erzählt er uns, »war unbesonnen genug zu sagen – und dies ist der Satz, den André Breton seit 1933 immer wieder bereut haben muss –, dass der einfachste aller surrealistischen Akte darin besteht, mit dem Revolver in der Hand die Straße entlangzugehen und willkürlich in die Menge zu schießen«. Camus schloss mit den Worten: »Die Theorie der unerwünschten Tat ist der Höhepunkt der Forderung nach absoluter Freiheit.«

So sah der verdrehte neue Impuls in Europa aus – die Rebellion, die mit Freiheit beginnt und mit Verbrechen endet. Rebellion, die von Mord und Selbstmord nicht zu unterscheiden ist – die Rebellion, die zu Beginn einen klaren Sinn ergibt und schnell Tode erzeugt, die überhaupt keinen Sinn ergeben. Ebenso wenig war all dies lediglich

»metaphysisch«. Die jungen Idealisten in Dostojewskis *Dämonen* verabscheuen die Beschränkungen der gewöhnlichen Moral und setzen ihren Abscheu in die Tat um; und solche Leute waren im Russland zur Zeit Dostojewskis eine Realität. Ein junger Mann namens Sergej Netschajew organisierte 1866 eine Verschwörung mit dem Namen »Gesellschaft der Axt«. Die hatte sich zum Ziel gesetzt, den Zaren zu stürzen und eine soziale Revolution ins Werk zu setzen – ein freiheitlicher Zweck mit menschlichem Fortschritt als Ziel. Die Gesellschaft der Axt verlangte von ihren Mitgliedern jedoch unbedingten Gehorsam gegenüber geheimen Anführern, die niemand kannte und deren Grundsätze darin bestanden, jeden Grundsatz zu brechen. Netschajew ermordete einen seiner Anhänger und endete im Gefängnis. Seine Verschwörung löste sich in Luft auf. Doch das Tabu war gebrochen, und die tatsächlichen Morde und Selbstmorde ließen nicht mehr lange auf sich warten.

1878 schoss eine junge Frau namens Wera Sassulitsch auf den Gouverneur von St. Petersburg – und löste damit, wie Camus sorgsam festhielt, eine Art Mode des politischen Mordes aus. Es war überwiegend ein russischer Fimmel. Jemand versuchte 1879 den Zaren zu töten, und zwei Jahre später schaffte es ein kleiner Kreis von Revolutionären tatsächlich, ihn umzubringen – ein sensationelles Ereignis. Kleinere Beamte wurden wahllos umgebracht. Doch diese Mode verbreitete sich auch außerhalb Russlands. Es gab Attentatsversuche auf den deutschen Kaiser Wilhelm I. 1878 und auf den König von Spanien. Die österreichische Kaiserin wurde 1898 ermordet. Der König von Italien wurde von einem Anarchisten aus New Jersey getötet. US-Präsident McKinley wurde im Jahre 1901 in Buffalo im Staat New York ermordet. Und die Morde und Attentate gingen unablässig weiter, bis der Erzherzog Franz Ferdinand, der österreichische Thronfolger, in Sarajewo getötet wurde, was den Ersten Weltkrieg auslöste – und dennoch ging die Welle von Attentaten weiter, in den Vereinigten Staaten, Spanien, Argentinien und überall auf der Welt.

Camus beurteilte diese Morde und die Mörder sorgfältig und

kritisch. Er erkannte die erhabenen Absichten der frühen russischen Terroristen an, die sich mit einer ernsten Absicht und einem Gefühl für den moralischen Sinn ihrer Taten ans Werk machten. Er erinnerte an die Verschwörung zur Ermordung des Großfürsten Sergius durch den Revolutionär Iwan Kalijajew, der in der Zarenzeit der Kampforganisation der russischen Volksbewegung angehörte, der Partei der Sozialrevolutionäre. Kalijajew war unter dem Namen »der Poet« bekannt – nur für den Fall, dass jemand die literarischen Ursprünge dieser terroristischen Neigungen vergessen haben sollte. »Der Poet« fühlte sich seiner Ehre und moralischen Rechtschaffenheit verpflichtet. Als Kalijajew sich zum ersten Mal daranmachte, den Großfürsten Sergius zu töten, hielt er sich zurück, weil der Großfürst Kinder an seiner Seite hatte, als er mit seiner Kutsche näher kam. Und diese Kinder waren keines Verbrechens schuldig.

Camus wies auf Boris Sawinkow hin, den Leiter der Kampforganisation. Sawinkow argumentierte gegen einen Versuch, einen zaristischen Admiral auf der Bahnstrecke Petersburg–Moskau töten zu wollen: »Bei der kleinsten Achtlosigkeit könnte die Explosion im Waggon stattfinden und Fremde töten.« Sawinkow, der sich auf etwas berief, was er sein »terroristisches Gewissen« nannte, leugnete entrüstet, ein sechzehnjähriges Kind dazu gebracht zu haben, an einem Attentat teilzunehmen. Diese russischen Terroristen der Zarenzeit fühlten sich zwar zu Versuchen berechtigt, den Zaren und dessen Aristokraten zu töten, doch sie wussten, dass Mord, wie es um seine Rechtfertigung auch aussehen mag, ein Verbrechen bleibt. Die Terroristen wussten um ihre Schuld und bestanden darauf, mit ihrem Leben zu büßen. Sie vereinten, wie Camus schrieb, »Achtung vor dem menschlichen Leben im Allgemeinen und Verachtung für das eigene Leben, die so weit ging, dass sie sich nach dem höchsten Opfer sehnten«. Sie waren in moralischer Hinsicht pingelig. »Feinfühlig«, wie Camus das nannte. Zumindest wollten sie es sein.

Camus wies auf Dora Brilliant hin, die sich für die politischen Ziele nicht interessierte. Terroristisches Handeln, so ihre Ansicht,

»wird hauptsächlich durch das Opfer geschmückt, das es von dem Terroristen verlangt«. Camus zitierte Sawinkow. Dieser bemerkte, dass Kalijajew, »der Poet«, bereit sei, jeden Augenblick sein Leben zu opfern. Mehr noch: »Besser noch, er ersehnte leidenschaftlich dieses Opfer.« Beim Entwurf eines Plans, einen der Minister des Zaren zu ermorden, verkündete Kalijajew seine Absicht, sich unter die Pferdehufe zu werfen. Camus wies auf Boris Wnorowskij, einen weiteren Terroristen. »Auch bei Wnorowskij trifft das Verlangen nach Opfer mit der Anziehungskraft des Todes zusammen. Nach seiner Festnahme schreibt er an seine Eltern: ›Wie oft kam mir in meiner Jugend in den Sinn, mir das Leben zu nehmen, doch jedes Mal verwarf ich diesen Gedanken, weil ich wusste, welchen Kummer meine Tat Euch gemacht hätte ...‹«

Diese Leute, und zwar jeder Einzelne von ihnen, waren Hernanis aus dem Versdrama Victor Hugos; und in den Jahren um 1905 waren die Hernanis überall anzutreffen und das Schauspiel ihrer Morde und Tode herzzerreißend. So viele empfindsame junge Menschen, so viele Hoffnungen auf soziale Gerechtigkeit und Freiheit, so viel Opfer und Tod! Es war Größe in diesen Menschen. Wir, die wir warm und trocken im Land der Freien in unseren Häusern sitzen, sollten darüber nicht die Nase rümpfen. Von Dora Brilliant abgesehen träumten diese Leute von etwas Besserem als einem Leben unter dem Zaren und einem Feudalsystem – sie träumten nicht einmal für sich selbst, sondern für andere Menschen. Und doch – auch dies ist unleugbar – war etwas Seltsames an dem russischen Eifer, Mordanschläge mit Selbstmord zusammenzubringen. Hugo schrieb von Mord und Selbstmord, doch das geschah in einem Drama für die Bühne. Die Helden der Sozialrevolutionären Partei führten keine Theaterstücke auf.

Dann kam der unvermeidliche nächste Schritt in der verdrehten neuen Idee der Rebellion. Ich werde ein paar amerikanische Beispiele aus diesen selben Jahren zitieren, um diesen mühelosen Übergang vom Pingeligen zum nicht mehr ganz so Pingeligen zu illustrieren.

Da war der Fall von Alexander Berkman, einem Anarchisten aus Russland, der in der Sozialrevolutionären Partei verwurzelt war. Er emigrierte in die Vereinigten Staaten. Im Jahre 1892 heuerte Henry Clay Frick, ein berüchtigter Ausbeuter und Großindustrieller, eine Gruppe von Pinkerton-Wachposten an, um in Homestead in Pennsylvania einen Stahlarbeiterstreik niederzuschlagen. Die Pinkerton-Leute töteten eine Reihe streikender Arbeiter. Berkman kam zu dem Schluss, dass Frick ein Despot sei, der den Tod verdient habe. Er verschaffte sich mit Gewalt Zutritt in Fricks Büro in Pittsburgh und schaffte es, ein paar Schüsse aus seiner Pistole auf ihn abzufeuern – doch Frick überlebte.

Es war eine hässliche und unangemessene Tat von Seiten Berkmans. Selbst im Zeitalter der großen Ausbeuter war Pennsylvania keine Provinz des Zarenreichs, und die Stahlarbeiter von Homestead hatten bessere Möglichkeiten, sich zu wehren, als mit einem einsamen Racheakt. Dennoch plante Berkman sein Attentat im altmodischen russischen Geist. Bei seinem Angriff auf Frick war so gut wie garantiert, dass sonst niemand verletzt wurde – doch ebenso war garantiert, dass der Anschlag mit Berkmans Festnahme oder sogar seinem Tod enden würde. Es war die Tat eines Einwanderer-Hernani. Es war die Tat eines Mannes, der sich nach Art der russischen Terroristen als frei ansah – als frei und deshalb verdammt.

Dann wich das Pingelige dem nicht mehr Pingeligen. Ein Vierteljahrhundert nach Berkmans Attentat führte ein anderer Einwanderer und Anarchist in den Vereinigten Staaten seine Anhänger in einen gewalttätigen Feldzug auf der Grundlage wahlloser Morde. Dieser Luigi Galleani war ein kultivierter Mann und eloquenter Schriftsteller in italienischer Sprache. Auch Galleani gab einem erhabenen Geist Ausdruck. Er kochte vor Entrüstung über die Ungerechtigkeiten von Kapitalismus und Ausbeutung. Er stellte sich ein besseres Leben auf der Grundlage eines Prinzips zwangsfreier Solidarität vor – auf dem Prinzip des Anarchismus oder dem, was er mit einem Fichte-Zitat »das Ideal« nannte. Ihm schwebte ein Leben absoluter individueller

Freiheit vor, bestimmt von einem freien Willen und beherrscht nur durch den frei akzeptierten Moralkodex von Arbeitern und Künstlern sowie die ästhetische Sensibilität der höchsten Kunst.

Das war eine der Freiheit des Einzelnen verpflichtete Idee auf den Höhepunkt getrieben. Galleani wollte, dass seine Anhänger diese Prinzipien der Welt predigten. Doch vor allem wünschte er, dass seine Anhänger in der alltäglichen Umgebung der Gegenwart nach diesen Prinzipien lebten – um eine Gegenkultur des der Freiheit des Individuums verpflichteten Ideals zu bilden, und zwar innerhalb der kapitalistischen Welt der Armut und Unterdrückung. In seiner Schrift *The End of Anarchism?* (Das Ende des Anarchismus?) schrieb Galleani: »Wir müssen dem strengen Charakter unseres Glaubens und unserer Überzeugung zufolge wir selbst sein.« Aber was verlangte der strenge Charakter ihres Glaubens? Er verlangte individuelle Taten der Rebellion, die darauf abzielten, »die Fackel der siegreichen Revolution anzuzünden«.

Galleani wusste, dass rebellisches Handeln die Gefahr vieler bitterer Schläge mit sich bringt – das »Opfer unserer Freiheit, unseres Wohlergehens, sogar den Verlust unserer geliebten Menschen für viele lange Jahre, manchmal für immer«. Doch das Opfer war auf seine Weise das Ideal. Das Opfer war ein vollkommener Akt selbstloser Solidarität, der frei und ohne Zwang angenommen worden war – das Urbild der ersehnten revolutionären neuen Gesellschaft. Galleani erklärte, »das Ideal, das einsame Ziel von Poeten und Philosophen, ist im Märtyrertum seiner ersten Herolde verkörpert und wird durch das Blut seiner Gläubigen aufrechterhalten«.

In diesem Licht gesehen war das Märtyrertum großartig. Und so machten sich Galleanis Anhänger, die von Freiheit träumten, daran, ihre rebellischen Akte zu verüben. Paul Avrich, der Historiker des Anarchismus, erzählt uns, dass einige von Galleanis militanten Anhängern Briefbomben an Prominente schickten, wenn auch ohne jede Wirkung, wenn man von der Ermordung der Sekretärin eines Senators absieht. Einer von Galleanis Anhängern versuchte den

Erzbischof von Chicago sowie rund zweihundert Gäste bei einem Bankett zu Ehren des Erzbischofs zu vergiften. Das Arsen brachte die Gäste des Banketts jedoch nur dazu, sich zu übergeben und sich so des Gifts zu entledigen, statt es zu verdauen, und so wurde niemand getötet.

Doch 1920 deponierte jemand aus Galleanis Gruppe eine Bombe in der New Yorker Wall Street, um die Festnahme von zwei Mitgliedern der Gruppe zu rächen, Sacco und Vanzetti. Die Bombe tötete eine Gruppe von dreiunddreißig unbeteiligten Passanten. Die Wall-Street-Bombe blieb viele Jahre lang der blutigste Terrorakt, den Amerika je gesehen hatte – bis Timothy McVeigh 1997 das Federal Building in Oklahoma City in die Luft jagte, wobei annähernd fünfmal so viele Menschen getötet wurden. Und was war die Logik der Tat von Galleanis Gruppe im Jahr 1920? Wozu in der Wall Street einen Sprengkörper detonieren lassen? Natürlich aus symbolischen Gründen. Und warum sollte man gerade diese dreiunddreißig Menschen umbringen? Aus gar keinem Grund. Weil sie zufällig vorbeigingen.

Damit waren Galleani und seine Anhänger genau bei der Argumentation angekommen, welche mehr als siebzig Jahre später die Angriffe auf Manhattans Finanzzentrum bestimmten – nicht nur den Anschlag auf das World Trade Center von 1993, sondern auch die Selbstmordanschläge der Flugzeugentführer von 2001, die wiederum den früheren Rekord von Terrormorden brachen (in diesem Fall den von McVeigh) und die Zahl der Toten vervielfachten, diesmal mit einem Faktor von etwa fünfzehn. Galleanis Idee bestand darin, einen ästhetischen Terrorakt zu begehen – »ästhetisch« war sein eigenes Wort –, bei dem die Schönheit oder die künstlerische Qualität darin bestand, dass anonym gemordet wurde. Damit war der Nihilismus grenzenlos und der Rechtsbruch total.

Gewalt dieser Art zog im späteren neunzehnten Jahrhundert und Anfang des zwanzigsten viel Aufmerksamkeit auf sich. Und doch schienen die meisten Menschen in jenen Jahrzehnten mehr oder weniger ruhig geblieben zu sein. Die Gesellschaft insgesamt schien weiterhin davon überzeugt gewesen zu sein, dass die winzigen Bombenwerfergruppen mit ihren immer beiläufigeren und »ästhetischeren« Ansichten über den Tod nie etwas anderes sein würden als winzig, wie viele Terroristenbomben auch gezündet werden mochten; ferner glaubte man, dass niemals riesige Menschenmassen durch die Straßen marschieren und dabei Parolen zum Lob von Mord und Selbstmord skandieren würden. Die Luigi Galleanis dieser Welt würden nie an die Macht kommen, und es war durchaus möglich, der Verlockung des Todes zu widerstehen.

Einige der größten Romanciers fühlten sich zum Thema des Terrorismus hingezogen – nicht nur Dostojewski, sondern auch Henry James in seinem Roman *Prinzessin Casamassima* und Joseph Conrad in *Der Geheimagent*, ganz zu schweigen von Chesterton und einigen anderen. Die Romanciers waren definitiv besorgt. Und daher erschuf jeder dieser Schriftsteller, wenn er sich über sein Manuskript beugte, um die Terroristen und Persönlichkeiten zu erfinden, am Ende Charaktere, die gelinde gesagt leicht lächerlich wirkten – unbedeutende Spinner, die von anmaßenden Ideen belebt wurden, geborene Verlierer, die Verdammten und die Super-Verdammten. Von Zeit zu Zeit betrachtete ein talentierter Schriftsteller die Terroristen mit mitfühlenderen Augen. Da war etwa Frank Harris, der den Roman *The Bomb* (Die Bombe) schrieb. Darin werden die Anarchisten von Chicago in einem respektvollen Geist geschildert, der ihre Ideale bewundert (die in der Tat erhaben waren). Doch in den Romanen wie im Leben schienen die Terroristen ebenso wie ihre Bomben und Waffen damals für die meisten Menschen ein Randproblem zu sein – ein Problem der Verbrechensprävention, ein philosophisches Problem, ein Rätsel, aber nichts Bedeutenderes. Und diese Einstellung in der Öffentlichkeit, die zuversichtliche Selbstsicherheit, ist leicht zu verstehen.

Europa und Nordamerika hatten während eines ganzen Jahrhunderts, vom Ende der Napoleonischen Kriege bis zum Ersten Weltkrieg, letztlich nur eine Erfahrung gemacht, nämlich die eines sichtbaren Fortschritts; und Fortschritt erzeugt Stärke. Die uralten Übel des Leidens, der Armut und der Ausbeutung blieben auch weiterhin uralte Übel. Und doch schienen die westlichen Länder während dieser hundert Jahre das Geheimnis menschlichen Aufstiegs und Vorwärtskommens entdeckt zu haben – sie schienen im Hier und Jetzt mit großen Schritten voranzukommen, schienen den Grundsatz entdeckt zu haben, der auch weiterhin bis in alle Ewigkeit Fortschritt erzeugen würde, wenn man ihm nur erlaubte, weiterhin am Werk zu sein. Wissenschaft, rationales Denken und allgemeine Bildung schienen sich stetig weiterzuentwickeln. Aberglauben, Unwissenheit und Analphabetentum schienen auf dem Rückzug zu sein. Technik und Industrie machten Fortschritte, der Wohlstand nahm zu, die Menschenrechte breiteten sich ein wenig weiter aus, Demokratie und Selbstverwaltung wurden stärker – zumindest in einigen Ländern. Und was war das Geheimnis hinter diesen vielen Feldern des Fortschritts, das allmächtige, alles erobernde Prinzip?

Es war die Anerkennung der Tatsache, dass das gesamte Leben nicht von einer einzigen, allwissenden und allmächtigen Autorität beherrscht wird – von einer göttlichen Kraft. Es war die tolerante Idee, dass jede Sphäre menschlicher Tätigkeit – Wissenschaft, Technik, Politik, Religion und Privatleben – unabhängig von den anderen tätig sein sollten, ohne den Versuch zu machen, alles unter einer einzigen leitenden Hand wie unter ein Joch zu zwingen. Es war ein Glaube an die vielen statt an das eine. Es war das Beharren auf Freiheit des Denkens und Freiheit des Handelns – keine absolute Freiheit, aber ein Beharren auf etwas Wahrerem, Stärkerem und Verlässlicherem als absolute Freiheit, nämlich relative Freiheit: eine Freiheit, die auch die Existenz anderer Freiheiten anerkennt. Freiheit, zu der man bewusst gelangt. Freiheit, für die man sich entscheidet und die einem nicht von einem Gott in der Höhe gewährt wird. Diese Idee war im umfassendsten Sinn Liberalismus – Liberalismus nicht als starre Lehre, sondern als Geisteszustand, eine Art des Denkens über Leben und Realität.

Im neunzehnten Jahrhundert schlug jeder neue Philosoph und jede politische Bewegung eine neue und andere Art der Organisation der Gesellschaft um diese liberalen Grundsätze herum vor sowie eine andere Art, den erwarteten Fortschritt darzustellen. Es gab Gedanken der »Whigs« (der Liberalen) zu einem stetigen, allmählichen Fortschritt sowie »positivistische« Ideen eines wissenschaftlich geführten Fortschritts. Es gab linke Fortschrittstheorien, bei denen ruckartige Entwicklungen und Umwälzungen die Hauptrolle spielten, sowie kapitalistische Theorien des wohltätigen Marktgleichgewichts. Freiheitliche Theorien, technokratische Managementtheorien – Dutzende und Aberdutzende von Theorien, von denen jede nach Art des neunzehnten Jahrhunderts auf zwei oder drei greifbaren Faktoren ruhte: Ökonomie, Geografie usw. Die meisten dieser Theorien, vielleicht sogar alle, hatten ihre Ungereimtheiten. Liberale Ideen wurden mit Grundsätzen zusammengekoppelt, die nur in eine illiberale Richtung führen konnten – und die Ungereimtheiten erwiesen sich in späteren Zeiten als ein ernstes Problem für jeden, der diese Theorien in die Praxis umzusetzen versuchte. Doch unterdessen vermittelten die vielen Theorien den gleichen allgemeinen Gedanken. Es war eine Idee von Fortschritt in Richtung auf immer mehr Freiheit, immer mehr Rationalität und immer mehr Reichtum. Und jede dieser Theorien stellte den menschlichen Fortschritt als ein weltweites Ereignis dar, das nicht nur auf Westeuropa und Nordamerika beschränkt war.

Selbst im zaristischen Russland, wo die Terroristen relativ stark waren, stellten sich sehr viele Menschen vor, dass Russland früher oder später trotz der Terroristen oder gerade ihretwegen – nämlich wegen der revolutionären Wirksamkeit des Terrorismus – dem Beispiel Westeuropas folgen und dieses sogar überholen und in die Zukunft katapultiert werden würde. Die Lateinamerikaner machten sich entschlossen auf den Weg des Fortschritts, entweder in seiner französischen Version oder aber in der USA-Version – in beiden Fällen handelte es sich um einen bewährten Pfad liberalen Fortschritts.

Die europäischen Reiche fuhren fort, sich in Asien und Afrika auszubreiten, und die Vereinigten Staaten erweiterten ihre Grenzen und
begannen sogar damit, ein halbherziges eigenes Empire zu errichten,
mit sicheren Brückenköpfen in der Karibik und im fernen Pazifik.
Und jedes dieser verschiedenen Imperien, ob europäisch oder ameri-
kanisch, postulierte gleichermaßen den menschlichen Fortschritt als
Ziel. Zahlreiche Menschen unter den kolonisierten Völkern billigten
diese imperialen Ziele ebenfalls. Sie hegten die eifrige und anrühren-
de Hoffnung, dass die Geschichte für mehr als nur die begünstigten
wenigen eine Zukunft bereithielt und dass der Fortschritt von Europa
und Nordamerika zu Freiheit, Reichtum, Wissenschaft und Stabilität
sich nur dadurch von der Zukunft aller anderen unterschied, dass
sie ein paar Schritte voraus waren und dass alle anderen irgendwann
aufholen würden. Man ging davon aus, dass die liberale Zivilisation
der ganzen Menschheit gehört, und überall auf der Welt betrachteten Menschen liberale Ideen als das ihnen zustehende Erbe. Sie
versuchten nur zu beanspruchen, was ihnen zustand. Und überall auf
der Welt pochten die Herzen vor aufgeregter Vorfreude auf das, was
die Zukunft bringen würde.

Diese Einstellungen waren nicht ganz und gar töricht. Und doch
bemerkte Camus in seiner Studie über die Revolte und deren eigentümliche Evolution einige Anomalien beim Fortschritt der
Welt, die das Bild komplizierten. Diese Anomalien bestanden in
imperialistischen Verbrechen. Camus' Hinweise auf diese Ereignisse
(er erwähnte die Fälle von Indien, Algerien und Südafrika) waren
äußerst unzulänglich, und ich habe nicht vor, diese Unzulänglichkeit
hier auszugleichen. Dennoch lohnt es sich, in Erinnerung zu rufen,
was ihm in etwa vorschwebte.

Da war der erstaunliche Fall von König Leopolds Feldzug im Kon-
go – der belgische Vernichtungsfeldzug gegen die Kongolesen, die
Joseph Conrad in den Annalen der Literatur verewigt hat und Adam
Hochschild in jüngerer Zeit in den Annalen der Geschichte. Welche
Logik stand hinter dem Abschlachten von Kongolesen durch Belgier?

Die Belgier hätten verschiedene Erklärungen genannt. Doch letztlich gab es dafür keine logische Erklärung. Die Belgier entschieden sich um des Mordes willen für den Mord. Das koloniale Hinschlachten von Menschen war ein Irrsinn, nicht sehr viel anders als der terroristische Irrsinn, den Joseph Conrad in seinem anderen Roman über die nihilistischen Radikalen Londons festhielt. Dann war da der Fall der Deutschen in ihrer Kolonie Südwestafrika. 1904 richteten die Deutschen dort Lager ein, um den aufständischen Stamm der Hereros zu dezimieren. So sah die Bürde des weißen Mannes aus.

Diese Massaker zeigten, dass sich schon damals, als sich liberale Rationalität und menschlicher Fortschritt am weitesten fortzuentwickeln schienen, ein irrationaler Kult von Tod und Mord bemerkbar machte – nicht unter Afrikanern, sondern unter Europäern, und zwar nicht nur unter wahnsinnigen russischen Terroristen oder revolutionären Millenariern. Der Todeskult entstand unter Westeuropäern, die verantwortliche und machtvolle Positionen innehatten, in den Führungspersönlichkeiten der Zivilisation, die in der Lage waren, den Tod von Millionen ins Werk zu setzen. Und so kam es zum Tod von Millionen – und kaum jemand ließ einen Protest hören, wenn wir von den Opfern absehen. Ein paar noble Einzelpersonen, sonst niemand. Dann gab es einen weiteren Mord, die Ermordung des österreichischen Thronfolgers in Sarajewo, worauf etwas Unvorhersehbares erfolgte. In Europa brach ein Krieg aus, der einem traditionellen, ja sogar rationalen Weg zu folgen schien, zumindest einem verständlichen Weg – dem Weg früherer Kriege in Europa.

Frankreich verfolgte seine uralte Rivalität mit Deutschland; die Deutschen gaben ihrer traditionellen Besorgnis über das vereinte Gewicht der Franzosen und der Russen Ausdruck; jede kleine Nation machte sich wegen seiner Nachbarn Sorgen. Und so begann der Erste Weltkrieg in der logischen Art eines Flipperautomaten: Der Krieg prallte in einer Ecke ab und sauste in eine andere. Nur gab es dennoch etwas Neues. Die Gezeiten europäischer Irrationalität und von Massenmord, die über Afrika hinweggespült waren, ergossen sich jetzt über den europäischen Kontinent. Soldaten aus den entwickeltsten und zivilisiertesten aller Länder schlachteten einander fabrikmäßig hin, bis neun Millionen Menschen getötet und weitere 21 Millionen verwundet waren – das waren industrielle Statistiken, die keinerlei Verbindung mit den engen und rationalen Besorgnissen zu haben schienen, auf die sich jeder zu Beginn des Kriegs berufen hatte. Es war mit einem Ausdruck von Leutnant Charles de Gaulle »ein Vernichtungskrieg«. Und wie konnte es dazu kommen? Wie kam es, dass der europäische Krieg so total außer Kontrolle geriet – was war die Logik hinter dieser Raserei? Es gab keine Logik.

Hundert Jahre der Rationalität und des Fortschritts hatten dazu geführt. So gut wie alles, woran die Menschen im neunzehnten Jahrhundert geglaubt hatten, wenn es um menschliche Weiterentwicklung und die Überzeugung ging, dass der Fortschritt unausweichlich sei, der befriedigte Glaube, dass Westeuropa und Nordamerika den Königsweg zu Reichtum und Freiheit entdeckt hätten und dass alle anderen früher oder später zwangsläufig folgen werden, dieser großartige Optimismus, das Gefühl der Gewissheit im Namen der ganzen Welt – in diesem großartigen Gebäude stürzte jetzt bis zum letzten Ziegelstein alles ein. Es war ein schockierender Anblick. So etwas hatte es noch nie gegeben. Schlimmer noch, es war unvorhersehbar, zumindest aus der Perspektive dieser vielen Theorien des neunzehnten Jahrhunderts über menschliches Verhalten. Keine dieser Theorien konnte auch nur annähernd einen Ausbruch von Massentötungen erklären. Und infolgedessen starrte am Ende jeder, absolut jeder, selbst die kultiviertesten und brillantesten Beobachter, mit offenem Mund die Katastrophe an. Der nicht mehr junge Henry James, der Jahre zuvor die Terroristen in *Prinzessin Casamassima* so klar beobachtet und sie so zuversichtlich verhöhnt hatte, schrieb im August 1914 an einen etwa gleichaltrigen Briefpartner, um seiner Reaktion Ausdruck zu geben.

Er schrieb: »Ihnen und mir, den Zierden unserer Generation, hätte dieser Schiffbruch unseres Glaubens erspart bleiben sollen, dass wir lange Jahre lang die Zivilisation haben zunehmen und das Schlimmste unmöglich haben werden sehen. Die Gezeiten, die uns mittrugen, trugen uns unterdessen zu *dem hier*, dem großen Niagarafall – doch was für ein Segen, dass wir es nicht wussten. Was jetzt geschehen ist, scheint mir alles *rückgängig* zu machen, alles, was uns gehört hat, auf die schauerlichste rückwirkende Weise – doch ich wende das Gesicht von der monströsen Szene ab.«

Und jetzt nahm die tiefste Katastrophe von allen ihren Lauf. Die alte romantische literarische Vorliebe für Mord und Selbstmord, die Neigung des Dandys zum Irrationalen und Unverantwortlichen, die kleinen Nihilistengruppen linker Desperados mit ihren Träumen von einem poetischen Tod – all diese Tendenzen und Impulse aus dem neunzehnten Jahrhundert verschmolzen jetzt mit ein paar zusätzlichen Tendenzen, die zur erörtern Camus sich nie die Mühe gemacht hatte: mit den dunklen Philosophien der äußersten Rechten in Deutschland und anderen Ländern mit ihrer brutalen Abneigung gegen Fortschritt und Liberalismus; den Antisemiten Wiens mit ihrem verrückten Vorschlag, Wien von seinen brillantesten Erscheinungen zu säubern; den hirnamputierten Wissenschaftlern der Rassentheorie. All dies, das einmal klein und marginal gewesen war, begann jetzt Metastasen zu bilden und sich auszubreiten. Der Kult von Tod und Irrationalität erfasste jetzt ganze Massenbewegungen. Die Massenbewegungen wurden in etwas Neues und anderes verwandelt, was die Welt noch nie gesehen hatte – in Bewegungen »eines neuen Typus« mit einem Ausdruck von Lenin in seiner 1902 erschienenen Schrift *Was tun?* Und die Bewegungen eines »neuen Typus« widmeten sich einer einzigen, alles andere überlagernden Obsession, nämlich dem Hass auf die liberale Zivilisation.

Die Bewegungen eines »neuen Typus« wandten die Gesichter nicht von der monströsen Szene ab. Verzweiflung war ihr Verlangen, und sie verzweifelten. Sie besahen die Landschaft der liberalen Zivilisation, blickten auf die vielen Errungenschaften von demokratischer

Freiheit, sozialer Gerechtigkeit und wissenschaftlicher Rationalität. Und überall sahen sie eine gigantische Lüge. Die liberale Zivilisation war für sie ein Bild des Grauens. Die liberale Zivilisation bedeutete Ausbeutung und Mord – eine Zivilisation, die so schnell und brutal wie möglich zerstört werden sollte. Und so machten sich die frisch mutierten Massenbewegungen auf einen Weg radikaler Zerstörung – auf den Weg, den Lenin gern mit einem Kopfnicken von Genosse zu Genosse, nämlich in Richtung Saint-Just und der Guillotine, als »Schreckensherrschaft« bezeichnete.

Lenins Bolschewismus war die erste dieser neuen antiliberalen Bewegungen. Er erschuf ihn, indem er zwei Strömungen der Vergangenheit vereinte, nämlich die Sozialdemokratie Europas und die militarisierte Schreckensherrschaft der russischen Sozialrevolutionäre aus den Jahren um 1905 – und die Kombination verlieh seiner Bewegung, den Bolschewiken, ein nobles Programm (das der Sozialdemokratie) und eine Aura anspruchsvoller moralischer Strenge (nämlich die der Sozialrevolutionäre). Doch das anspruchsvolle Wesen in Lenins Bewegung wich sofort dem Kult der Wahllosigkeit. Das altmodische Beharren auf einer Unterscheidung zwischen den Schuldigen und den Unschuldigen, die aufrichtige Anerkenntnis dessen, dass selbst die gerechtfertigten Gewalttaten moralisch schuldhaft sein können, die gewissenhafte Untersuchung der eigenen Motive – all das, die geistigen Gewohnheiten der Welt um »den Poeten« Kaljajew wurde als die sentimentale Erbschaft einer heuchlerischen Vergangenheit abgetan. Der Mensch war in Lenins Augen schuldig; aber die GESCHICHTE war unschuldig. Wenn Lenin handelte, handelte er im Namen der Geschichte. Er befahl Massentötungen; und alles, was er tat, war schon definitionsgemäß so unschuldig wie das Lamm.

»Erschießt mehr Professoren«, lautete einer von Lenins Geheimbefehlen. Nicht einmal Saint-Just hat je einen solchen Befehl erteilt. Und nachdem Lenins Bewegung 1917 in St. Petersburg die Macht ergriffen hatte, verbreitete sie sich sehr schnell über Europa und um die ganze Welt. Überall legte die neue Bewegung eine merkwürdig frenetische Dynamik an den Tag, die über alles hinausging, was man im neunzehnten Jahrhundert hätte sehen können. Es war ein emotionales Durchsetzungsvermögen, das sich letztlich von der fröhlichen Bereitschaft der Bewegung herleitete, die Feinde des Bolschewismus zu töten, und einer gleichermaßen fröhlichen Bereitschaft, beliebige Menschenmengen umzubringen, deren Ansichten über den Bolschewismus total unbekannt waren. Ferner leitete es sich von der Bereitschaft her, auch Bolschewiken umzubringen (niemand hat je mehr Kommunisten ermordet als die Kommunistische Partei der Sowjetunion), und einer Bereitschaft, auch den eigenen Tod zu akzeptieren – alles aus dem besten aller Gründe. Der Grundgedanke war mit dem Ausdruck Baudelaires, das Volk zum Wohl des Volkes zu peitschen und zu töten. Und das Peitschen und Töten ließ nicht lange auf sich warten.

Doch das war, wie ich schon sagte, nur der Anfang. 1922 erfolgte der Marsch von Mussolinis Faschisten auf Rom. Hatten die Faschisten in Italien irgendeine Ähnlichkeit mit den Bolschewiken in Russland? Sie schienen in jeder Hinsicht anders zu sein. Die Bolschewiken träumten davon, die ganze Menschheit zu befreien, und die Faschisten träumten davon, nur einen Teil der Menschheit auf Kosten aller anderen zu befreien. Die Bolschewiken gaben vor, die Vorkämpfer von Rationalismus und Wissenschaft zu sein (obwohl ihr Rationalismus und ihre Wissenschaft im Großen und Ganzen nichts weiter waren als ein mystisches Dogma), während die Faschisten behaupteten, die Vorkämpfer des Irrationalen zu sein (eine Behauptung, mit der sie durchaus Recht hatten). Die Bolschewiken waren Internationalisten und organisierten ihre Parteien in jedem Land als Zweigstellen einer einzigen Zentrale, die uniform und straff geführt eine einzige Rhetorik verwandte, in der überall die gleichen vorgegebenen Texte gelesen und überall die gleichen Parolen skandiert wurden. Mussolinis Faschisten waren im Gegensatz dazu Nationalisten, stolz und eitel auf die nationale Tradition, wie sie von ihnen selbst definiert wurde.

Und dennoch lösten trotz all dieser Unterschiede Mussolinis Faschisten auf der ganzen Welt ein erregtes Erbeben und Neid aus, Dinge die der bolschewistischen Erregung nicht unähnlich waren, die Lenin mit der Oktoberrevolution ausgelöst hatte. Mussolini war eine aus dem gleichen Holz geschnitzte Größe wie Lenin – ein Mann mit einem unbeugsamen Willen, mächtig genug, Chaos in Ordnung zu verwandeln, fähig, die eisernen Rutenbündel der Geschichte (»fasces«) in die Hand zu nehmen und sie nach seinem Wunsch zu verbiegen. Links, rechts – von einem bestimmten Standpunkt aus waren dies unwichtige Unterscheidungen. Mussolini selbst hatte auf der äußersten Linken begonnen (er kam von der anarchistischen Zone der italienischen Linken her, die Luigi Galleani hervorgebracht hatte) und konnte zur äußersten Rechten hinüberwechseln, ohne sich im Mindesten schuldig zu fühlen. Und so wie sich der Bolschewismus sofort um die Welt verbreitete, begann sich auch der Faschismus als Bewegung der Ultrarechten mit seinen Beimischungen der Ultralinken mit fantastischer Geschwindigkeit auszubreiten. Es war nur natürlich, dass die Ausbreitung des Faschismus einem anderen Muster folgte als die des Bolschewismus – einem Muster nationaler Unterschiede statt internationaler Uniformitäten.

Mussolinis Bewegung war geräuschvoll italienisch, während Francos spanische Falange im Gegensatz dazu lärmend spanisch war – streng rechts und ultrakatholisch und von brennendem Hass auf die Französische Revolution erfüllt. Die extreme Rechte der Franzosen wiederum erwies sich als geräuschvoll französisch. Sie sehnte sich nach der einstigen französischen Monarchie zurück und hasste die Französische Revolution mit womöglich noch größerer Inbrunst. Und so sah es in allen Ländern Europas aus – überall eine neue leidenschaftliche Bewegung nationalistischer Ewiggestriger, die überall für sich in Anspruch nahmen, eine tiefe, wahre und echte lokale Tradition des nationalen Bluts und des lokalen Bodens zu verkörpern und überall ihre eigenen, unnachahmlichen Besonderheiten betonten.

Und doch erwiesen sich alle diese tiefen, wahren und authentischen faschistischen Variationen als erkennbar den anderen ähnlich. Hitlers Nationalsozialismus war die extremste dieser Bewegungen – die einzige auf der europäischen Rechten, die in ihrer Liebe zu Nietzsche aktiv gegen das Christentum wütete, statt sich zu dessen Vorkämpfer zu machen. Die Nazis waren wild, und Faschisten aus anderen Teilen der Welt konnten sich in ihrer christlichen Frömmigkeit nur wundern über diese nordischen Götter und die Wiederbelebung des Heidentums. Dennoch blickten diese anderen Faschisten in Richtung Hitler und sahen in ihm einen Freund, Genossen und Anführer, jemanden, den sie unterstützen und bejubeln konnten, den größten und stärksten Helden der nationalen Idee auf der Welt – den Eigensinnigsten unter den Eigensinnigen. Und dies war nicht falsch. Beim Thema des Todes waren die Nazis die Reinsten der Reinen, die Ästhetischsten, die Kühnsten, die größten Scharfrichter, aber auch zugleich die größten und sublimsten Todesopfer – Menschen, die mit dem Ausdruck Baudelaires die Revolution in beide Richtungen zu *fühlen* wussten. Selbstmord war schließlich die letzte Tat der Nazi-Elite in Berlin. Der Tod war in ihren Augen nicht nur für die anderen da, und bei der endgültigen Katastrophe 1945 verwandelten die Nazi-Führer ihre Bunker pflichtgemäß jeweils in ein eigenes Mini-Auschwitz.

Die linken und die rechten Bewegungen des »neuen Typus« verabscheuten einander, und der gegenseitige Abscheu beflügelte die meisten der politischen und auch militärischen Kämpfe in ganz Europa von den 1920er Jahren bis zum Ende des Zweiten Weltkriegs und selbst danach noch. In Lateinamerika garantierte der wechselseitige Abscheu von Bolschewiken (die nach einiger Zeit andere Namen annahmen) und Faschisten (die genauso verschiedene Namen annahmen), dass es immer mehr Kriege gab, bis in die 1980er Jahre hinein und auch später noch – in einigen abgelegenen Dschungelgebieten werden Kriege wohl noch in fünfzig Jahren still vor sich hin köcheln. Und doch, trotz all des wechselseitigen Abscheus und der anhaltenden Bemühungen, einander umzubringen, war es nach einiger

Zeit offenkundig – den antitotalitären Schriftstellern von der Mitte des zwanzigsten Jahrhunderts war es jedenfalls klar –, dass Lenin und seine vielen Erben im Verein mit Mussolini und dessen Erben sämtlich, Linke wie Rechte gleichermaßen, Variationen eines einzigen Impulses weiterspannen. Und Camus war etwas Reales aufgefallen.

Er hatte einen modernen Impuls zur Revolte bemerkt, ein Produkt der Französischen Revolution und des neunzehnten Jahrhunderts, der sich im Namen eines Ideals sehr schnell in einen Todeskult verwandelt hatte. Und das Ideal war stets das gleiche, obwohl jede Bewegung ihm einen anderen Namen gab. Es waren nicht Skepsis und Zweifel. Es war das Ideal der Unterwerfung. Es war die Unterwerfung unter die Art von Autorität, welche die liberale Zivilisation langsam untergraben hatte und welche die neuen Bewegungen auf einer neuen Grundlage neu zu etablieren wünschte. Es war das Ideal des einen statt der vielen. Das Ideal von etwas Gottgleichem. Vom totalen Staat, der totalen Lehre, der totalen Bewegung. »Totalitär« war das Wort Mussolinis, und Mussolini sprach für alle.

Jede der Bewegungen nahm die gleiche Garnitur von Riten und Symbolen an, um diesem Ideal Ausdruck zu verleihen: die unisono skandierenden Massen, die monumentale Architektur, den Glauben an persönliche Entsagung, das Beharren auf blindem Glauben an absurde Lehren. Jede der Bewegungen erwählte sich ein eigenes monochromes Symbol, das die Einheit der Autorität repräsentierte: rot, braun, schwarz. Jede der Bewegungen legte eine identische Uniform an, nämlich ein Hemd – rot, braun und schwarz. Jede der Bewegungen erzählte eine Theorie über Geschichte und die Menschheit, mit der Ziele und Aktionen der Bewegung erklärt wurden. Und jede dieser Theorien in Rot, Braun oder Schwarz folgte den Umrissen eines einzigen Urmythos – im zwanzigsten Jahrhundert, dem tiefsten Mythos von allen. Dies war nicht mehr der Mythos des Prometheus oder der des Abraham. Dies war etwas vollkommen anderes – es war biblisch und doch nicht aus dem Alten Testament.

Ich bin nicht der Erste, der über diesen mächtigsten der modernen Mythen stolpert oder ihn kommentiert. Norman Cohn hat ihn in seiner klassischen Studie des Spätmittelalters analysiert, *The Pursuit of the Millennium*. André Glucksmann kehrte in seinem Buch über das Ende des Kalten Krieges, *Das elfte Gebot*, zum gleichen Mythos zurück. Und doch – wie soll man dies erklären? – scheint uns Heutigen das wache Bewusstsein für die Kraft und die Natur dieses Mythos entgangen zu sein, da wir selbst jetzt noch für die herrschenden Ideen unserer jetzigen Zeit blind sind. Der Mythos jedenfalls ist derjenige, den man in der eigenartigsten und aufregendsten aller Schriften findet, in der Offenbarung des Johannes. Es gibt ein Volk Gottes, sagt uns Johannes. Das Volk Gottes wird angegriffen. Der Angriff erfolgt von innen. Es ist ein subversiver Angriff, den die Bewohner Babylons vom Zaun gebrochen haben. Diese sind wohlhabend und können Dinge aus der ganzen Welt beschaffen, mit denen sie Handel treiben – Gold, Silber, Edelsteine, Perlen, feines Leinen, Purpur, Seide, Scharlach, allerlei wohlriechende Hölzer, Thymian, Erz, Eisen, Marmor, Zimt, Balsam, Räucherwerk, Myrrhe, Weihrauch, Wein, Öl, feinstes Mehl und Weizen, Vieh, Schafe, Pferde, Wagen und Leiber und Seelen von Menschen.

Diese Stadtbewohner sind in Abscheulichkeiten versunken. Die große Hure Babylon hat sie verdorben. (Auch diese Geschichte hat ihre sexuelle Komponente.) Das Verderben breitet sich zum Volk Gottes aus. So sieht der Angriff von innen aus. Es gibt auch einen Angriff von außen – vorgetragen aus der Ferne von den Kräften Satans, der in der Synagoge Satans angebetet wird. Doch diese Angriffe von drinnen und draußen werden auf heftigen Widerstand stoßen. Der Krieg von Harmagedon wird stattfinden. Die subversiven und verdorbenen Stadtbewohner Babylons werden zusammen mit all ihren Abscheulichkeiten vernichtet werden. Die satanischen Kräfte des Mystikers von draußen werden vertrieben werden. Die Zerstörung wird entsetzlich sein. Doch es gibt nichts zu fürchten: Die Verwüstung wird nur eine Stunde dauern. Hinterher, wenn das Zerstörungswerk vollbracht ist, wird die Herrschaft Christi errichtet werden und tausend Jahre währen. Und das Volk Gottes wird in Reinheit und gottergeben leben.

So der Urmythos. Camus hat gezeigt, dass Ideen von sündhafter Revolte weitgehend unter den Dichtern ihren Anfang nahmen, ebenso die Idee, diesen Urmythos in modernen Versionen wiederzugeben. Bei Rimbaud kann man die Grundthemen und etwas von dem Geist erkennen – oder, besser noch, bei Rubén Darío, dem größten lateinamerikanischen Dichter. Schon 1905 postulierte Darío ein Volk Gottes sowie mystische Bestien und tausendjährige Sonnenaufgänge; er gab seinen Ideen in unheimlichen Tönen Ausdruck, die sich, folgt man Baudelaire, hysterisch anhörten. Das Volk Gottes waren in Daríos Version die Kinder der römischen Wölfin:

Für die lateinische Rasse wird eine große Zukunft anbrechen,
und in einem Donner himmlischer Musik werden Millionen Lippen
das großartige Licht begrüßen, das aus dem Osten kommen wird.

Von Blut getrübte Gezeiten, wilde Bestien, die in Richtung Bethlehem trotten – Bilder wie diese wurden zu einem Grundmotiv der dichterischen Fantasie des frühen zwanzigsten Jahrhunderts. Doch der ganze Mythos in seiner modernen Version, die Geschichte von Babylon und Harmagedon als vollständige Erzählung und nicht nur als eine Folge aufregender Bilder, die sich für Dichter eignen, zeigte erst in den Jahren nach dem Ersten Weltkrieg, was in ihm steckt, und das nicht als Poesie oder Literatur, sondern als politische Theorie. Die großen Theoretiker der neuen politischen Bewegungen des zwanzigsten Jahrhunderts arbeiteten nacheinander hart an der Umwandlung des Mythos, und jeder neue Theoretiker brachte eine Version hervor, die denen aller anderen total unähnlich sah. Doch wie Glucksmann nachgewiesen hat, hat jede einzelne dieser modernen Versionen des antiken Urmythos sich mehr oder weniger streng an die allgemeine Form und Struktur des biblischen Originals gehalten.

Es hat immer ein Volk Gottes gegeben, dessen friedliches und gesundes Leben untergraben worden war. Die Angehörigen des Proletariats oder der russischen Massen (für die Bolschewiken und Stalinisten) waren ein solches Volk; ebenso die Kinder der kapitolinischen Wölfin (für Mussolinis Faschisten) oder die spanischen Katholiken und die Krieger von Christus dem König (für Francos Falange) oder die arische Rasse (für die Nazis). Immer schon gab es die subversiven Bewohner Babylons, die mit Waren aus der ganzen Welt Handel treiben und die Gesellschaft mit ihren Gräueln beschmutzen. Dazu gehörten die Bourgeoisie und die Kulaken (für Bolschewiken und Stalinisten) oder die Freimaurer und Kosmopoliten (für Faschisten und Falangisten) und früher oder später gehörten auch die Juden immer dazu (für die Nazis und in geringerem Ausmaß auch für die anderen Faschisten, schließlich auch für Stalin).

Immer wurden die subversiven Bewohner Babylons durch satanische Kräfte von außerhalb unterstützt, und die satanischen Kräfte bedrängten das Volk Gottes stets von allen Seiten. Dazu gehörten die Kräfte der kapitalistischen Einkreisung (für Bolschewiken und Stalinisten) oder der Zangendruck sowjetischer und amerikanischer Technologie, der Deutschland die Lebenslust nahm (in Heideggers Nazi-Interpretation), oder die internationale jüdische Verschwörung (wieder für die Nazis). Doch wie verfault und drückend die Gegenwart auch war, die Herrschaft Gottes winkte stets lockend in der Zukunft. Damit sollte das Zeitalter des Proletariats anbrechen (für Bolschewiken und Stalinisten) oder das wiederauferstandene Römische Reich (für die Faschisten) oder ausdrücklich die Herrschaft von Christus dem König (für die spanische Falange) oder das Dritte Reich, womit das wiederauferstandene Römische in einer blonden arischen Version gemeint war (von den Nazis).

Die kommende Herrschaft sollte immer rein sein – eine von ihren Verschmutzern und deren Gräueln gereinigte Gesellschaft. Die Reinheit unausgebeuteter Arbeit (für Bolschewiken und Stalinisten) oder die Reinheit römischer Größe (für die Faschisten) oder die Reinheit katholischer Tugend (für die Falange) oder die biologische Reinheit arischen Blutes (für die Nazis). Doch welches Etikett man diesen Komponenten des Mythos auch aufklebte, die bevorstehende Herrschaft sollte stets eintausend Jahre währen – das heißt, sie sollte eine perfekte Gesellschaft sein ohne einen der Fehler des Wettbewerbs oder des Aufruhrs, die für Veränderung und Evolution den Boden bereiten. Und die Struktur dieser gereinigten, unveränderlichen ewigen Herrschaft sollte immer gleich bleiben. Sie sollte der Einparteienstaat sein (für Bolschewiken, Faschisten, die Falange und die Nazis) – eine Gesellschaft, bei der schon ihre Struktur jede Herausforderung ihrer Gestalt und Richtung ausschloss, eine Gesellschaft, welche die endgültige Einheit des Menschengeschlechts erreicht hatte. Und jeder einzelne dieser Staaten wurde auf die gleiche Weise regiert, nämlich von einem großen lebenden Symbol, dem Führer.

Der Führer war ein Supermann. Er war ein Genie, mit dem sich niemand vergleichen konnte. Er war der Mann zu Pferde, der, in seinen Äußerungen und seiner Haltung sichtbar irrsinnig, den tiefsten aller antiliberalen Impulse verkörperte, nämlich die Revolte gegen die Rationalität. Denn der Führer verkörperte eine übermenschliche Kraft. Er übte die Macht der Geschichte aus (bei Bolschewiken und Kommunisten) oder die Macht Gottes (bei katholischen Faschisten) oder die Macht der biologischen Rasse (bei den Nazis). Und weil diese Person eine Macht ausübte, die übermenschlich war, war sie von den Regeln moralischen Verhaltens ausgenommen und zeigte dieses Ausgenommensein auch, daher ihre gottgleiche Eigenschaft, die sich genau darin zeigte, dass sie auf schockierende Weise handelte.

Lenin war das Urbild eines solchen Führers – Lenin, der Pamphlete und philosophische Schriften mit dem Selbstbewusstsein eines Mannes schrieb, der die Geheimnisse des Universums bis ins Letzte zu kennen glaubt und der eine unheimliche neue Religion mit Karl Marx als Gott etablierte und nach seinem Tod wie ein Pharao einbalsamiert und von den Massen angebetet wurde. Doch Il Duce war nicht weniger ein Supermann. Stalin war ein Koloss. Über Hitler sagte Heidegger entgeistert: »Aber sehen Sie sich seine Hände an.«

Diese Führer waren Götter, jeder Einzelne von ihnen. Es gab einen solchen Gott in jeder Bewegung und in jedem Land, einen gestörten, männlichen, allmächtigen Mann, einen Gott, der seine ehrfürchtigen Anhänger fesselte, einen Helden mit Blut an den Händen, einen Mann, der von den demütigenden Beschränkungen gewöhnlicher Moral befreit war, jemanden, der Leben und Tod mit blasiertem Gleichmut betrachten konnte, einen Menschen, für den das Leben keinen Wert hatte, der ohne den geringsten Grund Massenhinrichtungen befehlen konnte oder aus den fadenscheinigsten Gründen. Denn der Führer war immer ein Nihilist, ein Netschajew, ein Stawrogin aus Dostojewskis *Dämonen* – allerdings nicht mehr in einem winzigen Maßstab, unbedeutend, lächerlich und verächtlich. Im Gegenteil, im zwanzigsten Jahrhundert tauchten in jedem Land Kontinentaleuropas plötzlich Netschajews und Stawrogins auf und ergriffen die Macht. Sie befehligten Armeen, Polizeikräfte und Volksbewegungen. Und jeder dieser Führer verhielt sich so, wie Gott sich verhält, teilte aus, was Gott austeilt, nämlich den massenhaften Tod.

Denn in jeder Version des Mythos würde es den Krieg von Harmagedon geben, bevor das Reich Gottes erreicht werden konnte – das alles vernichtende Blutbad. Dieser Krieg ähnelte in seiner weltumspannenden mörderischen Wucht dem Ersten Weltkrieg. Für Bolschewiken und Stalinisten würde es der Klassenkrieg sein oder für die Faschisten der Kreuzzug; die Nazis sahen in ihm den Rassenkrieg. Es würde ein mitleidloser Krieg sein – ein Krieg nach dem Vorbild der Schlacht von Verdun, ein Krieg, der Massentod auf industrieller Basis liefert. Ein Vernichtungskrieg. »*Viva la muerte – abajo la inteligencia!*«, so lautete der Wahlspruch der spanischen Fremdenlegionäre. Denn der Tod bedeutete in der neuen Vorstellungswelt den Sieg.

Diese europäischen Bewegungen verkündeten höchst einfallsreiche Programme zur Weiterbildung der Menschen, und diese einfallsrei-

chen Programme waren in ihren ausgearbeiteten Versionen aus-
nahmslos unpraktisch – Programme für die gesamte Gesellschaft,
die sich nie umsetzen ließen. Doch der Tod war praktisch. Der Tod
war die einzige revolutionäre Errungenschaft, die sich tatsächlich
verwirklichen ließ. Die Einheit des Menschengeschlechts, die
Herrschaft von Reinheit und des Ewigen – diese Ziele waren außer
Reichweite in jedem herkömmlichen oder realen Sinn. Aber Einheit,
Reinheit und Ewigkeit waren in Gestalt des Massentodes leicht zu
verwirklichen. Folglich erteilte der Führer seine Befehle. »Und die
anderen wurden erschlagen mit dem Schwert, das aus dem Munde
dessen ging, der auf dem Pferd saß ...«

Im Schatten des Koran

Die verschiedenen Bewegungen sowie ihre Kriege und Vernichtungs-
feldzüge zerstörten Europas weltweite Macht ein für alle Mal, und
das in einem bloßen Vierteljahrhundert. In einer Stunde, wie es in
der Offenbarung des Johannes heißt. Es war der Selbstmord Europas.
Aber reflektierte der bemerkenswerte Ausbruch der europäischen
Zerstörungswut ein streng europäisches Syndrom, ein Nebenprodukt
der westlichen Zivilisation, wie Tariq Ramadan oder Samuel Huntington vielleicht annehmen könnten, geboren in Europa und dazu
bestimmt, für immer dort zu bleiben? Spiegelte der Ausbruch ein
streng christliches Syndrom wider, war er auf Menschen beschränkt,
die mit der Offenbarung des Johannes groß geworden waren? Jemand, der Ramadans oder Huntingtons Ansicht über die westliche
Zivilisation teilt, könnte vermuten, dass sich europäische und christliche Traditionen und Vermächtnisse unmöglich in die muslimische
Welt verbreiten könnten. Denn der Mythos des Prometheus ist kein
muslimischer Mythos, worauf Ramadan uns hinweist, und die Offenbarung des Johannes war nicht die Mohammeds.

Doch dafür war es Europa während seiner fünfhundertjährigen
Weltherrschaft gelungen, unzählige Sitten und Ideen in jeden
Winkel des Globus zu exportieren; und da es alles andere exportiert
hatte, warum sollte es Europa unmöglich gewesen sein, auch seinen
Geist der Selbstzerstörung zu exportieren? Europa war der Aufgabe
gewachsen. Und so überfluteten die Bewegungen eines neuen Typus

von ihrer ursprünglichen europäischen Heimat aus die Welt, und das mit der knappsten denkbaren Verzögerung – in weniger als einer Stunde sozusagen –, und einige dieser Bewegungen würden in der arabischen und muslimischen Welt Erfolg haben. Der Kommunismus war die erste der neuen Massenbewegungen Europas – und auch die erste, die im Nahen Osten gedieh. Dies war nicht der Kampf der Kulturen. In Europa schuf sich der Kommunismus eine gesellschaftliche Grundlage in kosmopolitischen Städten voller intellektueller polyglotter Bewohner; und auch im Nahen Osten gab es kosmopolitische Städte. Jeder scheint zu vergessen, dass vor nicht sehr langer Zeit arabische Städte auch große jüdische Stadtviertel besaßen. In Bagdad bestand, um ein relevantes Beispiel anzuführen, während der ersten Hälfte des zwanzigsten Jahrhunderts ein ganzes Drittel der Bevölkerung aus Juden. In solchen Städten gelang es den kommunistischen Bewegungen, ein paar Wurzeln zu schlagen, allerdings nicht gerade wegen der Juden. Die irakischen Juden, fast alle jedenfalls, flüchteten nach einiger Zeit, um ihr nacktes Leben zu retten. Die meisten nach Israel, wo Flüchtlinge aus der muslimischen Welt rund die Hälfte der jüdischen Bevölkerung stellen – sie werden von Antizionisten überall auf der Welt routinemäßig als europäische Siedler verunglimpft. Und dann, ohne die Juden, zeigte der Kommunismus, was in ihm steckte. Im Irak, um bei diesem Beispiel zu bleiben, konnte die Kommunistische Partei Ende der 1950er Jahre mit der Unterstützung von mehr als einer Million Menschen rechnen – genug, um im Irak »die Straße« zu beherrschen.

Die Anziehungskraft des Kommunismus in der muslimischen Welt war ebenfalls weit verbreitet. Und dauerhaft. In Indonesien, dem größten der muslimischen Länder, schwoll der Kommunismus zu einer ungeheuren Bewegung an und wurde erst in den 1960er Jahren nur durch ein gigantisches Massaker besiegt. In Afghanistan kamen die Kommunisten erst 1978 an die Macht. Die sowjetische Invasion, die im nächsten Jahr erfolgte, war als brüderliche Hilfe unter Kommunisten gedacht, als militärische Maßnahme zur Stützung der örtlichen Genossen. Im Südjemen – um in die arabische Region zurückzukehren – erwies sich der Kommunismus in den 1970er Jahren ebenfalls als volksnahe Kraft, jedenfalls als stark genug, um zumindest für einige Zeit die Kontrolle über das Land zu übernehmen. Man könnte argumentieren, dass der Kommunismus in diesen bäuerlichen Ablegern der Dritten Welt nicht mit dem ursprünglichen Stamm des europäischen Marxismus vergleichbar sei. Schließlich dürfe man nicht vergessen, dass Kabul etwas anderes ist als Paris – obwohl wir die intellektuellen Reichtümer Bagdads, Alexandrias und anderer Weltstädte nicht allzu schnell abschreiben sollten. Dennoch bestand der ganze Sinn der Entscheidung, sich irgendwo auf der Welt einer kommunistischen Partei anzuschließen, gerade darin, dass man die weltweit gültige kommunistische Lehre anerkannte. Das bedeutete, das Kommunisten in jedem Land den gleichen Kult der deutschen Philosophie zelebrierten und den gleichen Gründungsvater mit seinem patriarchalischen Bart verehrten und die gleichen parteiischen Ziele verfolgten und zu dem gleichen Netz internationaler Organisationen gehörten.

Doch fragen wir nach Europas *anderen* Bewegungen des »neuen Typus«, den Anregungen, die ein religiöses Banner flattern ließen und von der extremen Rechten kamen – das heißt nach den faschistischen Bewegungen und Organisationen faschistischer Art, beginnend in den Jahren nach dem Ersten Weltkrieg in Europa. Inwieweit verbreiteten sich diese Eingebungen ebenso in die muslimische Welt? Diese Frage, die einfach zu stellen ist, lässt uns urplötzlich im Nebel stehen. Kommunisten und Marxisten haben sich in jedem Land die äußerste Mühe gegeben zu zeigen, wie zutiefst gleich sie waren, doch die faschistischen Bewegungen Europas und die nach ihnen modellierten Organisationen versuchten genauso fanatisch, das Gegenteil zu beweisen. Die faschistischen Bewegungen oder die ihnen nachgebildeten Organisationen versuchten in jedem Land und manchmal in jeder Provinz zu demonstrieren, wie engstirnig ihre Instinkte waren, wie tief verwurzelt in lokalen Traditionen, wie einzigartig und wie eigenartig. Eine faschistische Eingebung aus Europa, die sich zu anderen Orten verbreitet hatte, gab sich die größte Mühe, nicht wie eine faschistische Eingebung auszusehen, die sich von Europa aus ausgebreitet hatte. Diese Bewegung würde versuchen, sich einen bodenständigen, provinziellen, unnachahmlichen und uralten Anstrich zu geben; diese Bewegung würde versuchen, im eigenen Saft zu schmoren und nur eigene, eigentümliche Dämpfe aus der fernen Vergangenheit zu verströmen. Damit stellt sich ein Problem. Wenn eine Bewegung lokal und uralt zu sein scheint, wie soll sie sich dann mit irgendeiner anderen Bewegung vergleichen? Wie soll man die Ansichten und das politische Handeln von Menschen beurteilen und einordnen, die sich die größte Mühe geben, ihre Unterschiede zu allen anderen zu betonen?

Dennoch ist die wissenschaftliche und journalistische Literatur über den Baath-Sozialismus sowie über den islamistischen Radikalismus inzwischen recht umfangreich geworden, und diese Literatur hat uns weitläufige Panoramen der Politik in den arabischen und muslimischen Ländern eröffnet. Auf den ersten Blick scheinen ganze Facetten dieses Panoramas von einem westlichen Standpunkt aus recht exotisch zu sein. Sehen wir ein zweites Mal hin. Kanan Makiya beschreibt in seinem Buch *Republic of Fear* die philosophischen Grundlagen der Baath-sozialistischen Bewegung. Der Baath-Sozialismus ist ein Zweig der größeren panarabischen Bewegung, die Satia al-Husri auf der Grundlage seiner philosophischen Studien in den Jahren nach dem Ersten Weltkrieg gegründet hat. Diese Studien galten Fichte und den deutschen Romantikern – den Philosophen der nationalen Bestimmung, der Rasse und der Integrität nationaler Kulturen.

Während der 1930er und 1940er Jahre neigten die Panarabisten dazu, sich den faschistischen Achsenmächten anzuschließen. Sie taten dies aus taktischen politischen Gründen, die jeder verstehen kann. Die Feinde des Panarabismus waren die britischen und französischen Imperialisten, und so neigten die Panarabisten pflichtschuldigst zu den Feinden ihrer Feinde, die zufällig die Deutschen waren. Trotzdem lässt sich leicht vorstellen, dass mehr als Realpolitik die Panarabisten an die Seite Deutschlands brachte, wenn man die wissenschaftlichen Studien al-Husris im Auge behält. Die philosophischen Wurzeln von al-Husris Panarabismus und die philosophischen Wurzeln der rechtsgerichteten Nationalismen Europas waren letztlich die gleichen. 1943, als ein Sieg Deutschlands noch möglich erschien, trat die arabische Baath-Partei (oder Partei der Wiedergeburt) in Damaskus zu einem Kongress zusammen und gründete ihren eigenen, radikaleren Zweig der panarabischen Bewegung – eine revolutionäre, dynamische und entschlossene Spielart. Die Anregungen, die in diese Bewegung einflossen, waren offen rassistisch. Sami al-Jundi, einer der frühen Baath-Führer, erklärte es sehr deutlich – ich zitiere ihn aus einem Essay von Bernard Lewis: »Wir waren Rassisten, bewunderten den Nationalsozialismus, lasen dessen Bücher und die Quellen seines Denkens, besonders Nietzsche ... Fichte sowie H. S. Chamberlains *Die Grundlagen des neunzehnten Jahrhunderts*, ein Werk, in dem es um Rassenfragen geht.«

Ferner begannen einige der intellektuellen Väter der Baath-Partei, Männer, die ihre Universitätsstudien in Paris absolviert hatten, in den 1930er Jahren für die kommunistische Presse in Syrien zu schreiben. Folglich waren auch die ursprünglichen Baath-Mitglieder ein wenig links angehaucht, und dieser Hauch hielt sich, nicht nur in dem Adjektiv sozialistisch, das in den 1950er Jahren dem Baath hinzugefügt wurde, und nicht nur in einigen den sowjetischen Vorbildern nachempfundenen wirtschaftlichen Ideen der Baath-Bewegung, sondern auch in den Ideen der Baathi über den Aufbau einer revolutionären Organisation. Wie es heißt, soll Saddam Hussein immer eine große Bewunderung für Stalin gehegt haben. Die Kombination aus Baath-Bewegung – eine in einigen Punkten vom Nazismus beeinflusste rassistische Weltsicht und ein paar Tupfern Ultralinks, Stalins anregendes Beispiel – hatte tatsächlich ihre Besonderheiten. Aber nichts an dieser Kombination war von Natur aus arabisch oder nahöstlich oder so beschaffen, dass es westlichen Beobachtern unverständlich hätte erscheinen müssen. Die spezifische Mischung aus extremer Rechter und extremer Linker war genau die Formel, die in den Nationalsozialismus und in Mussolinis Faschismus einging.

Und der Baath-Sozialismus erzählte einen Mythos vom Menschen und der Geschichte, und auch dies war erkennbar. Im Mythos der Baathi gab es ein Volk Gottes. Es war zufällig die arabische Nation. Das Volk Gottes war von Kräften sowohl von innen als auch von außerhalb korrumpiert und verunreinigt worden. Makiya zitiert Michel Aflaq, den größten Theoretiker der Baathi: »Die Philosophien und Lehren aus dem Westen dringen in den arabischen Geist ein und rauben seine Loyalität.« Die Araber müssten »zu einer direkten Beziehung mit ihrer reinen, ursprünglichen Natur zurückkehren« – müssten zum »arabischen Geist« zurückkehren. Folglich machten sich die Baathi bereit, gegen die Kräfte von außen zu kämpfen, die in den arabischen Geist eingedrungen waren – gegen die Kräfte von außen, die auch drinnen waren. Und auch die Baathi kultivierten Manien über das Volk des Bösen, welches die Nation Gottes korrumpiert hatte.

Dieses Volk, das korrumpierende Element, waren die Juden. (Makiya erzählt uns, dass die größten antisemitischen Ausbrüche in der arabischen Welt während des zwanzigsten Jahrhunderts, nämlich in den 1940er und dann wieder in den 1960er Jahren, mit Panarabisten mehrerer Richtungen verbunden gewesen seien und nicht mit irgendeiner anderen politischen Bewegung.) Auch die Freimaurer waren ein Volk des Bösen – genau wie in den Phobien von Mussolini und Franco. Und wie sollten die Araber zu ihrer »reinen, ursprünglichen Natur« zurückkehren? Sie sollten dies durch Verehrung des revolutionären Führers tun, der den »arabischen Geist« verkörperte. Und der »arabische Geist«? Das war der Geist, der einmal vom Propheten Mohammed verkörpert worden war, das heißt der Geist des Islam – ein Geist, der mehr ist als menschlich. Und was bedeutete es, jemanden zu verehren, der einen übermenschlichen Geist verkörpert?

Es bedeutete – es konnte nur bedeuten – Massengehorsam ohne irgendwelche Grenzen, einen Gehorsam, der bereit ist, die Beschränkungen jeglicher Form von konventioneller Moral außer Acht zu lassen. Makiya sagt über die Baathi und ihre Moral: »Sobald die politische Identität als Glaube an einen absoluten moralischen Imperativ akzeptiert wird und sobald die Moral selbst als ein Streben nach Vollkommenheit auf ein Ziel hin gesehen wird, das unerreichbar ist, liegt im Prinzip kein Verhaltensaspekt außerhalb des Rahmens der politischen Organisation des Staates.« Somit gab es ein totalitäres Element in der Baath-Idee, und der Totalitarismus erwies sich als nihilistisch – kein neues Phänomen.

Im Irak stellten die Baath-Sozialisten ihre Diktatur 1968 auf eine feste Grundlage (das heißt sechsundvierzig Jahre nach Mussolinis Faschisten und fünfunddreißig Jahre nach Hitlers Nazis sowie neunundzwanzig Jahre nach Francos Falange – keine große Verzögerung). In den ersten Tagen des Jahres 1969 verkündete die neue Regierung ihre revolutionären Absichten, indem sie dreizehn Juden und vier andere Menschen vor einer Menge von Hunderttausenden in Bagdad erhängte. Man hatte sie beschuldigt, zionistische Spione zu sein. Es war ein goldener Moment der Baath-Revolution. Zehn Jahre später kam Saddam innerhalb der Baath-Partei an die Macht. Damit begannen die Poster und Statuen zu erscheinen, die erstaunliche Reihe von Bildern Saddams in heroischer Verkleidung: Saddam als Supermann, als Mann des Volkes, als Krieger, als gepflegter Lebemann, als frommer Eiferer, all die Bilder, die in ihrer Vielfalt nur den einen Gedanken nahe legen konnten, dass dieser Supermann verrückt war. Waren diese Bilder und Statuen Zeichen einer zutiefst nichteuropäischen und mesopotamischen Kultur – ein Erbe Assurbanipals oder Hammurabis oder der uralten Traditionen des Islam? Es gibt einige, die diese Ansicht vertreten. Izzat Ibrahim, stellvertretender Vorsitzender des Revolutionären Kommandorats, was bedeutet, dass er unter Saddam der zweitmächtigste Mann war, hat es selbst gesagt. »Der Zustand des Irak« erklärte er Ende des Jahres 2002, »ist dem früher islamischer Gesellschaften vergleichbar« – damit meinte er eine Zeit, in der es zwischen Führern und Massen keine große Kluft gab. »Man sollte dies nicht von einem intellektuellen Standpunkt aus beurteilen oder von den Erfahrungen im Westen aus Vergleiche anstellen; der Irak ist ganz anders.«

Doch der Irak ist gar nicht so anders. Mussolini und Hitler kultivierten einen ähnlichen Stil. Saddam begann mit seiner Verfolgung von Juden und Freimaurern und anderen Menschen, mit der Unterdrückung der irakischen Kurden (deren Verbrechen darin bestand, dass sie keine Araber waren), mit seinem Kult des übermenschlichen Führers, seinen öffentlichen Hinrichtungen, den revolutionären Ermahnungen und Kriegen – und all diese Dinge sollten das gleiche Ziel erreichen, das jede der faschistischen Bewegungen seit den Jahren nach dem Ersten Weltkrieg belebt hatte. Nur statt wie Mussolini das Römische Weltreich des antiken Italien wiederzubeleben oder mit Hitler das Römische Reich deutscher Nation aus der Sicht des Nazi-Mythos wiederaufersthen zu lassen oder mit Franco den mittelalterlichen spanischen Kreuzzug für Christus den König wiederzubeleben – statt alles dessen wollte die Baath-Partei das einstige arabische Reich auferstehen lassen, das Reich aus den Tagen Mohammeds und der ersten Kalifen. Das war die »Wiedergeburt« der Baathi. Franco präsentierte sich seinen Anhängern als mittelalterlicher Ritter des christlichen Kreuzzugs, und Saddam stellte sich als Figur im Stammbaum des Propheten Mohammed dar. Dies stand voll und ganz in der Tradition des zwanzigsten Jahrhunderts. Denn wie Michel Aflaq so klug gesagt hatte, »dringen die Philosophien und Lehren, die aus dem Westen kommen, in den arabischen Geist ein« – obwohl Aflaq, als er diese Beobachtung zu Papier brachte, keine Vorstellung davon hatte, dass er von sich selbst und seinen radikalen Lehren sprach.

Die zweite radikale Bewegung der muslimischen Welt in großem Maßstab, die Islamisten – die politische Bewegung, die unter der Flagge des Islam oder dessen, was sie als Islam ausgibt, marschiert –, scheint aus der Ferne betrachtet als etwas vollkommen anderes, eine Bewegung ohne jeden europäischen Einfluss. Doch auch hier wollen wir wieder ein zweites Mal hinsehen. Die Islamisten rückten erst weit später als der Panarabismus und die Baath-Partei ins Blickfeld der Weltöffentlichkeit, doch sie begannen etwa um die gleiche Zeit oder sogar ein paar Jahre früher. Das geschah in den Ländern, die später Pakistan und Ägypten wurden. In keinem dieser Länder ähnelten die frühen Islamisten auf sichtbare Weise einer faschistischen Bewegung nach europäischem Muster. Der Islamismus machte sich in Pakistan erstmalig während der 1930er Jahre bemerkbar (organisationsmäßig nahm er 1941 Gestalt an). Und von Anbeginn an verfolgte die Bewegung im Süden Asiens einen Weg friedlicher politischer Reformen, genau wie jede demokratische Bewegung, wenn auch mit undemokratischen Zielen. In Ägypten wurde die islamistische Bewegung im Gegensatz dazu im Jahre 1928 als streng religiöse Gesellschaft unter dem Namen Muslimische Bruderschaft gegründet. Die Muslimische Bruderschaft widmete sich der Wohltätigkeit und der Ermutigung zu einem islamischen Lebensstil. Sie präsentierte sich nicht als politische Organisation, ob nun faschistisch oder anders.

Dennoch war in Ägypten während dieser Jahre eine Sympathie für extreme Rechte in Europa und sogar für den Nazismus recht verbreitet. Die militanten Mitglieder der Gesellschaft Junges Ägypten, die »Grünhemden«, waren offen für die Nazis. Der Gründer der Muslimischen Bruderschaft, Hassan al-Banna, äußerte – ich zitiere jetzt Malise Ruthven aus seinem Buch *A Fury for God* – »erhebliche Bewunderung für die Braunhemden der Nazis« . Seine Organisation entschied sich dafür, ihre Organisationseinheiten nach Art Francos als *kata'ib* oder *Falange* anzulegen. Und was hofften diese muslimischen Falangisten zu erreichen? 1924 schaffte Kemal Atatürk, der republikanische Staatschef der Türkei, etwas ab, was ein anachronistisches Überbleibsel der antiken Vergangenheit in Istanbul zu sein schien, nämlich die Institution des Kalifats. Das Kalifat war in der Türkei des zwanzigsten Jahrhunderts ein rein zeremonielles Amt ohne Macht. Es war allerdings ehrwürdig. Im frühen Mittelalter war das Kalifat der Sitz der ottomanischen Herrscher gewesen und war aus noch ferneren Zeiten auf die Ottomanen herabgekommen, als es als Sitz des Arabischen Reiches aus den Tagen von Mohammeds Gefährten diente.

Der Modernisierer Atatürk war darauf bedacht, jedes Stäubchen und jede Spinnwebe der fernen Vergangenheit zu beseitigen, und das Kalifat gehörte zu diesen antiken Überresten. Und damit verschwand das Kalifat neben vielen anderen verstaubten alten Relikten der türkischen Vergangenheit. Und im Ägypten des Jahres 1928 beobachtete die neue Muslimische Bruderschaft Atatürk und dessen in die Zukunft weisende Reformen mit unverhohlenem Entsetzen. Die Muslimische Bruderschaft wünschte das Kalifat wiederhergestellt zu sehen – allerdings nicht als rein zeremonielles Amt, aber auch nicht als fromme Verbeugung vor der Vergangenheit. Die Muslimische Bruderschaft wollte das Amt des Kalifats wiederbeleben, um die Welt des Islam in ihrer ursprünglichen Gestalt wiederauferstehen zu lassen, nämlich in der des siebten Jahrhunderts.

Auf diese Weise tauchte die Vorstellung der Muslimischen Bruderschaft von Religion hier und da in eine Traumwelt ein, die an Politik grenzte. Und die verträumteste aller Welten der Bruderschaft, die Rückkehr zum siebten Jahrhundert, erwies sich als den Vorstellungen des Baath-Sozialismus auffallend ähnlich. Natürlich gab es Unterschiede – bei der Muslimischen Bruderschaft wurde mehr das Spirituelle betont, während die Baath-Sozialisten eher ihren Rassismus in den Vordergrund stellten. Aber diese Bewegungen waren ideologische Vettern, mit Sicherheit im Verhältnis zueinander und ein wenig entfernter auch mit den europäischen Bewegungen verwandt. Die Baathi und die Islamisten waren zwei Zweige eines einzigen Impulses, nämlich des muslimischen Totalitarismus – der muslimischen Variante der europäischen Idee. Ihre Träume stammten unverkennbar aus der muslimischen Welt, doch diese Träume waren nicht exotisch. Das ganze Phänomen von Menschen, die gleichfarbige Hemden tragen, Falangen organisieren und die Wiederbelebung antiker Reiche fordern, war definitiv ein Trend des Zeit.

Doch indem ich meine Liste von Ähnlichkeiten zwischen Islamismus und Baath-Sozialismus einerseits und dem Faschismus Europas andererseits entwerfe, möchte ich mich nicht allzu sehr auf oberflächliche Ähnlichkeiten verlassen, auf die Falange und antike Fantasien und die Lektüre deutscher Philosophie. Das könnte suggestiv sein, jedoch früher oder später unweigerlich in die Irre führen. Ich möchte mich stattdessen der islamistischen Theorie zuwenden – dem, was die Islamisten tatsächlich sagen.

Als einflussreichster Schriftsteller in der islamistischen Tradition, zumindest unter den sunnitischen Arabern, gilt allgemein Sayyid Qutb, eine furchterregende Gestalt. Qutb wurde 1906 geboren, im selben Jahr wie Hassan al-Banna und sieben Jahre vor Camus – seinen Mit-Nordafrikanern. Qutb wuchs in einem Dorf in Oberägypten auf und erhielt eine angemessene religiöse Erziehung. Sein Biograf, S. Badrul Hasan – der Autor von *Syed Qutb Shaheed*, ein Buch, das 1980 in Karachi veröffentlicht wurde –, zitiert in einem pakistanischen Tonfall einige von Qutbs Kindheitserinnerungen. Sie stammen aus einem Buch, das Qutb seiner Mutter gewidmet hat:

O meine Mutter! Während des ganzen Monats Ramadan, als die Vorleser (Qari) des Heiligen Korans in unserem Heimatdorf mit ihrer melodischen Stimme die Verse rezitierten, hast du hinter dem Vorhang mit verzückter Aufmerksamkeit stundenlang dir das gleiche angehört. Als ich mit dir zusammensaß und Geräusche machte, wie es bei Kindern Gewohnheit ist, hieltst du mich mit Zeichen und Gesten davon ab, und dann lauschte ich mit dir zusammen aufmerksam den gleichen Worten. Mein Herz erfreute sich an dem magischen Rhythmus der Worte, obwohl mir deren Sinn damals nicht bewusst war.

Als ich unter deiner zärtlichen Fürsorge aufwuchs, schicktest du mich in die Grundschule des Dorfs. Es war dein ernsthaftester und größter

Wunsch, dass Allah mir das Herz öffnen und ich den Heiligen Koran auswendig lernen möge. Ferner war es dein Wunsch, dass Allah mir die Kunst des süßen Vortrags gewähren möge, damit ich, vor dir sitzend, ständig den Heiligen Koran rezitieren kann. Deshalb habe ich das Heilige Buch auswendig gelernt, und so ist ein Teil deines Wunschs in Erfüllung gegangen.

Er war zehn Jahre alt, als er die Aufgabe des Auswendiglernens beendet hatte. Anschließend wurde er zur Ausbildung in einer höheren Schule und einer Laufbahn im ägyptischen Bildungsministerium nach Kairo geschickt. Qutb war somit ein Mann mit einer frommen und traditionellen Erziehung. Und doch ist die Tradition nicht das, was sie früher einmal war. Hasan zufolge liebäugelte Qutb eine Zeit lang mit dem Sozialismus. Er wandte sich der Literatur zu. Die Bücher, die er zu schreiben begann, spiegelten – hier zitiere ich seinen Bewunderer und Übersetzer Hamid Algar von der University of California in Berkeley – eine »westlich angehauchte Sicht auf kulturelle und literarische Fragen« wider.

Qutb legte »Spuren von Individualismus und Existenzialismus« an den Tag. Er unternahm sogar Reisen in die Vereinigten Staaten, wo er an der University of Northern Colorado in Greeley studierte und das Studium der Erziehungswissenschaften mit dem Master-Examen abschloss. Er hielt sich selbst schon für einen gläubigen und vielleicht sogar radikalen Islamisten. Das bedeutete, dass ihm alles an den Vereinigten Staaten zwangsläufig gegen den Strich gehen musste – die nationale Stimmung, Gewohnheiten, der Materialismus, der Rassismus, die Laster, der Zeitvertreib, geschäftliche Praktiken und die sexuelle Freiheit, von der Politik und den politischen Praktiken Amerikas ganz zu schweigen. Doch bei diesen Themen war Qutb vielleicht gespalten. 1951 kehrte er nach Ägypten zurück und stürzte sich aktiver als zuvor in die islamistische Bewegung.

Er schloss sich al-Bannas Muslimischer Bruderschaft an (obwohl al-Banna inzwischen schon ermordet worden war). Qutb wurde der führende Denker der Bewegung – der erste wichtige Theoretiker der islamistischen Sache in der arabischen Welt. Er gab die offizielle Zeitschrift der Muslimischen Bruderschaft heraus, bis sie verboten wurde. Doch er hatte ständig, wie er in seinem Pamphlet *Milestones* (Meilensteine) eingesteht, gegen seine liberalen Impulse anzukämpfen – »die kulturellen Einflüsse, die trotz meiner islamischen Einstellungen und Neigung in meinen Geist eingedrungen waren«. Das hörte sich an wie bei Michel Aflaq, der über die »Philosophien und Lehren« klagte, die »in den arabischen Geist eindringen« – ganz so, als sprächen die beiden Männer, die Theoretiker des radikalen Islamismus bzw. des Baath-Sozialismus, von identischen geistigen Kämpfen.

Die frühen fünfziger Jahre waren in Ägypten schwierige Zeiten. 1952, ein Jahr nach Qutbs Rückkehr, stürzten Gamal Abdel Nasser und eine Gruppe anderer Offiziere den ägyptischen König Faruk, verkündeten eine nationale Revolution nach panarabischen Grundsätzen und baten die Muslimische Bruderschaft um Unterstützung aus dem Volk. Professor Algar zufolge besuchte Nasser vier Tage vor dem Umsturz Qutb in Kairo in dessen Haus. Das muss zumindest als Hinweis auf Qutbs politischen Einfluss gewertet werden. Nach dem Staatsstreich gab es Andeutungen, dass Qutb vielleicht das Bildungsministerium erhalten werde, in dem er schon in unbedeutenderen Positionen gearbeitet hatte. Nassers Revolutionsrat und Qutbs Muslimische Bruderschaft kamen jedoch nicht gut miteinander aus.

Die Muslimische Bruderschaft wollte den Alkohol in dem neuen, revolutionären Ägypten verboten sehen. Dies sollte als erster Schritt zur Einrichtung der Scharia gesehen werden, des islamischen Rechts. (In dieser Hinsicht hätte sich Qutb nicht allzu sehr über die Vereinigten Staaten beschweren können. Greeley in Colorado, wo er studiert hatte, ist eine »trockene« Stadt.) Doch der Revolutionsrat zeigte keine Neigung, eine Prohibition einzuführen. Die Muslimische Bruderschaft und der Revolutionsrat hatten auch in der Frage der ägyptischen Beziehungen zu Großbritannien unterschiedliche Ansichten. Die Beziehungen zu dem früheren Kolonialherrn waren ein schwieriges Thema, und schließlich wandte sich der Revolutionsrat gegen die Muslimische Bruderschaft und umgekehrt – was heißen soll, dass die 1928 als überwiegend religiöse Bewegung gegründete Organisation jetzt ganz in die revolutionäre Subversion abdriftete. Nasser verbot die Organisation 1954, hob dann das Verbot jedoch wieder auf. Es gab einen Mordanschlag gegen Nasser, den man der Muslimischen Bruderschaft zuschrieb – worauf das Verbot wieder in Kraft gesetzt wurde.

Doch die Unterdrückung durch den Staat hatte nur den Erfolg, dass sich der Einfluss der Bruderschaft auf die ganze muslimische Welt ausbreitete. Führende Mitglieder der Muslimischen Bruderschaft flüchteten von Ägypten nach Saudi-Arabien, wo die saudischen Herrscher sie willkommen hießen und ihre Dienste für sich nutzten. Die saudischen Prinzen waren entschlossen, ihr Land auf einem Pfad der strengen Befolgung der uralten und strengen saudi-arabischen Version des Islam zu halten; und die islamistischen Intellektuellen Ägyptens hatten mit ihrer umfassenden Kenntnis des Korans viel zu bieten. Die ägyptischen Exilanten übernahmen Lehrstühle an saudischen Universitäten. Und ihr Einfluss war groß. Qutbs jüngerer Bruder Muhammad Qutb, der selbst ein anerkannter religiöser Wissenschaftler war, flüchtete nach Saudi-Arabien, wo er Professor für islamische Studien wurde. Einer seiner Studenten war Osama bin Laden. Dennoch, nicht jeder Angehörige der Muslimischen Bruderschaft ging ins Exil, und unter denen, die im Land blieben, war Sayyid Qutb. Er musste für seine Hartnäckigkeit auch teuer bezahlen. Nasser warf ihn 1954 ins Gefängnis, ließ ihn frei und steckte ihn nach dem Mordversuch wieder ins Gefängnis. Mit Ausnahme von acht Monaten des Jahres 1965 verbrachte Qutb den Rest seines Lebens im Gefängnis. 1966 wurde er im Alter von einundsechzig Jahren erhängt.

Während seiner ersten drei Jahre im Gefängnis waren die Haftbedingungen offenbar sehr schlecht. Er wurde gefoltert. In späteren

Jahren gewährte man ihm jedoch etwas mehr Freiheit, und so konnte er von seiner Zelle aus seine religiösen Studien wieder aufnehmen. Seine schriftstellerische Arbeit war sehr fruchtbar. Er schrieb jedoch nicht mehr in dem »westlich angehauchten« Stil seiner literarischen Frühzeit, aber auch nicht in der Art seiner Schrift *Social Justice in Islam*, die er vor seiner Mitgliedschaft in der Muslimischen Bruderschaft zu Papier gebracht hatte, sondern im Stil eines ausgewachsenen islamistischen Revolutionärs. *Milestones* (Meilensteine), sein Manifest von 1964, dem seine Briefe aus dem Gefängnis und andere Schriften zugrunde liegen, scheint mir das am wenigsten interessante seiner Bücher zu sein – obwohl es zu seinem einflussreichsten Werk wurde. Ein anderes seiner Pamphlete, *Islam: The Religion of the Future* (ein Werk, das ebenfalls den Eindruck macht, als wäre es auf der Grundlage anderer Schriften entstanden), erscheint mir als weit anregender und ehrgeiziger.

Doch sein wahres Meisterwerk ist etwas vollkommen anderes, eine ungeheure Exegese von dreißig Bänden, die den Titel trägt: *In the Shade of the Qur'an* (Im Schatten des Koran). Das Werk besteht aus Kommentaren zu den verschiedenen Kapiteln oder Suren des Korans. Dieses Werk ist außerhalb der Zentren des Islam nicht leicht zu erhalten. Dennoch, beim Durchstöbern der islamischen Buchhandlungen Brooklyns sind mir die Bände 1, 4 und 30 in die Hand gekommen, die islamische Verlage in der ganzen Welt nach und nach in englischer Sprache herausgebracht haben. Und dieses Werk, Qutbs extravagante Exegese, erweist sich als wahrhaft faszinierendes Werk.

In diesen Büchern zitiert Qutb Passagen aus den Suren, die in wunderschöner arabischer Kalligrafie dargestellt und dann in englischer Übersetzung in Versform oder in Prosa übersetzt werden. Anschließend denkt er über diese zitierten Passagen nach Art einer wissenschaftlichen Textanalyse nach. Er äußert sich über die prosodischen Qualitäten der Verse, den Rhythmus, die Tonalität und Musikalität der Wörter, manchmal die Bilder. Er erläutert Ideen, die Kontroversen, die sich um einen bestimmten Text ergeben könnten, und äußert sich über die wahre Absicht oder Bedeutung, wie er sie beurteilt. Die Suren führen ihn dazu, Speisevorschriften zu erörtern, die richtige Gebetshaltung, die Natur des Gebets, Scheidungsvorschriften, die Frage, wann ein Mann einer Witwe die Ehe antragen darf (vier Monate und zehn Tage nach dem Tod ihres Mannes, es sei denn, sie ist schwanger, in welchem Fall bis zur Geburt des Kindes gewartet werden muss), die Vorschriften für einen Muslim, der eine Christin oder eine Jüdin heiraten will (sehr kompliziert), die Verpflichtung zur Wohltätigkeit, die Strafe für Verbrechen und für Wortbruch, den *hadsch* oder die Pilgerfahrt nach Mekka, das Verbot, alkoholische Getränke und Drogen zu sich zu nehmen, Kleidungsvorschriften, Vorschriften über Wucher und Geldverleih sowie tausend andere Themen.

Manchmal schweift er von dem vorliegenden Text ab und hält sich für einen Moment bei umfassenderen Ideen auf, die ihm passend erscheinen, und diese Ideen lassen ihn durch die Jahrhunderte wandern, angefangen bei der Zeit der frühen Hebräer bis in unsere Tage. Charles Darwin und dessen Platz in dem, was Qutb als die korrekte islamische Weltsicht ansieht, werden ebenso erörtert wie die Studien von Orientalisten im Westen, Professoren, die Qutb kalt und distanziert betrachtet. Der Koran erzählt Geschichten, und Qutb gibt einige davon wieder und kommentiert ihre Weisheit und Bedeutung. Er ist immer anschaulich und klar. Die Gesamtwirkung ist in ihrem gemessenen Tempo jedoch fast sinnlich. Schon der Titel *Im Schatten des Koran* lässt an das Bild einer Wüste denken, als wäre der Koran eine dicht belaubte Palme, als brauchten wir nur Qutbs Seiten aufzuschlagen, um der heißen Sonne zu entfliehen und uns im Schatten zu erfrischen.

Sein Ton ist ernst, manchmal dringlich, und an wieder anderen Stellen scheint er innezuhalten und sich zu einem Rhythmus der inneren Ruhe zu verlangsamen – etwa wie bei einem Mann, dessen Knie pocht und der sich sagt, er müsse ruhig bleiben, und deshalb langsam die Muskeln streckt. In der Einführung zum 30. Band äußert Qutbs Bruder Muhammad die Vermutung, dass Sayyid Qutbs Schriften und sein Denken infolge seiner Leiden in seinen späteren Jahren der Bindung an den Islamismus eine ernstere Wendung genommen hätten. Das dürfte zweifellos zutreffen. Doch ich glaube, dass der ernste und dringliche Ton auf etwas anderes zurückzuführen ist als auf Gefängnis und Verfolgung.

Qutb erklärt, dass ein korrektes Verständnis des Korans nur in einer Atmosphäre ernsten Bemühens erreicht werden könne, und das nur von jemandem, der sich mit aller Kraft für den Islam einsetzt, und nicht von jemandem, der friedlich im Sessel sitzt. Der Koran, so bemerkt er, biete nicht nur einen Wissensfundus, aus dem man wie von einem Baum nach Belieben etwas pflücken könne. Der Koran biete eine Art zu leben. Wer die Wahrheit des Korans verstehen wolle, müsse sich deshalb aktiv mit dem Leben auseinander setzen – was vielleicht eine schmerzhafte Auseinandersetzung, manchmal eine quälende sei, obwohl Qutb auch die Schönheit des Korans betont und die Freuden, die dessen Studium biete.

Der erstaunliche Umfang, in dem er seine Interpretationen entwickelt, drückt einen Aspekt dieser Vorstellung von Wahrheit und Engagement aus. Der Koran, bemerkt er, wurde Mohammed über einen Zeitraum von vielen Jahren hinweg von Allah diktiert. Qutb wollte, dass seine Leser ebenfalls Jahre ihres Lebens mit dem Studium seines Kommentars zubringen, dass sie seine Bruchstücke von Koranversen lesen und seine passenden Bemerkungen analysieren, alles in einem zweckgerichteten Geist von Intensität und Engagement – er wollte, dass seine Leser sich nicht zum Vergnügen mit seinem Text beschäftigten, sondern mit dem Eifer von Soldaten, die ihre Befehle studieren. Qutbs Kommentare zielten in dieser Hinsicht darauf ab, mehr als eine Verständnishilfe zu sein. Sie waren als Tätigkeit gedacht, darauf angelegt, erhebliche Anteile von Energie und Zeit des Lesers in Anspruch zu nehmen. Und dieser Ansatz von Qutb, die sorgfältig herausgearbeiteten Details, die gemächliche Geduld, der Rhythmus der Kommentare, der ruhige Tonfall (wenn er ruhig war), der tiefe Brunnen seines Wissens, all das erzeugt am Ende einen starken Eindruck.

Wenn man seine Seiten umblättert, wird man daran erinnert – falls man eine solche Erinnerung überhaupt nötig hat –, dass der Islam einer seiner riesigen und großartigen Moscheen ähnelt. Seine Größe ist ebenso ehrfurchteinflößend wie seine Details, weitaus großartiger als irgendeine bloße Lehre oder Rituale – etwas, was fast so groß zu sein scheint wie das Leben und sogar noch größer. Die Vorstellung vom Islam als Totalität war, wie ich vermute, Qutbs wichtigster Gedanke. Der Begriff der Totalität, so dachte er, unterschied den Islam von allen anderen Weltanschauungen – *Tawhid* oder das Einssein von Gott. (Den gleichen Glauben findet man allerdings bei den Marxisten wieder: »Der Primat der Kategorie der Totalität« war für Georg Lukács das entscheidende Charakteristikum des Marxismus – das, was das marxistische vom bürgerlichen Denken unterschied.) Jede Seite von *Im Schatten des Koran* kann als Kommentar zu der einzigen Beteuerung gesehen werden: »Es gibt keinen Gott außer Allah«. Jedes neue Thema bot Qutb eine neue Möglichkeit zu demonstrieren, dass die Natur, der Mensch sowie die Verpflichtungen des Menschen einer einzigen Quelle entstammen, nämlich Gott. Und der Islam ist die Bestätigung dieser einen überwältigenden Wirklichkeit.

Doch über Qutbs Vorstellung von Wahrheit und Engagement gibt es noch mehr zu sagen. Der Gedanke, Wahrheit lasse sich nur durch ein aktives Bemühen erlangen, ist im Lauf der Jahrhunderte auf mancherlei Weise und von vielen Menschen ausgedrückt worden; und auch in dieser Hinsicht war Qutb ein Spiegelbild einiger Marxisten. Der philosophische Genosse von Georg Lukács aus den 1920er Jahren, der deutsche Marxist Karl Korsch, pflegte zu argumentieren, die Marx'sche Dialektik lasse sich nur in bestimmten Augenblicken in der Geschichte verstehen, in anderen aber nicht. Denn nur in Zeiten eines intensiven Klassenkampfs reiße die Wolkendecke auf und enthülle die wahre Natur der Gesellschaft und ihrer Zukunft,

nämlich der proletarischen Revolution. Der amerikanische Philosoph Sidney Hook schlug während seiner Periode als revolutionärer
Marxist in den 1930er Jahren eine Variation des gleichen Themas
vor, vor allem indem er eine Kombination Marx'scher Dialektik mit
der pragmatischen Vorstellung von Wahrheit verwob, wie sie John
Dewey vertrat.

In Hooks Variante lässt sich Wahrheit nur durch wissenschaftliche Experimente feststellen – was in der Sphäre des politischen wie
des gesellschaftlichen Lebens nur revolutionäres Handeln bedeuten
kann. Die Wahrheit ist kein Buch, das sich lesen lässt. Wahrheit
wird entdeckt, indem man sich auf militantes Handeln stürzt und
sich dann die Ergebnisse ansieht. Wahrheit zeige sich im Kampf
oder überhaupt nicht. Diese marxistischen Ideen, die Theorien von
Korsch und Hook, waren von einem superaktivistischen Wesen –
heiße Ideen, die geradezu vor Eifer brodelten, die Welt auf den Kopf
zu stellen. Qutb brodelte aus seinem ägyptischen Gefängnis zwanzig
oder dreißig Jahre später bei noch größerer Hitze. Er macht den
klaren Vorschlag, dass die koranische Wahrheit, um angemessen
verstanden zu werden, nicht nur ein ernstes Erleben religiöser Hingabe erfordere, sondern auch revolutionäres Handeln im Namen des
Islam; und dieses Handeln fordere notwendig seinen Preis. Und so
gibt es den Vorschlag, der in dem, was ich gelesen habe, nie ganz offen
ausgesprochen wird, das Märtyrertum und Wahrheit miteinander zu
verbinden.

Qutb beginnt den ersten Band seines Werks *Im Schatten des Koran*
mit den Worten: »›Im Schatten des Koran‹ zu leben ist ein großer
Segen, der nur von denen voll und ganz gewürdigt werden kann,
die es erleben. Es ist eine reiche Erfahrung, die dem Leben einen
Sinn gibt und es lebenswert macht. Ich bin Gott dem Allmächtigen
zutiefst dafür dankbar, dass er mich eine beträchtliche Zeit lang mit
dieser erhebenden Erfahrung gesegnet hat, der glücklichsten und
fruchtbarsten Periode meines Lebens – ein Privileg, für das ich ewig
dankbar bin.«

Doch was war die glücklichste und fruchtbarste Periode in Qutbs Leben, die, wie er sagt, eine beträchtliche Zeit dauerte? Er sagt es nicht. Vielleicht schwebte ihm eine bestimmte und sehr angenehme Zeit vor, die sein Bruder und andere enge Freunde erkannt hätten. Aber der Leser kann sich nur vorstellen, dass Qutb über seine Jahre der Folter und des Gefängnisaufenthalts schreibt.

Einer seiner indischen Verlage, Bilal Books in Mumbai, betont diese Deutung auf bemerkenswert grausige Weise, indem er einer 1998 erschienenen Ausgabe der *Meilensteine* ein nicht namentlich gekennzeichnetes Vorwort anfügt. In diesem Vorwort heißt es: »Der höchste Preis für die Arbeit, mit der man Gott dem Allmächtigen gefallen und seine Lehre in dieser Welt verbreiten will, ist oft das eigene Leben. Der Autor« – das heißt Qutb – »hat versucht, es zu tun; er zahlte dafür mit seinem Leben. Wenn Sie und ich es zu tun versuchen, ist mit hoher Wahrscheinlichkeit damit zu rechnen, dass man uns das gleiche abverlangen wird. Aber welche andere Wahl gibt es für diejenigen, die wahrhaft an Gott glauben?«

Man soll sich vorstellen, dass ein wahrhafter Leser von Sayyid Qutb jemand ist, der, insoweit er die Botschaft Qutbs richtig verdaut, nach dem handelt, was verdaut worden ist; und dieses Handeln kann sehr wohl den Märtyrertod zur Folge haben. Zu lesen ist also gleichbedeutend mit einem Hingleiten in Richtung Tod; und dieses Hingleiten auf den Tod bedeutet, dass man verstanden hat, was man liest. Qutbs Schriften vibrieren von diesem morbiden Tonfall – nicht immer, aber gelegentlich. In einer der scharfen Kritiken an den Juden in seinen Koran-Kommentaren bemerkt er: »Der Koran weist auf eine weitere verächtliche Eigenschaft der Juden hin: ihr feiges Verlangen danach zu leben, gleichgültig um welchen Preis und ungeachtet von Qualität, Ehre und Würde.« Qutbs Sehnsüchte sind in dieser besonderen Hinsicht ganz und gar nicht feige. Bei ihm ist Verzweiflung Verlangen. Sein indischer Verlag legt ihn nicht falsch aus. Und doch ist Qutbs Ton nicht hysterisch – nur gelegentlich.

Seine Analyse des zeitgenössischen Lebens und seiner Probleme lässt sich leicht genug zusammenfassen – obwohl ich es bei der Zusammenfassung nicht vermeiden kann, einige Dinge zu vereinfachen. Ebenso wenig kann ich die Entwicklung seines Denkens von den frühen und ein wenig gemäßigteren Schriften bis hin zu den superradikalen Ideen seiner späteren Jahre darlegen. Qutb hatte das Gefühl, dass die moderne Kultur weltweit den Punkt einer unerträglichen Krise erreicht hatte. Überall fühlte sich der Mensch unbehaglich und seiner Natur entfremdet. Die menschliche Qualität des modernen Lebens – ich entnehme dies dem Buch *Islam: The Religion of the Future* – sei »im Abstieg begriffen«. Die Inspiration des Menschen, seine Intelligenz und Moral seien dabei zu degenerieren. Sexuelle Beziehungen verfielen »auf ein Niveau, das niedriger sei als bei den Tieren«. Der Mensch sei unglücklich, ängstlich und skeptisch, seine »Grundfunktionen versagten, seien geschwächt und verkümmert«, »die Menschen litten unter Gebrechen, Verzweiflung, nervösen und psychologischen Krankheiten, Perversion, Idiotie, Geisteskrankheiten und Verbrechen«. Der Mensch wandere »ziellos umher«, »töte Monotonie und Sorgen mit Mitteln, die Seele, Körper und Nerven erschöpfen: Er greife zu Drogen, Alkohol und ebenso zu pervertierten dunklen Ideen, verzweifelten und flüchtigen Lehren wie dem Existenzialismus und ähnlich katastrophalen Ideologien«.

Die gleichen Sorgen beschäftigten ihn in den Bänden von *Im Schatten des Koran*. In seiner Exegese der zweiten Sure (*Die Kuh*, manchmal auch als *Die Färse* übersetzt) bemerkte er, dass die Menschen selbst in den »wohlhabendsten und materiell fortgeschrittensten« westlichen Gesellschaften – er nannte die Vereinigten Staaten und Schweden – »ein höchst unglückliches Leben« führten. »Sie haben die Berührung mit ihren Seelen verloren.« Er bewunderte wirtschaftliche Produktivität und wissenschaftliche Kenntnisse – Sayyid Qutb war kein Antimodernist, obwohl er von westlichen Autoren oft so geschildert wird. Doch er war bestrebt, die Beschränkungen und Unzulänglichkeiten von hoher Produktivität und Reichtum zu erkennen. In seiner Exegese der fünften Sure *(Der Tisch)* bemerkte er:

Wir dürfen uns nicht durch einen falschen Anschein täuschen lassen, wenn wir sehen, dass Nationen, die nicht glauben oder die göttliche Methode anwenden, sich an Überfluss und Reichtum erfreuen. Das ist alles ein vorübergehender Wohlstand, der anhält, bis die Naturgesetze ihre Wirkungen hervorgebracht haben, was die Konsequenzen der unglücklichen Spaltung zwischen materiellem Erfolg und spiritueller Erfüllung voll und ganz sichtbar macht. Wir sehen einige dieser Konsequenzen auf ganz verschiedene Weise in Erscheinung treten.

Wir sehen zunächst eine ungleiche Verteilung innerhalb dieser Nationen, was es Hass, Groll, Not und Furcht vor dem Unerwarteten erlaubt, Wurzeln zu schlagen. Dies ist in der Tat trotz des Wohlstands ein verhängnisvoller Zustand. Wir sehen Unterdrückung und Furcht auch in den Nationen, die den Versuch unternahmen, zumindest teilweise für eine gerechte Verteilung zu sorgen. Um dies zu erreichen, haben sie zu Zerstörung, Unterdrückung und Terror gegriffen. In diesem schrecklichen Zustand schwebt der Mensch stets in Furcht und hat nie das Gefühl von Sicherheit.

Wir sehen auch die Schwächung moralischer Werte, was früher oder später zur Zerstörung materiellen Reichtums führt ... Wir sehen auch, wie sich vielerlei Sorgen in der ganzen Welt ausbreiten, besonders in den wohlhabendsten Gesellschaften. Dies führt unvermeidlich dazu, dass die Menschen an Intelligenz verlieren und dass ihre Toleranz geringer wird. Dann führt es zu einer Verringerung der Standards von Arbeit und Produktivität. Zum gegenwärtigen Zeitpunkt lassen sich sehr klare Hinweise auf diese bevorstehende Entwicklung mühelos erkennen.

Wir sehen die Furcht, welche die ganze Menschheit verschlingt, vor dem totalen Ruin, der die ganze Welt in jedem Augenblick bedroht, da die Risiken eines allumfassenden Kriegs weiterhin in der Luft liegen. Eine solche Furcht setzt die Seele der Menschen einer großen

Anspannung aus, ob sie sich dessen bewusst sind oder nicht. Es führt
zu einer ganzen Reihe nervöser Störungen. Ist es nicht bezeichnend,
dass der Tod durch Herzversagen, Geisteskrankheiten und Selbstmord
in wohlhabenden Gesellschaften am verbreitetsten ist?

Er nannte die Franzosen, deren Leben ihm außergewöhnlich trüb-
selig erschien. Doch er hatte alle wohlhabenden Länder im Blickfeld.
Er schilderte einen globalen Zustand und daher etwas Systemati-
sches.

Indem er diese Argumente vorbrachte, sagte Qutb durchaus nichts
furchtbar Ungewöhnliches. Um die Mitte des zwanzigsten Jahrhunderts wurden in westlichen Ländern ähnliche Kritiken von manchen
Gesellschaftskritikern geäußert – von links und rechts gleichermaßen. Alle diese westlichen Kritiker, ob nun politisch links oder rechts
stehend, gingen davon aus, dass der Mensch eine authentische Natur
hat. Alle nahmen an, dass der Mensch wegen des Drucks der modernen Zivilisation und ihrer technologischen Methoden eine neue,
technologisch geformte Persönlichkeit annehmen müsse, die seiner
echten Natur zuwiderlaufe. Alle diese Kritiker nahmen an, dass der
Mensch in einen erbärmlichen Zustand herabgesunken sei, weil er
seiner Natur entfremdet worden ist – ein Elend, das menschliches
Leben selbst unter Bedingungen materieller Fülle verschlinge.

Aber was war die Ursache dieser schrecklichen Entfremdung, die
Ursache dieses Elends? Woher kamen letztlich diese schrecklichen
modernen Zwänge? Marx hätte auf den Kapitalismus verwiesen,
doch Marx war ein Mann des neunzehnten Jahrhunderts. Im zwanzigsten Jahrhundert verwiesen die Philosophen der Entfremdung
stattdessen auf etwas Älteres, was sich vielleicht weniger leicht
reparieren ließ und aus der Zeit der Ursprünge der westlichen Zivilisation stammte. Da gab es die Idee, die man bei Heidegger sieht
oder übrigens auch bei D. H. Lawrence und noch anderen Autoren –
den Gedanken, dass der fatale Irrtum der Menschheit mit Sokrates
im antiken Griechenland begann. Der Fehler bestand in einem arro-

ganten und irreführenden Glauben an die Macht der menschlichen Vernunft – in dem arroganten Glauben, der nach vielen Jahrhunderten in der heutigen Zeit die Tyrannei der Technologie über das Leben hervorgebracht hatte.

Das war Qutbs Idee. Er gab ebenfalls dem antiken Griechenland die Schuld, obwohl er dies etwas indirekter tat, indem er statt von Athen von Jerusalem sprach. Nach Qutbs Einschätzung wurde der fatale Fehler der Menschheit von den frühesten Christen in der Zeit von Jesus und in den nachfolgenden Generationen begangen. Wie alle Muslime sah Qutb das Judentum als die ursprüngliche Religion an, die Adam, Moses und dem Propheten von Gott göttlich offenbart worden sei – eine Religion, die den Menschen anwies, einen Gott zu verehren und allen anderen abzuschwören. Doch das Judentum war mehr als eine Botschaft, wie Qutb sehr wohl begriff. Es war ein Verhaltenskodex, der mosaische Kodex, der korrektes Handeln in jedem Lebensbereich vorschrieb und sich weigerte, zwischen dem Heiligen und dem Weltlichen irgendeine Trennung zu vollziehen. Und warum weigerte sich das mosaische Gesetz, eine solche Trennung vorzunehmen? Hier lag nach Ansicht Qutbs der besondere Vorzug des antiken Judentums. Das mosaische Gesetz weigerte sich, das Heilige vom Weltlichen zu trennen, weil es nur einen Gott gibt. Jede Trennlinie zwischen heilig und weltlich würde vermuten lassen, dass es im täglichen Leben mehr als nur eine höchste Autorität gibt. Doch das würde die Existenz von mehr als einem Gott implizieren.

Das Judentum markierte nur ein Stadium auf dem Weg der Menschheit und sei nach einiger Zeit zu dem verkümmert, was Qutb »ein System starrer und lebloser Rituale« nannte. Da erschien jedoch Jesus und bot durch weitere Offenbarungen Gottes den Menschen einige Korrekturen der jüdischen Riten, eine Verbesserung der Speisevorschriften und andere Reformen. Jesus versuchte, dem Judentum eine ergänzende neue Dimension zu gewähren, die rein spirituell war und der die Juden mit ihren leblosen Gewohnheiten sehr bedurften. Jesus war ein wahrer Bote Gottes. Seine Lehren drängten den

Menschen, in einer noch harmonischeren Beziehung mit seiner von Gott gewährten Natur und mit dem gesamten Weltall zu leben, das Gottes sei. Doch bedauerlicherweise ging der Übergang von dem frühen Judentum zu den neuen Reformen Jesu daneben, worauf die Beziehung zwischen Jesus und den Juden, wie Qutb uns sagt, »einen bedauernswerten Verlauf« nahm.

Jesus zog Anhänger aus der nichtjüdischen Bevölkerung an, doch die Juden selbst neigten dazu, ihm und seinen Lehren zu widerstehen. Und in den nachfolgenden Streitereien wurde der Wert von Jesu Botschaft verwässert und sogar pervertiert. Jesu Jünger und Anhänger wurden verfolgt, was zur Folge hatte, dass die Jünger unter den schwierigen Bedingungen der Unterdrückung nie fähig waren, eine angemessene oder systematische Darlegung von Jesu Botschaft anzubieten. Wer wenn nicht Sayyid Qutb hätte von seiner Gefängniszelle in Nassers Ägypten so überzeugend die Schwierigkeiten herausarbeiten können, denen sich die Jünger bei der Verbreitung des Worts gegenübersahen? Qutb nahm an, dass die Evangelien infolgedessen stark entstellt waren und nicht als genau oder verlässlich angesehen werden können. Schlimmer noch: In ihrer erbitterten Auseinandersetzung mit den Juden ließen sich die Jünger Jesu dazu hinreißen, in ihrer Ablehnung der jüdischen Lehren zu weit zu gehen.

Die Anhänger Jesu akzeptierten die jüdischen Schriften als göttlich offenbart und fügten sie ihren (höchst unzuverlässigen) Evangelien ein. Doch hielten die neuen Christen trotz all ihrer Frömmigkeit, was die jüdischen Texte betraf, infolge »der unerfreulichen Trennung zwischen den beiden Parteien« bestimmte Aspekte der Lehren des Judentums auf Abstand. Die Christen betonten Jesu Botschaft von Spiritualität und Liebe, und das war gut. Doch sie verloren das mosaische Gesetz aus den Augen. Stattdessen führte der Jünger Paulus vollkommen andere Ideen ein, die er – und damit schloss sich Qutb wieder dem größeren Trend des Denkens im zwanzigsten Jahrhundert an – zusammen mit ein wenig römischer Mythologie der griechischen Philosophie entnahm. Die griechisch-römischen

Beimengungen erwiesen sich als katastrophal. Die neuen Ideen verwässerten Jesu ursprüngliche Offenbarung, was die gesamte spätere Entwicklung des Christentums hemmte. Denn wie sollten die Christen ihr tägliches Leben bestimmen, wenn sie sich nur von römischen Mythen und griechischen Philosophien leiten lassen konnten? Das Christentum brauchte das mosaische Gesetz, wie es von Jesus verbessert worden war, und dies war verloren gegangen. Dann folgte eine noch schlimmere Katastrophe.

Im vierten Jahrhundert der christlichen Zeitrechnung bekehrte Kaiser Konstantin das Römische Reich offiziell zum Christentum. Doch er tat dies in einem Geist heidnischer Heuchelei – einem Geist, der beherrscht wurde von (und hier zitiert Qutb in *Islam: The Religion of the Future* in einem wundervollen Beispiel von kulturübergreifendem Einfluss einen amerikanischen Schriftsteller des neunzehnten Jahrhunderts namens J.W. Draper) Szenen der Schamlosigkeit, halbnackten Mädchen, Schmuck und Edelmetallen. Das Christentum konnte sich nicht wehren, nachdem es das mosaische Gesetz aufgegeben hatte. Folglich taten die Christen in ihrem Entsetzen über die römische Moral ihr Bestes und entgegneten den kaiserlichen Ausschweifungen mit einem Kult mönchischer Askese. Die mönchische Askese ist jedoch mit der menschlichen Natur nicht zu vereinbaren. Und so kämpfte das hin und her gerissene Christentum am Ende einen Krieg in sich selbst – auf der einen Seite Konstantins heidnische Orgien, auf der anderen mönchische Entsagung.

Es war eine schizophrene Teilung in der christlichen Mentalität. Und der Riss verheilte auch nicht im Lauf der Zeit. Während der späteren römischen Jahrhunderte nahm eine Reihe religiöser Konzile im Namen des Christentums irrationale Grundsätze an – Grundsätze, was die Natur Jesu betraf, die Eucharistie, die Transsubstantiation und andere Fragen, Prinzipien, die in Qutbs Augen »absolut unverständlich, unvorstellbar und unglaublich« waren. Die Lehren der Kirche ließen die irrationalen Elemente zu Dogmen erstarren. Und schließlich kam es zur endgültigen Krise. Im siebten Jahrhundert der christlichen Zeitrechnung wurde der Islam gegründet und stellte eine korrekte, unverzerrte Beziehung zur irdischen Welt her.

In einer seiner vielen bemerkenswerten Zusammenfassungen dieser Beziehung beschrieb Qutb den Islam anlässlich zweier Koranverse über die Menstruation mit den folgenden Worten: »Er ist eine Religion, die den Menschen keine seiner natürlichen Neigungen oder Instinkte verweigert oder so tut, als könnte man menschliche Reinheit dadurch erreichen, dass man die körperlichen Grundbedürfnisse des Menschen unterdrückt oder zerstört. Stattdessen diszipliniert, leitet und fördert der Islam diese Wünsche und Bedürfnisse auf eine Weise, welche das Menschsein des Menschen verstärkt und sein Bewusstsein für und seine Beziehung zu Gott belebt. Er ist bestrebt, körperliche und sinnliche Neigungen mit menschlichen und religiösen Gefühlen zu vereinen, um so die vergänglichen Freuden und die unveränderlichen Werte des menschlichen Lebens in einem harmonischen und kongruenten System zusammenzubringen, das den Menschen würdig machen wird, Gottes Vertreter auf Erden zu sein.«

Doch wenn der Mensch Gottes Vertreter auf Erden ist oder, in der Sprache des Korans, Gottes »Statthalter auf Erden«, hat er jede Verpflichtung, im Namen Gottes die Natur zu erforschen und zu beherrschen. Der Islam verweist den Menschen deshalb auf die Wissenschaft und nicht weg von ihr. Die islamische Vorstellung vom Menschen und seiner Beziehung zur irdischen Welt führte an den islamischen Universitäten von Andalusien und des Ostens zur Entdeckung der induktiven oder wissenschaftlichen Methode – die ihrerseits die Tür zu allem weiteren wissenschaftlichen und technologischen Fortschritt öffnete.

Tragischerweise verlor die muslimische Welt jedoch die islamischen Grundsätze aus den Augen, nachdem sie die Führung der Menschheit übernommen hatte, und verfiel dem Niedergang. Der Sturz verlief auch recht schnell, zunächst behutsam im dritten Kalifat nach Mohammed, entschieden jedoch im fünften unter der Herrschaft der Omajjaden-Dynastie – auch wenn das islamische

Reich (das Qutb als Reich zu bezeichnen strikt ablehnte; er zog den Begriff »Gemeinschaft« vor) sich weiterhin ausbreitete. Der moralische Niedergang der muslimischen Welt verschlimmerte sich noch durch eine Reihe von Angriffen der Mongolen, spanischer Christen, Kreuzzügler und Zionisten im Mittelalter. (Der Zionismus hat in Qutbs Schriften eine fast übernatürliche Qualität, die außerhalb der Geschichte existiert.) Und die muslimische Welt erwies sich in ihrem geschwächten Zustand als unfähig, aus ihrer brillanten Entdeckung der wissenschaftlichen Methode Kapital zu schlagen.

Stattdessen wurden die muslimischen Entdeckungen in das christliche Europa exportiert. Und dort, im Europa des sechzehnten Jahrhunderts, begann die Methode Ergebnisse hervorzubringen, und die moderne Wissenschaft entwickelte sich. Die Wissenschaft stieß in Europa gleichwohl ebenfalls auf Schwierigkeiten. Die Grundsätze der Wissenschaft befanden sich in Übereinstimmung mit dem Islam, kollidierten jedoch mit dem Dogma der christlichen Kirche. Die Priester beharrten auf den irrationalen Komponenten ihres Glaubens. Sie bestanden darauf, die wissenschaftliche Erkenntnis in einem weiteren unveränderbaren Dogma einzuschließen, das durch kirchliche Gewalt durchgesetzt werden sollte. Doch die Wissenschaftler wehrten sich.

Auf diese unglückliche Weise verbreitete sich der schizophrene Aspekt des christlichen Denkens, der schon im Bereich des Alltagslebens und des persönlichen Verhaltens schlimm war, auch in das Reich der wissenschaftlichen Erkenntnis. Die europäische Fantasie stellte sich Gott auf einer Seite und die Wissenschaft auf der anderen vor. Die Religion hier, die irdische Welt da drüben. Auf einer Seite die natürliche menschliche Sehnsucht nach Gott und einem Leben nach von Gott angeordneten Maßstäben, auf der anderen Seite das natürliche menschliche Verlangen nach Kenntnis des irdischen Universums. Die Kirche gegen die Wissenschaft; und die Wissenschaftler gegen die Kirche. Alles, was der Islam als eins kannte, teilte die christliche Kirche in zwei Teile. Und schließlich spaltete sich der europäische

Geist. Die Schizophrenie wurde total. Hier das Christentum, dort der Atheismus. Es war mit einem Begriff Qutbs die »schreckliche Spaltung« des modernen Lebens.

Die wissenschaftlichen und technischen Errungenschaften Europas erlaubten es diesem, dem Islam die Führung der Menschheit zu entreißen und die Welt zu beherrschen; und da die geschwächten Kräfte des Islam Europa nichts mehr entgegensetzen konnten, erlegte Europa seine »schreckliche Spaltung« Völkern und Kulturen in allen Winkeln des Globus auf. Das war die Quelle des Elends des modernen Lebens – die Quelle der Angst in der heutigen Gesellschaft, des Gefühls, getrieben zu sein, der Zwecklosigkeit, des Verlangens nach falschen Freuden, der Anomie, des Fehlens ethischer Leitideen, der Entfremdung.

Die Krise des modernen Lebens wurde von jedem denkenden Menschen im christlichen Westen empfunden – doch wegen der Führung Europas wurde die Krise auch von jedem denkenden Menschen in der muslimischen Welt empfunden. Und dazu sagte Qutb etwas Ungewöhnliches – etwas Außergewöhnliches und Neues. Die Christen des Westens machten die Krise des modernen Lebens durch, die schreckliche Spaltung, weil sie eine Konsequenz ihrer theologischen Tradition war. Aber wenn Qutb Recht hatte, mussten auch die Muslime die gleiche Krise durchlaufen oder diese Spaltung erleben, weil sie ihnen von außen auferlegt worden war, was das Ganze nur doppelt schmerzhaft machen konnte – eine Entfremdung, die zugleich eine Demütigung war.

So sah Qutbs Analyse aus. Indem er über die schreckliche Spaltung des modernen Lebens schrieb, hatte er den Finger auf genau die innere Erfahrung gelegt, die Salman Rushdie viele Jahre später in seinem Roman *Die satanischen Verse* schilderte – die Schizophrenie oder Entfremdung, das Gefühl, zwei statt eins zu sein, den Schmerz, in zwei Welten zugleich zu leben, die Erfahrung, die Mohammed Atta und die Selbstmordattentäter des 11. September 2001 in ihrem Alltagsdasein im Westen zweifellos gespürt haben mussten. Qutb hatte eine universelle Erfahrung geschildert. Doch er schilderte sie in einer spezifisch muslimischen Version, mit einer Erklärung, die nicht einem vagen Begriff wie der Modernität oder der menschlichen Natur die Schuld gab, sondern etwas Spezifischem und Erkennbarem – nämlich dem Christentum und dessen traurigem Einfluss auf die moderne Kultur, wie sie durch die Macht der westlichen Länder exportiert wird.

Qutb zitterte angesichts der schrecklichen Spaltung. Er hielt die Krise für gewaltig und unvergleichlich tief gehend. Tiefe Ströme theologischer und kirchlicher Abweichung, zweitausend Jahre christlichen Irrens trugen diese Krise auf den dahinwogenden Fluten. Und die Flut ergoss sich weiter, über die muslimische Welt dahin.

Die schreckliche Spaltung

Qutbs Analyse war detailliert, nuanciert, tiefgehend, gefühlvoll und von Herzen empfunden. Die Analyse beruhte nicht auf zwei oder drei einfachen Faktoren, wie es bei Analysen des neunzehnten Jahrhunderts manchmal der Fall gewesen ist. Es war eine theologische Analyse, die jedoch in ihrer kulturellen Betonung dem Stil des zwanzigsten Jahrhunderts entsprach. Diese Analyse stellte einige wahrhaft verblüffende Fragen – nach der Trennung von Geist und Körper im westlichen Denken; nach den Schwierigkeiten, ein praktisches Gleichgewicht zwischen sinnlicher Erfahrung und spiritueller Erhebung herzustellen; nach der Seelenlosigkeit der modernen Macht und der technologischen Innovation sowie nach sozialer Ungerechtigkeit. Aber obwohl Qutb offensichtlich einigen Haupttrends der Sozialkritik und der Philosophie des zwanzigsten Jahrhunderts folgte, hat er sich große Mühe gegeben, sich nur gelegentlich auf europäische oder amerikanische Denker zu berufen, es sei denn, um sie herabzusetzen oder sich polemisch gegen sie zu äußern. Er wollte zeigen, dass der Islam geistig autark sei – dass der Islam die Denker des Westens nicht brauche, sondern auf seinen spektakulären Ressourcen der Vergangenheit bauen könne, dass er alles umfasse, unabhängig und seiner Aufgabe voll und ganz gewachsen sei. Und so goss er seine Ideen durch einen Filter von Korankommentaren, und dieser Filter verlieh seinem Kommentar eine körnige neue Struktur, etwas Ursprüngliches. Und die islamische

Struktur versetzte ihn in die Lage, eine Reihe vielsagender Kritiken zu äußern.

Er wandte sich den Parteigängern der Rassentheorie zu, die in Ägypten zahlreich waren, unter denen sich sogar ein paar Nazis auf der Flucht befanden, nämlich in den Jahren nach ihrer Niederlage in Europa. (Um ein berühmtes Beispiel zu nennen, Joseph Goebbels' Helfershelfer Johann von Leers, der Autor von *Die Verbrechen des Judentums*; dieser fand während der 1950er Jahre eine Zuflucht in Ägypten, konvertierte zum Islam und arbeitete in Nassers Propaganda-Apparat mit.) Wenn man nach dem Werk *Islam: The Religion of the Future* urteilen darf, bewunderte Qutb die Schriften von Alexis Carrel, einem französischen Eugeniker und Nobelpreisträger, der wegen seiner Nazi-Sympathien in der Zeit des Vichyregimes berüchtigt war. Doch was Qutb an Carrel gefiel, war dessen Verdammung des modernen Materialismus und dessen Durchsetzung »der Werte des Menschen«, die humanistische Seite der extremen Rechten in Europa – und nicht Carrels wissenschaftliche Behandlung der modernen Krise oder die von ihm vorgeschlagenen wissenschaftlichen Lösungen. Denn die Krise des modernen Menschen sei nicht rassisch oder biologisch bedingt. Sie sei theologischer Natur. Es habe keinen Zweck, nach wissenschaftlichen Lösungen Ausschau zu halten. Die im zwanzigsten Jahrhundert aufgekommenen rassistischen Parteien und Bewegungen – »sämtlich nationalistische und chauvinistische Ideologien, die in der modernen Zeit aufgetaucht sind, und sämtliche daraus abgeleiteten Bewegungen und Theorien« – hätten sich als falsch erwiesen. Sie hätten »ihre Vitalität eingebüßt«.

Qutb warnte selbst bei den Arabern vor chauvinistischen Ideen. Was in der Vergangenheit die arabische Größe ausgemacht habe, dachte er, war eben nicht der Chauvinismus. Die Größe der Araber ergebe sich aus der Größe des arabischen Ziels, nämlich der Befreiung der Welt von Unwissenheit. »Jede Nation, die zu irgendeinem Zeitpunkt der Geschichte die Führung der Menschheit übernahm, hatte eine Ideologie zu bieten«, schrieb Qutb in seinem Kommentar zur einhundertfünften Sure, *Der Elefant*. (Oder war es Hegel, von dem diese Zeile stammt? Hegel sagte in etwa: »Das Volk, dessen Geistbegriff am höchsten steht, harmoniert mit der Zeit und herrscht über die anderen.«) Die Araber hatten in der Zeit ihrer Größe eine sehr spezifische Ideologie zu bieten – einen Geistbegriff, der höher war als der aller anderen, der höchste Begriff überhaupt. Dieser Begriff war der Islam. Die Botschaft Mohammeds führte die Araber und »hob sie zur Position der Führung der Menschen empor«. In diesen Fragen waren Qutb und die Baath-Sozialisten wieder einmal einer Meinung. Qutb war jedoch anderen Nationen gegenüber großzügig. Die islamische Zivilisation sei auf ihrem Höhepunkt vor vielen Jahrhunderten großartig gewesen. Doch, wie er näher ausführte (und jetzt zitiere ich *Meilensteine*), »diese wundervolle Kultur war niemals eine ›arabische Kultur‹, sondern immer eine rein ›islamische Kultur‹. Sie war nie eine ›Nationalität‹, sondern stets eine ›Glaubensgemeinschaft‹.« Das war Qutbs Argument gegen die nationalistischen Ideologen.

Er hatte es auch auf den Marxismus abgesehen. Ende der 1940er Jahre sah der Marxismus in Westeuropa ganz wie die Welle der Zukunft aus, und nicht nur dort. Qutb war wie viele Menschen der Ansicht, dass die Sowjetunion wahrscheinlich den Kalten Krieg gewinnen werde. Nasser dachte mit Sicherheit so, und trotz seiner Verbindungen zur Ultrarechten in Europa schloss er sich während der 1950er und bis in die 1960er Jahre hinein enger an die Sowjetunion an. Doch davon wollte Qutb nichts wissen. Er betrachtete den Kalten Krieg in den westlichen Ländern als einen Kampf zwischen christlicher Spiritualität einerseits und der Forderung des Kommunismus nach sozialer Gerechtigkeit andererseits. In seinem Urteil schien nichts in diesem Kampf irgendeinen Wert zu besitzen. Der gesamte Kalte Krieg sei lediglich ein weiteres Beispiel der schrecklichen Spaltung der westlichen Welt – ein Kampf, der den göttlichen Geist, der auch ein Geist der sozialen Gerechtigkeit sei, in zwei Teile spalte.

Der Marxismus selbst erschien ihm als das Nonplusultra alles Schauerlichen, das sich in Europa entwickelt hatte. Der Marxismus reduziere den Menschen auf seine animalischen Triebe und materiellen Bedürfnisse. Der Marxismus könne unmöglich die Entfremdung des Menschen von seiner Natur lösen oder korrigieren. Der Marxismus sei selbst ein Teil der Entfremdung des modernen Menschen von der menschlichen Natur und dem Göttlichen. Marxismus sei ein Schritt abwärts vom Menschen zum Tier – ein Abstieg von der Kultur in die Barbarei, das heißt von der Anbetung Gottes zur Anbetung materieller Dinge. Außerdem verteidige der Islam das Privateigentum, und der Marxismus befinde sich in dieser Hinsicht auf einem Irrweg.

Doch der größte Teil von Qutbs Kritik hatte es auf ein anderes Ziel abgesehen: Es war der Platz, der der Religion in der liberalen Gesellschaft zugewiesen wird. Der ganze Zweck des Liberalismus bestehe darin, die Religion in eine Ecke und den Staat in eine andere zu stellen und diese beiden Ecken getrennt zu halten. Die liberale Idee sei im siebzehnten Jahrhundert in England und Schottland entstanden, und die Philosophen, die sie erfunden hätten, wollten verhindern, dass der englische Bürgerkrieg, der soeben stattgefunden hatte, erneut ausbrach. Folglich schlugen sie vor, die Ursache dieses Krieges, nämlich die Religion, einzupacken und behutsam an einen anderen Ort zu karren, nämlich zur Privatsphäre, wo jede Kirche und jede Sekte jede andere frei und offen beschimpfen könne.

Der Liberalismus wollte das Leben in verschiedene Bereiche aufteilen und jeden dieser Bereiche an der dafür vorgesehenen Stelle belassen. Die Kirchen hätten von ihrem Platz im Privatleben aus die Freiheit, Segenssprüche und Flüche auszuteilen. Sie wären jedoch nicht in der Lage, ihre Segenssprüche und Flüche durch Zuhilfenahme der Polizei durchzusetzen. Der Staat habe im Gegensatz dazu die Freiheit, die Polizei zu holen – dafür aber nicht die Macht, Segenssprüche und Flüche auszusprechen. Der Gedanke, eine Trennung zwischen materiellen und spirituellen Mächten aufrechtzuerhalten, sei äußerst praktisch, aber noch mehr als das. Es liege etwas Großartiges in dieser Idee. Sie halte nicht nur für eine Gruppe und deren

Lieblingsdoktrin eine Vision von Freiheit bereit, sondern für jeden –
eine Gesellschaft, in der jeder einzelne Bürger eigene religiöse oder
spirituelle Lehren annehmen kann, vielleicht in Harmonie mit denen aller anderen oder auch nicht, dafür aber frei in beiden Richtungen.

Das war haargenau das, was Qutb nicht ausstehen konnte. Er verstand sehr genau, wie die Religion in liberalen Gesellschaften behandelt wird. In *Meilensteine* schilderte er den Typus einer Gesellschaft,
in der, anders als im Kommunismus, »die Existenz Gottes nicht
geleugnet wird, sein Herrschaftsbereich jedoch auf den Himmel
beschränkt ist. Seine Herrschaft auf Erden ist aufgehoben.« Dabei
schwebten ihm höchstwahrscheinlich die Vereinigten Staaten vor,
doch womöglich auch Frankreich. In dieser Art Gesellschaft »sei
es den Menschen erlaubt, Moscheen, Kirchen und Synagogen zu
besuchen«. Es war bemerkenswert, dass er Moscheen an erster Stelle
nannte. Billige Seitenhiebe gegen die liberalen Länder abzufeuern
war seine Sache nicht – er versuchte auch nicht, liberale Heuchelei
ins Scheinwerferlicht zu rücken und das großspurige Prahlen mit
höchster Toleranz auszuleuchten, etwas, was liberale Gesellschaften
vor sich her tragen, um ihre Zusagen dann doch nicht zu erfüllen. Er
nahm die liberale Gesellschaft von ihrer besten Seite – eine Gesellschaft, in der Muslims tatsächlich die gleiche religiöse Freiheit genossen wie jedermann sonst. Doch der Liberalismus westlicher Prägung
bot für ihn keinerlei Reiz. Eine liberale Gesellschaft beschränkt die
Herrschaft Gottes auf den Himmel. Und damit »leugnet eine Gesellschaft Gottes Herrschaft auf Erden oder hebt sie auf«.

Die Freiheit in einer liberalen Gesellschaft war für Qutb überhaupt
keine Freiheit. Diese Freiheit sei lediglich ein weiterer Ausdruck der
schrecklichen Spaltung – des ungeheuren Fehlers, der die materielle
Welt hierhin stelle und Gott dorthin. Qutb dachte daran, dass Religion in der liberalen Gesellschaft auf bestimmte Rituale und eine
private Moral reduziert worden sei, ganz so, als wäre das einzelne
Menschenherz der höchste Richter über moralisches Verhalten.

Doch das Menschenherz sei nicht der höchste Richter. Der höchste Richter sei Gott.

Qutb zeigte sich von John Foster Dulles fasziniert, Eisenhowers Außenminister. Dulles war ein ernsthafter Christ und schrieb ein Buch mit dem Titel *War or Peace* (Krieg oder Frieden), in dem er die Christen Amerikas dazu aufrief, den Verlockungen des kommerziellen Materialismus besser zu widerstehen. Dulles wollte den Kommunismus und dessen Sozialkritik durch eine Stärkung der christlichen Spiritualität in Amerika abwehren. »Was uns fehlt«, sagte Dulles, »ist ein rechtschaffener und dynamischer Glaube.« Doch Qutb sah Dulles' Argumente als ein weiteres Anzeichen dafür an, in welch bemitleidenswerter Weise das religiöse Gefühl im liberalen Westen geschrumpft war. Das Christentum könne nicht annähernd den Verlockungen des Materialismus widerstehen oder den Kommunismus abwehren. Das sei auf die theologischen Abweichungen des Jüngers Paulus zurückzuführen sowie auf alles, was danach gefolgt sei. Das Christentum habe eine falsche Beziehung zur materiellen Welt hergestellt. Das Christentum sei vor dem täglichen Leben in den Geist geflüchtet. Das Christentum habe akzeptiert, was Qutb eine »trostlose Trennung zwischen der Kirche und der Gesellschaft« nannte. Und nichts in dem christlichen Repertoire der Schadensbegrenzung und gewiss nicht die Predigten des Außenministers könnten die »schlimmen Folgen« rückgängig machen.

Schon die bloße Vorstellung, die Religion mit einer kapitalistischen Wirtschaftsform zusammenzubringen, wie Dulles es wollte, erschien Qutb als grotesk. Eine ernsthafte Religion, dachte Qutb, werde auf der Abschaffung des Wuchers bestehen – der Abschaffung des konventionellen Bemühens um Profit sowie von Zinsen auf Darlehen, der Abschaffung der nackten Selbstbegünstigung, um ein Wirtschaftssystem auf der Grundlage der von Gott sanktionierten ethischen und moralischen Praktiken zu erreichen. Dulles werde nichts Derartiges verlangen. Qutb gelangte zu einer vernichtenden Kritik: »Mr. Dulles möchte lediglich einen Patriotismus mit religiösem Anstrich mobilisieren, der die westliche Ordnung vor dem Kommunismus beschützen könnte.« Das war in Qutbs Augen bemitleidenswert. Es zeige die Tiefen, in welche die Religion in einer liberalen Gesellschaft gesunken war.

Qutb untersuchte den Slogan »Kultur gehört zum menschlichen Erbe« – ein Ausdruck liberaler Sympathie und Wertschätzung für kulturelle Leistungen aus allen Teilen der Welt. Genau wie die Menschen sich der Freiheit erfreuen sollten, Religion in jeder von ihnen gewünschten Form zu praktizieren, sollten sie nach liberalen Vorstellungen sich auch der Freiheit erfreuen, die kulturellen Leistungen zu genießen, die Gesellschaften in der ganzen Welt hervorgebracht hätten. Diese beiden Freiheiten – die kulturelle und die religiöse – stünden nach liberalen Vorstellungen als die Grundsteine einer freien Gesellschaft da. Aber auch diese Vorstellung bereitete Qutb Unbehagen. Er war damit zufrieden, die Vorstellung von kultureller Freiheit in einem begrenzten Sinn zu akzeptieren – Freiheit für jeden, aus wissenschaftlichen Leistungen Nutzen zu ziehen. Die Wissenschaft erschien ihm universal – selbst wenn nach seiner Ansicht islamische Begriffe von Wissenschaft wesentlich von westlichen Vorstellungen abwichen. Doch er sorgte sich um die philosophischen, literarischen und künstlerischen Werte anderer Gesellschaften. In der westlichen Gesellschaft drückten Philosophie, Literatur und die Künste das tiefste Verständnis westlichen Lebens aus und vermittelten ein Bild davon – das heißt die Idee, dass Gott im Bereich des Geistes bleiben und sich von der normalen Gesellschaft fern halten solle. Doch das war genau die Idee, welche die schreckliche Spaltung in das Leben des Westens eingeführt und durch ihre Ausbreitung Unglück in die Welt gebracht habe.

Die Grundsätze der amerikanischen Bildung erschienen ihm als besonders heimtückisch. Sie seien um jeden Preis zu vermeiden. Die Gründungsprinzipien der amerikanischen Bildung leiteten sich seiner Einschätzung nach von der philosophischen Lehre des Pragmatismus ab, wie sie von – er erwähnte die folgenden Namen – Charles

Sanders Peirce, William James und John Dewey dargelegt worden sei. Doch der Pragmatismus degradiere den Begriff der Göttlichkeit auf eine »Kassensturz«-Analyse – auf ein materialistisches Abwägen von Verlusten und Gewinnen. Nach pragmatistischen Vorstellungen könnte man an Gott glauben oder nicht, je nachdem, ob man es »nützlich« findet zu glauben. Dies sei kulturelle Freiheit in ihrem äußersten Extrem. Das erschien Qutb als einen Schritt vom Kommunismus – das heißt vom offenen Atheismus – entfernt. Er machte sich Sorgen – dies war 1949, als Stalin sichtlich auf dem Vormarsch war –, dass pragmatistische Philosophie und amerikanischer Materialismus Amerika früher oder später dem Kommunismus ausliefern würden.

Die Erklärung »Kultur gehört zum menschlichen Erbe« erschien ihm insgesamt gesehen als jüdische Verschwörung. Dies bedarf einer Erklärung. Qutb schrieb wiederholt und ausführlich über die Juden, und er tat dies mit besten theologischen Begründungen, geht man davon aus, wie er sagt, »dass die Geschichte der Israeliten diejenige ist, die im Koran am häufigsten erwähnt wird«. Die Koranversion dieser Geschichte ist allerdings aus jüdischer Perspektive eher unfreundlich. Mohammed ging nach Medina, wo er predigte und Anhänger um sich scharte. Doch die jüdischen Stämme waren dort zahlreich vertreten. Sie beherrschten Medina finanziell und auch in moralischer Hinsicht, nämlich durch ihre Fähigkeit, die heiligen Schriften zu deuten. (Ich frage mich unwillkürlich, dass wenn die Juden des Nahen Ostens kein Recht auf ein eigenes Land in Israel haben, wie Qutb glaubte, ob dies auch bedeutet, dass sie stattdessen Medina haben können?) Und die Juden von Medina nutzten ihren Einfluss schlecht.

Mohammed verkündete, er sei ein Bote Gottes, doch die Juden bereiteten ihm einen kühlen Empfang. Einige der Juden von Medina verneigten sich beim Beten in Richtung Jerusalem, wie Qutb uns erzählt, und Mohammed verbeugte sich genauso in Richtung Jerusalem. Doch dann besann sich Mohammed anders und verneigte sich in Richtung Mekka. Dem wollten sich die Juden nicht anschließen. Mohammed und die Juden zerstritten sich auch in Fragen der Speisevorschriften. Schließlich weigerten sich die Juden einfach, Mohammeds Behauptung zu akzeptieren, er sei ein Götterbote. Die Juden zogen materiellen Nutzen aus ihrem Monopol der Schriftauslegung in Medina, was bedeutete, dass wenn Mohammed als Bote Gottes anerkannt würde, die Juden ihre Vorteile einbüßen würden – ihr »Geld, ihren Reichtum und ihren weltlichen Anspruch«. Folglich konspirierten sie gegen ihn.

Sie seien gehässig und hinterhältig gewesen. Sie hätten Mohammeds falsche oder »heuchlerische« Anhänger ermutigt und gefördert und seine erklärten Feinde ermuntert. Sie hätten ihm skeptische Argumente entgegengehalten. Mohammed gründete in Medina den islamischen Staat, und seine heidnischen Feinde zogen in der Hoffnung, dem Islam ein Ende zu machen, in den Krieg gegen ihn, und die Juden unterstützten die Heiden. Ich muss gestehen, dass all das faszinierend zu lesen ist. Die ganze Geschichte Mohammeds und der Juden von Medina ist eher ein Echo der Geschichte des Evangeliums von Jesus und den Juden Jerusalems siebenhundert Jahre zuvor – die Geschichte eines Boten Gottes und der Juden, die ihn zurückweisen und verfolgen –, mit dem wichtigen Unterschied, dass in der Geschichte des Korans der Prophet Gottes seine jüdischen Peiniger überlebt (obwohl Jesus im Koran gleichfalls überlebt und die Kreuzigung vermeidet). Diese Parallelen zwischen den Evangelien und dem Koran haben etwas Unheimliches an sich. Und der Koran spielt den Juden ähnlich wie die Evangelien in diesen Dingen recht übel mit.

An einer Stelle in der fünften Sure gerät Allah in Zorn über die Juden, verflucht einige von ihnen und verwandelt sie in Affen und Schweine. Die Juden seien böse, heißt es, verräterisch, begingen Gräueltaten, seien wucherisch, überträten das Gesetz, seien undankbar, blasphemisch, übeltäterisch, unzuverlässig, hartherzig, betrügerisch, streitsüchtig und neigten dazu, die falschen Speisen zu essen. Andererseits wird den Juden in einigen wenigen Passagen Vergebung angeboten. In der fünften Sure heißt es: »Doch vergib und verzeih ihnen (ihre Missetaten); denn Allah liebt die, welche Gutes tun.« An anderer Stelle heißt es: »Es gibt auch rechtliche Leute unter ihnen (den Juden), die meisten aber tun nur Böses.« Ein heutiger Leser des Korans, der daraus eine tolerante Haltung für die Gegenwart ableiten wollte, könnte gewiss diese wenigen Passagen nutzen und daraus eine liberale Interpretation erarbeiten. Meine Ausgabe des Korans, eine 1989 herausgegebene wissenschaftliche Neuauflage einer älteren englischsprachigen Übersetzung von Abdullah Yusuf Ali, zitiert Qutb als Autorität, enthält aber dennoch, was Qutb unähnlich ist, Anmerkungen und Kommentare, in denen die toleranten Passagen erläutert werden. Die Anmerkungen setzen einige der zornigen Flüche und Anschuldigungen in eine Perspektive, die für alle Menschen gelten könnte, die vom richtigen Weg abweichen, nicht nur für die Juden – als wäre das letztliche Ziel dieser Flüche und Anschuldigungen Sünde und Irrtum und nicht eine besonders schurkenhafte ethnische und religiöse Gruppe, nämlich die Juden.

Das war jedoch nicht Qutbs Absicht. Er warnte ausdrücklich davor, die toleranten Passagen des Korans zu betonen, in denen den Juden gegenüber die Bereitschaft zur Vergebung ausgedrückt wird. Ebenso wenig wollte er die Geschichte von Medina lediglich als Ereignis des siebten Jahrhunderts angesehen wissen. In Qutbs Interpretation haben die Sünden und Verbrechen der Juden von Medina im siebten Jahrhundert eine kosmische, ewige Qualität – eher wie die Sünden und Verbrechen der Jerusalemer Juden in einigen der traditionellen Deutungen der Evangelien. In seinem Kommentar zur zweiten Sure stellt Qutb Spekulationen darüber an, dass die Unterdrückung die Juden während ihrer Versklavung unter dem Pharao in Ägypten korrumpiert haben könnte, mit fortdauernder Wirkung auf alle Juden überall auf der Welt. Sie hätten die sklavenhafte Eigenheit entwickelt, in der Niederlage unterwürfig zu sein, aber boshaft und rachsüchtig im Fall eines Sieges. Und dieser sklavenhafte Charakterzug sei eine typische Eigenheit des jüdischen Volkes geworden.

In seinem Kommentar zur fünften Sure erklärte Qutb, dass Aggression gegen die Verfechter der Wahrheit eine weitere ewige jüdische Sitte sei. Diese Behauptung findet sich wiederholt. Im Kommentar zur zweiten Sure: »Der Krieg, den die Juden in jenen frühen Tagen gegen den Islam und die Muslime begannen, wütet bis in die Gegenwart. Form und äußere Erscheinung mögen sich verändert haben, doch Natur und Mittel bleiben die gleichen.« Dann wieder im Kommentar zur fünften Sure: »Die muslimische Welt hat sich infolge jüdischer Verschwörungen seit den frühen Tagen des Islam oft vor Probleme gestellt gesehen.« Und wieder: »Die Geschichte hat die boshafte Gegnerschaft der Juden zum Islam von dessen erstem Tag in Medina an festgehalten. Ihre Machenschaften gegen den Islam reichten bis zum heutigen Tage, und die Juden sind auch weiterhin deren Anführer; sie hegen weiterhin boshaften Groll und greifen stets zu tückischen Mitteln, um den Islam zu untergraben.«

Was genau meinte Qutb mit jüdischer Bosheit und Groll bis zum heutigen Tage? Er war natürlich ein Feind des Zionismus; er zog sogar in Erwägung, dass der Kommunismus in mancherlei Hinsicht ein Produkt des Zionismus sei. Doch der Zionismus war nicht seine Hauptsorge – das heißt, wenn der Zionismus als eine konventionelle politische Bewegung gesehen wird und nicht als etwas Übernatürliches. Meist sorgte er sich um die Rolle der Juden in der modernen Kultur. Und er machte sich Sorgen um jüdische Verschwörungen gegen den Islam auf der ganzen Welt. In seinem Kommentar zur fünften Sure schrieb er: »Die Juden sind immer die treibenden Kräfte in dem Krieg gewesen, der auf der ganzen Welt an allen Fronten gegen die Befürworter einer islamischen Erneuerung erklärt worden ist. Überdies wurde die atheistische materialistische Lehre unserer Tage von einem Juden verfochten« – hier bezieht er sich auf Karl Marx –, »und die freizügige Lehre, die man manchmal ›die sexuelle Revolution‹ nennt, wurde ebenfalls von einem Juden propagiert« – das muss Sigmund Freud sein. »Tatsächlich werden die meisten üblen Theorien, die alle Werte zu zerstören versuchen sowie alles, was der Menschheit heilig ist, von Juden propagiert.«

In diesem gleichen Geist entwickelte er beim Thema »Kultur gehört zum menschlichen Erbe« (um darauf zurückzukommen) die jüdische Verschwörung ein wenig weiter. »Diese Äußerung über die Kultur«, schrieb er, »ist einer der Tricks des Weltjudentums, dessen Ziel es ist, alle Beschränkungen zu beseitigen, damit die Juden überall ins Staatswesen eindringen können, um dann in aller Ruhe ihre üblen Vorhaben voranzutreiben. An erster Stelle steht der Wucher, der zum Ziel hat, den Reichtum der Menschheit am Ende in den Händen jüdischer Finanzeinrichtungen zu wissen, die von ›Zinsen‹ leben.« Überdies sah Qutb eine jüdische Rolle in dem großen Verbrechen der Neuzeit, der Aufhebung des Kalifats durch Kemal Atatürk im Jahre 1924. Er glaubte, jüdische Verschwörer in der Türkei hätten unter dem Sultanat Abd al-Hamids Atatürk und dessen Untaten den Weg geebnet.

Qutbs scharfe Kritik an ethnischem Chauvinismus und Rassismus war aufrichtig und ausführlich. Doch beim Thema der Juden drohte seine Kritik zu stranden. Die Juden legen in seinen Schriften eine kosmische, zeitlose und dämonische Qualität an den Tag, die von der präislamischen Zeit bis in die Gegenwart reicht. Seine Klage gegen die Juden war theologischer Natur und nicht politischer. Vielleicht sehen wir in diesen Schriften den Einfluss, den Leute wie Goebbels' Helfershelfer von Leers auf das geistige Leben in Ägypten ausgeübt haben. Wir sehen jedenfalls die Atmosphäre, die es einer panarabischen revolutionären Regierung erlaubt hat, Nazi-Flüchtlinge bei sich willkommen zu heißen. Qutbs Antisemitismus war islamisch, doch er war nicht nur islamisch. Er war klassisch.

Doch ich habe nicht vor, Qutb hauptsächlich als Verschwörungstheoretiker darzustellen. Er verabscheute die Juden, doch was ihn am meisten aufregte, war die Spaltung zwischen dem Heiligen und dem Säkularen im modernen Liberalismus, und dies war keine jüdische Schöpfung. Dies war der Fehler, den der Jünger Paulus und die frühesten Christen begangen hatten – der Fehler, der im Lauf der

Zeit zu der schrecklichen Spaltung des modernen Lebens geführt hatte. Qutbs großes Ziel im Leben bestand darin, die Muslime auf die Gefahren dieser schrecklichsten der modernen Tatsachen aufmerksam zu machen. Er wollte, dass die Muslime eins verstanden: Wenn Toleranz und Aufgeschlossenheit als soziale Werte akzeptiert wurden, würden die neuen Geistesgewohnheiten das Göttliche verdrängen. Die Muslime sollten sich seinem Wunsch nach daran erinnern, dass das Göttliche im Islam alles ist, denn sonst ist es nicht göttlich. Die Muslime sollten verstehen, dass Gott nicht in eine Ecke abgeschoben werden kann. Die Muslime sollten anerkennen, dass Gott über alles herrschen muss, wenn Gott der einzige Gott ist. Jede einzelne von Qutbs Kultur- und Gesellschaftskritiken sollte diesen einzelnen, außerordentlich wichtigen Punkt illustrieren und stärker ins Blickfeld rücken.

Qutb schrieb ausführlich über Sexualität und Geschlechterbeziehungen in der liberalen Gesellschaft als Teil seines Porträts des modernen Elends und der schrecklichen Spaltung – und diese Passagen in seinen Schriften sind meiner Ansicht nach von manchen der westlichen Kommentare zu Qutb falsch gedeutet worden. Seine Einstellung war aus der heutigen westlichen Perspektive betrachtet gewiss extrem prüde. Doch Prüderie war nicht in sich der Maßstab seines Urteils. Er sah die theologischen Implikationen liberaler sozialer Wertvorstellungen. Er berief sich auf den islamischen Begriff *dschahili*, womit die heidnische Unwissenheit gemeint ist, die vor der Zeit Mohammeds in Arabien herrschte oder noch in jeder heidnischen Gesellschaft verbreitet ist – und er wandte den Begriff auch auf die moderne liberale Gesellschaft an.

In liberalen *Dschahili*-Gesellschaften, schrieb er in *Meilensteine*, »vertreten Schriftsteller, Journalisten und Verleger sowohl gegenüber verheirateten wie unverheirateten Menschen den Standpunkt, dass freie sexuelle Beziehungen nicht unmoralisch seien«. Doch das liege nicht daran, dass die Schriftsteller, Journalisten und Verleger überhaupt keine Moral besäßen. Sie betrachteten bestimmte Dinge durchaus als unmoralisch. Ihrer Ansicht nach »ist es unmoralisch, wenn ein Junge seine Partnerin oder ein Mädchen ihren Partner zum Sex benutzt, während er oder sie keinerlei Liebe im Herzen fühlt. Es ist schlecht, wenn eine Ehefrau weiterhin ihre Keuschheit bewacht, während ihre Liebe zu ihrem Mann verschwunden ist; es ist bewundernswert, wenn sie sich einen anderen Liebhaber sucht. Über dieses Thema sind Dutzende von Geschichten geschrieben worden; viele Leitartikel, Zeitschriftenbeiträge, Cartoons, ernst zu nehmende und leichte Kolumnen laden zu dieser Lebensform ein.« Seine Darstellung war ein wenig tendenziös, aber nicht ganz und gar ungenau, was das Thema der liberalen Einstellungen gegenüber Sex und Moral angeht. Und von seiner Perspektive aus spiegelten diese liberalen Einstellungen den größeren liberalen Grundgedanken wider, dass etwas anderes als Gott die menschlichen Beziehungen beherrschen sollte. Die Einstellungen seien heidnisch – mit dem Islam verglichen ein Rückzug in primitives Denken.

Er erklärte seine Ansicht wie folgt: Wenn in einer liberalen Gesellschaft

freie sexuelle Beziehungen und uneheliche Kinder zur Grundlage einer Gesellschaft werden und wenn die Beziehung zwischen Mann und Frau auf Lust, Leidenschaft und Impulsen beruht, wenn die Arbeitsteilung nicht auf Verantwortung für die Familie und natürlichen Begabungen beruht, wenn die Rolle der Frau lediglich darin besteht, attraktiv, sexy und kokett zu sein, und wenn die Frau von ihrer Grundverantwortung befreit ist, Kinder großzuziehen, und wenn sie es auf eigenen Wunsch oder gesellschaftlichen Forderungen nachgebend vorzieht, eine Hostess oder Stewardess in einem Hotel, auf einem Schiff oder bei einer Fluggesellschaft zu werden, um ihre Fähigkeit zu materieller Produktivität eher so zu verausgaben als in der Erziehung von Menschen, weil die materielle Produktion als wichtiger angesehen wird, als wertvoller und ehrenhafter als die Entwicklung des menschlichen Charakters, dann ist eine solche Zivilisation vom

menschlichen Standpunkt aus »rückständig« oder dschahili in der
islamischen Terminologie.

Eine solche Kultur hat ihre Beziehung zu Gott verloren. Eine solche Kultur hat die natürliche Harmonie einer gottgegebenen Ordnung aus den Augen verloren – einer Ordnung, in der Familien dazu dienen, Kinder großzuziehen, in der die Familienverantwortlichkeiten zwischen Männern und Frauen geteilt werden und in der jeder Mensch eine von Gott bestimmte Rolle zu erfüllen hat. Und warum hat die liberale Kultur diese natürliche Harmonie aus den Augen verloren? Es liegt daran, dass die Spaltung Menschen dazu führt, das Reich Gottes an einem Ort abzubilden und das gewöhnliche Alltagsleben an einem anderen.

Qutb schrieb mit bitteren Worten über den europäischen Imperialismus, den er als nichts anderes sah als eine Fortsetzung der mittelalterlichen Kreuzzüge. Manchmal prangerte er die amerikanische Außenpolitik an. In seinem Werk *Islam und soziale Gerechtigkeit* klagte er über Amerikas Entscheidung zur Zeit Harry Trumans, die Zionisten zu unterstützen. Qutb hielt Amerikas Unterstützung Israels für »rätselhaft« und schrieb sie dem philosophischen Pragmatismus sowie der Tatsache zu, dass der Pragmatismus die »Idee von Recht und Gerechtigkeit« herunterspielte – »natürlich im Zusammenwirken mit anderen Faktoren«, womit er vermutlich die Rolle jüdischer Wucherer meinte. Er klagte über Außenminister Dulles und dessen Politik in der Zeit der Eisenhower-Regierung – die größte »je von einem internationalen Politiker unternommene Anstrengung, den Islam durch Verbreitung eines Netzes von Spionage- und gegenrevolutionären Organisationen überall in der Welt zu bekämpfen«.

Ich muss jedoch darauf hinweisen, dass dies in Qutbs Schriften nur flüchtige Passagen sind. Die Außenpolitik der Vereinigten Staaten beanspruchte einfach nicht den Hauptteil seiner Energien. Manchmal beschwerte er sich über die Heuchelei in Amerikas Prahlen, ein freies und demokratisches Land zu sein. Er erwähnte die Ausrottung der indianischen Bevölkerung durch die weißen Amerikaner und die Rassenvorurteile gegen die Schwarzen. Doch dies waren letztlich nicht Qutbs Themen. Die amerikanische Heuchelei beschäftigte ihn, doch eher am Rande. Dass Amerika seine Grundsätze nicht wahrte, war für ihn nicht der tiefste Grund zur Beschwerde. Ihm ging es um die Grundsätze. Er war ein Gegner der Vereinigten Staaten, weil sie eine liberale Gesellschaft sind und nicht weil Amerika nicht liberal ist.

Das wirklich gefährliche Element im amerikanischen Leben war für ihn nicht der Kapitalismus oder die Außenpolitik, der Rassismus oder die Ausbeutung von Frauen. Das wahrhaft gefährliche Element lag für Qutb in der Trennung von Kirche und Staat. Gefährlich war für Qutb die Laxheit der religiösen Maßstäbe und Überzeugungen – die Laxheit, die damit implizit die Existenz von nur einem Gott in Zweifel zog, die Laxheit, die das Ergebnis von zweitausend Jahren kirchlicher Abweichungen und Irrtümer war. Dies war keine politische Kritik. Es war eine theologische – obwohl Qutb – oder vielleicht sein Übersetzer – dem Wort »ideologisch« den Vorzug gab.

Der Konflikt zwischen den Ländern des Westens und der Welt des Islam, erklärte er (in diesem Fall in seinen Kommentaren zur zweiten Sure), sei ein ideologischer, obwohl er manchmal in anderer Verkleidung daherkomme und »komplizierter und gelegentlich auch heimtückischer« geworden sei. Er nannte auch einige dieser verfeinerten und heimtückischen Verkleidungen beim Namen. Der ideologische Konflikt sei als gewöhnlicher weltlicher Konflikt getarnt worden – als eine »ökonomische, politische und militärische Konfrontation« –, in der die Leute, die es vorzogen, über Religion zu sprechen, als »Fanatiker« und »rückständige Menschen« erschienen. Diese besondere Tarnung habe sich ebenfalls als erfolgreich erwiesen.

Bedauerlicherweise sind einige naive und verwirrte Muslime auf diese List hereingefallen und haben sich eingeredet, dass die religiösen und ideologischen Aspekte des Konflikts nicht länger relevant seien.

Doch in Wahrheit führen der Weltzionismus und die auf einem Kreuzzug befindlichen Kirchen ebenso wie der Weltkommunismus den Kampf gegen den Islam und die muslimische Gemeinschaft in erster Linie aus ideologischen Gründen und mit dem alleinigen Ziel, diesen soliden Felsen zu zerstören, den sie trotz ihrer vereinten und anhaltenden Bemühungen nicht von der Stelle haben bewegen können.

Bei der Konfrontation geht es nicht um die Kontrolle von Territorium oder Wirtschaftsressourcen oder militärische Beherrschung. Wenn wir das glauben, würden wir unseren Feinden in die Hände spielen und könnten die Konsequenzen niemandem zuschreiben außer uns selbst.

Bei der Konfrontation gehe es stattdessen um den Islam selbst. Religion und nicht Politik sei das Problem. Zu diesem Thema konnte Qutb sich kaum klarer ausdrücken. Der Kampf zwischen den westlichen Ländern und dem Islam sei aus den Bemühungen des Weltzionismus und der kreuzzüglerischen Christen entstanden, den Islam zu vernichten. Und warum wollten der Weltzionismus und die Christen auf dem Kreuzzug den Islam vernichten? Das liege daran, dass deren Lehren – Judentum und Christentum – minderwertig seien und zu einem Leben der Not und des Elends geführt hätten, und diese Lehren könnten angesichts des Islam und seiner offenkundigen Überlegenheit nicht überleben. Aber wie kann man den Islam in seiner Überlegenheit vernichten? Auch hier war Qutb wieder äußerst anschaulich. Er fürchtete nicht gerade eine militärische Eroberung oder etwas in dieser Art. Zumindest widmete er seine Energien nicht der Warnung vor einer solchen Gefahr. Grenzstreitigkeiten bereiteten ihm kein Kopfzerbrechen.

Seine Angst war vielmehr, dass sich liberale Lehren über Religionsfragen von den westlichen Gesellschaften in die muslimische Welt ausbreiten, dort Wurzeln schlagen und den Islam verdrängen könnten. Er sorgte sich darum, dass liberale Ideen in die Köpfe der

Muslime eindrangen. Böse Menschen innerhalb der muslimischen Welt bemühten sich zusammen mit bösen Menschen aus dem Westen ernsthaft, genau das zu erreichen. Wie er in seinem Werk *Islam: Die Religion der Zukunft* schrieb, sei es »das Bemühen, den Islam auf die emotionalen und rituellen Bereiche zu beschränken und ihn vom normalen Leben auszusperren, ferner darum, seine vollständige Vorherrschaft über jede weltliche menschliche Tätigkeit im Zaum zu halten, eine Vorherrschaft, die er dank seiner Natur und seiner Funktion verdient«. Er zitterte vor Wut über dieses Bemühen. Und er zitierte gute historische Belege für seinen erbitterten Zorn. Es war das Beispiel Kemal Atatürks und seiner säkularen Reformen in der Türkei im Jahre 1924 – Atatürk, »der dem islamischen Kalifat ein Ende machte, die Religion vom Staat trennte und den reinen weltlichen Staat ausrief«.

Atatürk hatte gezeigt, dass der Islam tatsächlich verwundbar war, und das nicht nur theoretisch. Was würde geschehen, wenn dank Leuten wie Atatürk und ihrer jüdischen Unterstützer und der Christen aus dem Westen der Islam in eine Ecke der Gesellschaft gedrängt würde, getrennt vom Staat? Der wahre Islam würde zu einem partiellen Islam werden; und einen partiellen Islam gibt es nicht. Atatürks Attacke, wie unerbittlich sie auch war, hatte schon zu einem neuen Kampf geführt, der noch erbarmungsloser war als der erste. Es war eine »Schlussoffensive, die gegenwärtig in allen muslimischen Ländern stattfindet ... sie ist das Bemühen, diese Religion selbst als grundlegendes Bekenntnis auszurotten und sie durch säkulare Begriffe zu ersetzen, die ihre eigenen Implikationen, Wertvorstellungen, Institutionen und Organisationen haben.«

»Ausrotten« – das war Qutbs Ausdruck. Jede Silbe verströmt Hysterie. Aber gestehen wir Qutb seine Besorgnis zu. In seinen Augen war der Islam gerade dabei, vom Antlitz der Erde vertilgt zu werden. Was tun?

Diese eine Frage beherrschte Qutbs Leben. Es war eine theologische Frage, die er mit seinem gigantischen Kommentar zum Koran beantwortete; aber seine Analyse hatte auch immer praktisch sein sollen. Und so führte die theologische Analyse zu einem revolutionären Programm – einem praktischen Feldzug zur Rettung der Menschheit. Der erste Schritt bestand darin, den Menschen die Augen zu öffnen. Er wollte, dass die Muslime die Natur der Gefahr erkannten – sie sollten erkennen, dass der Islam von außen angegriffen wurde, aber auch von innen, aus der muslimischen Welt heraus. Der Angriff von außen werde von christlichen Kreuzzüglern und dem Weltzionismus angeführt, obwohl Qutb gelegentlich auch den Kommunismus erwähnte.

Der Angriff von innen werde von Muslimen geführt – das heißt von Leuten, die sich Muslime nannten, die muslimische Welt aber mit unvereinbaren Ideen verseuchten, die von woanders herstammten. Atatürk sei der Erfolgreichste dieser Leute und seine Aufhebung des Kalifats der vernichtendste einzelne Schlag. In dieser oder jener Form seien jedoch falsche Muslime wie Atatürk überall in der muslimischen Welt an der Macht, in jedem einzelnen Land. Manche dieser Leute seien Muslime, die unter dem Einfluss liberaler Inspirationen in der muslimischen Welt eine säkulare Gesellschaft zu erschaffen wünschten – eine Gesellschaft, in der die Religion in ihre dafür vorgesehene Ecke verbannt werden wird. Manche dieser Leute seien Muslime, die ihre Ziele als »islamische Demokratie« oder »islamischen Sozialismus« präsentierten, ein Slogan Nassers – ganz so, als könne man den Islam mit irgendeiner anderen Lehre verwässern. Und dann gebe es noch die Muslime, die anders als die ausgemachten Anhänger eines säkularen Staates fromme Sprüche über den Islam und dessen absolute Herrschaft über die Gesellschaft im Munde führten – aber kein Wort von dem meinten, was sie sagten.

Die Stärke dieser Feinde, der Feinde im Inneren und der Feinde außen, der falschen Muslime im Verein mit den Kreuzzüglern und Juden, sei ungeheuer groß. Diese vielen Feinde beherrschten die Erde.

Qutb war jedoch der Meinung, dass die Stärke des Islam dennoch noch riesiger sei. »Wir sind überzeugt«, schrieb er, »dass die Religion des Islam an sich so wahrhaftig ist, so gewaltig und tief verwurzelt, dass alle solche Bemühungen und alle brutalen Erschütterungen nichts bewirken werden.« Der Islam könne widerstehen – und das nicht nur in der muslimischen Welt. Der Islam sei eine Religion für die ganze Menschheit und müsse früher oder später von allen Menschen akzeptiert werden. »Wir sind auch überzeugt, dass die Menschheit dieses Systems dringend bedarf, denn es ist viel stärker als der erbitterte Hass seiner Feinde.«

Die scheinbare Schwäche des Islam war demnach nur äußerer Schein. Es schien zwar nur wenige Fürsprecher des Islam zu geben, doch über Zahlen müsse man sich keine Sorgen machen. Diese wenigen müssten sich in dem vereinen, was Qutb in *Meilensteine* eine »Vorhut« nannte. Darunter verstand er eine winzige Gruppe, die durch den tapferen Geist Mohammeds und seiner Gefährten in der Zeit der Morgenröte des Islam belebt würde. Diese Vorhut habe die Aufgabe, die Erneuerung des Islam sowie der Kultur überall auf der Welt ins Werk zu setzen. Begonnen werden müsse diese Arbeit, indem die Angehörigen dieser Vorhut selbst ein islamisches Leben führten – indem sie den Grundsätzen des Islam folgten und sich von der Gesellschaft im Allgemeinen und ihren heidnischen Sitten und Gebräuchen fern hielten. Die Vorhut müsse eine Art islamischer Gegenkultur bilden – eine Gesellschaft im Kleinen, in der wahre Muslime sie selbst sein könnten. In Ägypten habe die Muslimische Bruderschaft auf Anregung al-Bannas seit 1928 mit ihren Wohltätigkeitseinrichtungen und frommen Bemühungen eine solche Gegenkultur aufgebaut.

Doch das sei kaum genug. Die Vorhut müsse erkennen, dass die falschen Muslime oder »Heuchler«, welche die muslimische Welt beherrschten, überhaupt keine Muslime seien. Das liege daran, dass der Islam nicht in wichtige und weniger wichtige Aspekte teilbar sei. Ein partiell islamisches Leben sei kein islamisches Leben. Im Gegenteil: Der moderne Glaube, Religion sei teilbar, und man könne an heiligen Tagen ein frommer Mensch sein und an anderen Tagen weniger fromm, der Glaube, Religion solle bestimmte Teile des Lebens bereichern und die anderen nicht, der Glaube, dass manche Orte für Gott seien und andere nicht – dieser Glaube sei der Feind selbst. Die Gefahr, der sich der Islam gegenübersehe – die Gefahr der Vernichtung –, liege in diesem Glauben begründet. Muslime, die aufgrund dieses Glaubens handelten, die den Islam an einem Tag der Woche anerkannten und ihn an anderen ignorierten, seien bittere Feinde des Islam, wie laut sie ihre Gebete auch skandierten.

Qutb schätzte diese Leute als *Dschahili*-Barbaren ein, genau wie die Polytheisten in Arabien vor der Zeit Mohammeds. Gegen solche Leute zu kämpfen sei richtig und gerecht – und auch mit ganzer Kraft zu kämpfen und nicht mit Mäßigung oder Vorbehalten. Ein angemessenes islamisches Leben zu führen bedeute, sich an diesem Kampf zu beteiligen, dem Dschihad für den Islam. Doch was sei das letztliche Ziel eines solchen Kampfs? Das Ziel des Islam sei nicht nur spirituell, und ebenso wenig könne es das Ziel des neuen Dschihad sein, wie er, Qutb, ihn vorschlage.

Er begann seinen Kommentar zur fünften Sure mit den Worten: »Der Koran ist von höchster Stelle Mohammed verliehen worden, dem Boten Gottes, damit er vermittels des Korans einen Staat gründen, ein Gemeinwesen erschaffen, eine Gesellschaft organisieren, Bewusstsein und Gewissen entwickeln und moralische Wertvorstellungen festlegen konnte.« Und das Ziel von Qutbs Dschihad war das Gleiche. Einen Staat zu gründen. Das Ziel bestand darin, irgendwo in der muslimischen Welt ein ganzes Land unter Kontrolle zu bringen und dieses Land unter die Grundsätze des Islam zu zwingen, und zwar nicht in seiner verfälschten Form – sondern um einen islamischen Staat nach Mohammeds Maßstäben zu erschaffen. Das Ziel bestand kurz darin, die ursprüngliche islamische Gesellschaft wiederzubeleben, die Gesellschaft vor der Periode des Niedergangs – das ursprüngliche Modell so wiederzubeleben, dass jedermann dessen

Erfolg erkennen könne. Und von dort den Islam der ganzen Welt zu bringen – was auch Mohammeds Ziel gewesen sei.

Was würde es bedeuten, den ursprünglichen islamischen Staat wiederherzustellen? Es würde bedeuten, das Gesetzbuch der Scharia wieder in Kraft zu setzen, den muslimischen Kodex, als staatliches Gesetz. Und was würde Scharia bedeuten, nicht im Kontext des siebten Jahrhunderts, sondern in unserer Zeit? Hier erwies sich Qutb als äußerst schlau. Er gelangte zu seiner Sozialkritik, indem er eine gute Portion modernen gesellschaftlichen Kommentars westlicher Prägung nahm und das Ganze durch einen islamischen Filter goss; und er gelangte zu seiner Vision der Scharia, indem er eine gute Portion Islam nahm und diesen durch einen Filter modernen Liberalismus goss. Die Scharia erschien in seiner Darstellung als Gesetzbuch für eine schwach liberale oder gar freizügige Gesellschaft mit einem islamischen Unterton – die Art von Gesellschaft, die jeder nachdenkliche moderne Mensch, der von den Idealen der liberalen Freiheit beeinflusst ist, respektieren und vielleicht sogar ersehnen könnte.

»Diese Religion«, schrieb Qutb, »ist wirklich eine universale Erklärung der Freiheit des Menschen von Sklaverei gegenüber anderen Menschen und von Sklaverei gegenüber seinen eigenen Sehnsüchten, was auch eine Form menschlicher Sklaverei ist; diese Religion ist eine Erklärung, der zufolge die Souveränität Gott allein gehört.« Hier berief er sich offenkundig auf Eleanor Roosevelts universale Erklärung der Menschenrechte in den Vereinten Nationen – mit dem Zusatz einer muslimischen Glaubenserklärung an die Einheit Gottes oder den Begriff der Totalität. Das islamische System erschafft in seiner Darstellung eine Gesellschaft mit voller Gleichberechtigung. Das islamische System sei für »alle Menschen da, ob es Herrscher sind oder Beherrschte, Schwarze oder Weiße, Arme oder Reiche, Unwissende oder Gebildete. Sein Gesetz ist für alle gleich, und alle Menschen sind damit gleichermaßen verantwortlich. In allen anderen Systemen gehorchen Menschen anderen Menschen und folgen von Menschen gemachten Gesetzen.«

Doch ein islamisches System bedeute »die Aufhebung der von Menschen gemachten Gesetze«. In einem islamischen System sei jeder Mensch »frei von Sklaverei gegenüber anderen«. Das islamische System bedeute »die vollständige und wahre Freiheit jedes Menschen und die volle Würde jedes Individuums in der Gesellschaft. In einer Gesellschaft andererseits, in der manche Herren sind, welche die Gesetze erlassen, und manche anderen Sklaven, die ihnen gehorchen, gibt es im wahren Sinn des Wortes keine Freiheit, ebenso wenig Würde.« Luigi Galleani hätte diese Sätze unterschreiben können, setzt man für Qutbs Worte »Scharia« und »Islam« die Worte »Anarchie« und »Anarchismus« ein.

Das islamische System wahre durch seine Betonung der Barmherzigkeit etwas, was Qutb wiederum in Roosevelt'schem Duktus »den Grundsatz der universalen sozialen Sicherheit für alle« nennt, »die behindert und bedürftig sind«. Das islamische System wahre die Gleichberechtigung der Frauen mit einigen wenigen Einschränkungen. »Der Islam hat den Frauen eine vollständige Gleichberechtigung mit den Männern garantiert ...; er hat außer in einigen nebensächlichen Fragen, die etwas mit körperlicher Fähigkeit, mit althergebrachten Überlieferungen oder mit Verantwortung zu tun haben, keine Diskriminierung erlaubt. In den erwähnten Angelegenheiten ist der menschliche Status der beiden Geschlechter jedoch nicht in Frage gestellt.«

Die Scharia garantiere Freiheit des Gewissens und Freiheit der Religion. »Freiheit des Glaubens«, schrieb Qutb in seinem Kommentar zur zweiten Sure, sei das fundamentale Recht, das den Menschen als Menschen definiere. In *Meilensteine* nannte er weitere Einzelheiten: »Der Islam zwingt die Menschen nicht, seinen Glauben anzunehmen, doch er möchte eine freie Umgebung bieten, in der sie ihren Glauben frei wählen können.« Natürlich könne eine freie Umgebung nur eine sein, in der die Menschen nicht gezwungen seien, sich vor irgendeiner Autorität außer der Gottes zu beugen, was nur die Scharia bedeuten könne, wo das Gesetz Gottes allem anderen vorgehe. Was

Menschen betreffe, die sich nicht für den Islam entscheiden wollten, hätten auch sie ihre Rechte unter der Scharia und würden sogar einen besonderen Status erhalten, der diese Rechte schütze – den Status von *dhimmis*. Doch wenn diese Leute, die Nicht-Muslime, den Versuch machen sollten, die Herrschaft der Scharia zu stürzen und eine neue Tyrannei über die Menschen einzuführen, werde sich das islamische System zur Wehr setzen müssen, und das mit Recht. Die Freiheit, das heißt die Scharia, müsse geschützt und die Gerechtigkeit müsse durchgesetzt werden. Doch auch diese Durchsetzung müsse dem islamischen Recht folgen. Dies war eins seiner Themen in *Social Justice in Islam* (Soziale Gerechtigkeit im Islam). Er erklärte:

Im Folgenden die Grundlagen, auf denen der Islam Gerechtigkeit herstellt:
1. Absolute Gewissensfreiheit
2. Vollständige Gleichberechtigung aller Menschen
3. Die feste wechselseitige Verantwortlichkeit der Gesellschaft

Und was bedeutet dieser letzte Punkt, »wechselseitige Verantwortlichkeit?« Er bedeutet, dass jeder Mensch, der ein Verbrechen begeht, dafür die Verantwortung übernehmen muss, indem er ein genaues Äquivalent des Schadens abtritt, den er angerichtet hat. Qutb zitierte den Koran, was die Strafen für Tötungsdelikte oder Körperverletzung betrifft: »Ein Leben für ein Leben, ein Auge für ein Auge, ein Ohr für ein Ohr, ein Zahn für einen Zahn und für Wunden das Äquivalent«. Das ist das Gesetz der Scharia.

Unzucht sei ebenfalls ein schweres Verbrechen, weil es in Qutbs Worten »einen Angriff auf Ehre und eine Verachtung für Heiligkeit und eine Ermutigung zu Lasterhaftigkeit in der Gesellschaft einschließt«. Die Scharia spezifiziert auch hier die Strafen. »Die Strafe dafür muss streng sein; verheiratete Männer und Frauen werden zu Tode gesteinigt; unverheiratete Männer und Frauen erhalten hundert Peitschenhiebe, was gelegentlich tödlich ist.« Falsche Anschuldigungen werden ähnlich streng geahndet. »Eine Strafe von achtzig Peitschenhieben wird für diejenigen festgesetzt, die züchtige Frauen fälschlich beschuldigen.« »Für Menschen, welche die allgemeine Sicherheit der Gesellschaft bedrohen, besteht die Bestrafung darin, dass sie zu Tode gebracht werden, dass man sie kreuzigt, ihnen Hände und Füße abschneidet oder aus dem Land verbannt.« Nachdem er diese Strafen hat Revue passieren lassen, kommt Qutb zuversichtlich zu dem Schluss: »Auf dieser Grundlage also – der absoluten Gewissensfreiheit, einer vollständigen Gleichheit aller Menschen und einer festen wechselseitigen Verantwortlichkeit in der Gesellschaft – ist soziale Gerechtigkeit hergestellt und menschliche Gerechtigkeit gesichert.«

Die Scharia war für Sayyid Qutb mit einem Wort eine Utopie. Sie war die Aufhebung der Sklaverei. Sie war Freiheit, sowohl für die Gesellschaft als auch für das Individuum. Sie war Gleichheit. Sie war soziale Wohlfahrt. Sie war Moral.

Doch das war noch Zukunftsmusik. Denn bevor die Scharia etabliert werden konnte, musste der moderne Dschihad stattfinden – der Dschihad, der den Islam vor Vernichtung durch die Heuchler in der muslimischen Welt und ihre Verbündeten in der Außenwelt retten sollte, die Kreuzzügler und die Juden. In *Social Justice in Islam* stellte Qutb den Dschihad als einen Verteidigungskrieg dar – den Feldzug des Islam zu seinem eigenen Schutz. Doch das war in den späten 1940er Jahren, als seine islamistischen Ansichten noch relativ gemäßigt waren. In späteren Jahren kam er zu dem Schluss, dass der Dschihad, in einem angemessenen islamischen Licht gesehen, über die bloße Verteidigung hinausgehen müsse.

Ich muss hinzufügen, dass der Dschihad in seiner Vorstellung eine ethische Dimension enthielt, zumal wenn man bedenkt, welche Richtung manche von Qutbs Anhängern in späteren Jahren mit ihrem Handeln verfolgten. Er zitierte Mohammeds Nachfolger Abu Bakr, den ersten Kalifen, der zu seiner Armee sagte: »Tötet keine Frauen, Kinder oder älteren Menschen.« Qutb zitierte den Koran, in dem es heißt: »Kämpft für die Sache Gottes gegen die, die gegen euch kämpfen, aber begeht keine Aggression. Gott liebt Aggressoren nicht.« Qutb war der Ansicht, dass ethische Gebote für den militärischen Sieg entscheidend seien. In einer Passage über Mohammed und dessen Gefährten heißt es bei Qutb: »Diese Grundsätze mussten streng befolgt werden, selbst bei denjenigen Feinden, die sie verfolgt hatten und ihnen unsägliche Gräueltaten zugefügt hatten.« Der Dschihad hatte tatsächlich seine Regeln. Er nimmt es genau. Und doch war der Dschihad aus einem anderen Winkel betrachtet durch gar keine Beschränkungen gebunden, weder geografisch noch zeitlich. Er sollte weltweit werden und werde erst am Tag des Jüngsten Gerichts zu Ende gehen.

Das war Sayyid Qutbs revolutionäres Programm. Es war alles in allem ziemlich wild, doch nichts darin war schwer zu erkennen. Qutb trug sich mit seiner großen Vision des Islam, seiner verzweifelten Zwangslage und seinem utopischen Schicksal, doch im Europa des zwanzigsten Jahrhunderts besaßen alle totalitären Bewegungen eine große Vision von der modernen Zivilisation, verzweifelten Zwangslagen und utopischen Schicksalen. Alle totalitären Lehren Europas gaben dieser Vision Ausdruck, indem sie eine Version des Urmythos erzählten, des Mythos von Harmagedon. So auch Qutb.

Auch bei ihm gab es ein Volk Gottes. Es waren zufällig die Muslime. Das Volk Gottes sei aus seiner eigenen Gesellschaft heraus heimtückisch angegriffen worden, nämlich von den Kräften der Korruption und der Verschmutzung. In Qutbs Version waren dies die falschen Muslime, die »Heuchler«. Die inneren Feinde würden durch düstere und sogar kosmische Feinde von außerhalb unterstützt, nämlich den Kreuzfahrern und Juden. Gegen sie werde es unter Führung der muslimischen Vorhut einen schrecklichen Krieg geben. Dieser Krieg werde der Dschihad sein. Der Sieg sei wie immer sichergestellt. Und die Herrschaft Gottes, die einmal in längst vergangenen Zeiten existiert habe, werde wieder auferstehen. Das werde die Herrschaft der Scharia sein. Und diese Herrschaft werde eine vollkommene Gesellschaft erschaffen, die von ihren Unreinheiten und Korruptionen gereinigt sei – wie immer in den totalitären Mythologien.

Qutbs Lehre war wunderbar ursprünglich und zutiefst muslimisch, von einer bestimmten Warte aus betrachtet; von einer anderen Warte aus gesehen war sie lediglich eine weitere Version der europäischen totalitären Idee. Wenn Qutbs Lehre erkennbar war, so würden ihre Konsequenzen mit Sicherheit vorhersehbar sein. Qutbs Vorhut, falls sich eine solche Vorhut je mobilisierte, würde eine Rebellion auslösen – diesmal eine Rebellion im Namen des Islam gegen die liberalen Wertvorstellungen des Westens. (Totalitäre Bewegungen erheben sich so gut wie immer in Rebellion gegen die liberalen Wertvorstellungen des Westens. Das ist ihr Ziel und Zweck.) Und die Rebellion würde zwangsläufig in einem Todeskult enden. Denn wie sollte auch nur eins von Qutbs Zielen erreicht werden? Was konnte es denn bedeuten, die gesamte muslimische Bevölkerung der Welt mit Ausnahme der Anhänger seiner Bewegung als *Dschahili*-Barbaren zu behandeln, welche die Ausrottung des Islam ins Werk setzten?

In einer Passage über die zweite Sure in *Im Schatten des Koran* erörterte er die Menschen, »die Muslime zu sein behaupten, sich aber der Korruption schuldig machen«, die Menschen, die »sich der Anwendung von Gottes Gesetz« widersetzen – das heißt die Leute, die sich der Vorhut wahrer Muslime entgegenstellen. Diesen Leuten, die sich der Korruption schuldig gemacht hätten, »fehlt es ernsthaft an Glauben und Loyalität gegenüber Gott und dem Islam«. Ihre Bemühungen würden zunichte werden. »Sie werden keinen wie auch immer gearteten Schutz gegen Gottes Strafe haben, die unfehlbar kommen wird, wie sehr sie sie auch zu vermeiden suchen.« Aber wie wird die Strafe Gottes aussehen? Dies bleibt unserer Fantasie überlassen; doch wir können es uns vorstellen.

Was sollte passieren, wenn irgendwo auf der Erde eine Vorhut frommer Anbeter Gottes, inspiriert von Qutb oder einem seiner Mitdenker, ein Land eroberte und pflichtschuldigst die Herrschaft der Scharia von einst wieder aufrichtete? Auch dies war vorhersehbar.

Die alte Zeit würde sich als flüchtig erweisen. Die Vorhut frommer Gläubiger würde streng durchgreifen müssen, um eine bessere Observanz der Scharia zu bewirken. Ein strenges Durchgreifen würde einen Polizeistaat bedeuten, selbst wenn der Polizeistaat behauptete, der Freiheit zum Durchbruch zu verhelfen. Und doch, weil die Scharia die strengste Befolgung des göttlichen Gesetzes selbst in den privatesten Verhaltensweisen verlangt, würde nicht einmal die totalitärste aller Polizeikräfte in der Lage sein, alles im Auge zu behalten. Die Polizei würde mit der Peitsche knallen müssen, immer wieder und immer fester, nur um jeden zum Gehorsam zu bringen. Und wenn schließlich soziale Gerechtigkeit und vollständige Freiheit der Scharia da wären, wenn die Eigenschaften und Eigenheiten der Gründergeneration von Mohammed und seinen Gefährten im siebten Jahrhundert eine neue und moderne Heimstatt finden würden, wenn die islamische Revolution endlich aufblühte, würden diese vielen aufregenden Erfolge nicht auf der Ebene der Lebenden stattfinden. Die Erfolge der islamistischen Revolution würden auf der Ebene der Toten stattfinden oder nirgends. Gelebte Erfahrung verkündete dieses Urteil über die islamistische Revolution – die gelebte Erfahrung Europas, wo jede der totalitären Bewegungen eine totale Erneuerung des Lebens vorschlug und jede dazu getrieben wurde, die totale Erneuerung im Tod zu erschaffen.

Doch ich greife mir mit diesen Vorhersagen selbst vor. Ich sollte lieber fragen, was Qutb und seinen islamistischen Ideen tatsächlich widerfuhr.

Im Jahr 1966 geschah es, dass Sayyid Qutb mit einem Ausdruck seines Biografen Hasan »den Galgen küsste«. Doch es gab keine Möglichkeit, auch seine Schriften aufzuhängen. *Meilensteine* wurde in dem Prozess gegen ihn als Beweismaterial verwendet – doch hinterher wurde *Meilensteine* wie so manches Buch, das in einem Gerichtssaal vor einem Richter lag, nur noch populärer. Und was konnten die Behörden mit Qutbs *Im Schatten des Koran* anfangen – diesem dreißig Bände umfassenden Opus magnum, das erst jetzt allmählich seinen voluminösen Weg in eine englische Übersetzung antritt, und zwar durch eine Zusammenarbeit von Verlagen, deren Sitz sich (den Impressumsseiten in den verschiedenen Bänden zufolge) von England über Kenia, Nigeria, Qatar bis nach Indien erstreckt? Nasser löschte Qutbs Leben aus, doch dieser hinterließ ein gigantisches Werk. Nämlich diesen gewaltigen Kommentar – ein umfassendes und elegant konstruiertes geistiges Gebäude aus Gedanken und Fantasie, ein wahrhaft profundes Werk, in lebhafter Prosa geschrieben, klug, umfassend, entrüstet, gelegentlich verrückt, stachlig vor Hass, mittelalterlich, modern, tolerant, intolerant, grausam, dringlich, ruhig, ernst, poetisch, gelehrt, analytisch und in einigen Passagen bewegend – ein Werk, das groß und solide genug ist, seinen eigenen Schatten zu erschaffen, in dem seine Leser ruhen und umblättern können, wie er es den Koranstudenten geraten hatte, nämlich in dem ernsthaften Geist loyaler Soldaten, die ihren Tagesbefehl lesen.

Der Abschnitt über »Märtyrertum und Dschihad« in dem Kommentar zur zweiten Sure enthält diese Passage:

Die Sure sagt den Muslimen, dass bei dem Kampf zur Aufrechterhaltung von Gottes universeller Wahrheit Leben geopfert werden müsse. Diejenigen, die ihr Leben riskieren und in den Kampf ziehen und bereit sind, ihr Leben für die Sache Gottes zu opfern, sind ehrbare Menschen, reinen Herzens und mit gesegneter Seele. Doch die große Überraschung ist, dass diejenigen unter ihnen, die im Kampf getötet werden, nicht als tot angesehen oder dargestellt werden müssen. Sie leben weiter, wie Gott selbst klar zum Ausdruck bringt.

Im Grunde können diese Menschen sehr wohl leblos erscheinen, aber Leben und Tod werden nicht nach oberflächlichen äußeren Maßstäben beurteilt. Das Leben ist hauptsächlich gekennzeichnet durch Tätigkeit, Wachstum und Beharrlichkeit, während der Tod ein Zustand des totalen Funktionsverlusts ist, von vollständiger Untätigkeit und Leblosigkeit. Doch der Tod derer, die um der Sache Gottes willen ge-

tötet worden sind, gibt der Sache mehr Schwung, die auch weiterhin durch ihr Blut gedeiht. Ihr Einfluss auf diejenigen, die sie zurücklassen, wächst und verbreitet sich ebenfalls. So bleiben sie nach dem Tod eine aktive Kraft bei der Gestaltung des Lebens ihrer Gemeinschaft und geben ihr eine Richtung. In diesem Sinn behalten diese Menschen, nachdem sie ihr Leben für Gott geopfert haben, ihre aktive Existenz im täglichen Leben ...

In ihrem Tod liegt kein wirkliches Gefühl eines Verlusts, da sie auch weiterhin leben.

Und so war es auch bei Sayyid Qutb.

Die Politik des Gemetzels

Die islamistische Idee stützte sich auf die poetische Kraft des Korans, auf Gelehrsamkeit, auf nationalistische Echos, auf spirituelle Beschwörungen, auf das Beispiel der islamistischen Märtyrer und gleichzeitig auf den sichtbaren Gewinn alltäglicher Frömmigkeit. Barmherzigkeit war schon immer ein Hauptprinzip der Muslimischen Bruderschaft gewesen, seit ihrer Gründung 1928 – Barmherzigkeit ist eine geheiligte, von Gott auferlegte Verpflichtung, nicht nur eine freiwillige und großzügige Tugend. Überdies erwies sich die islamistische Idee mit all diesen lebenskräftigen Wurzeln als äußerst geschmeidig. Denn wie ließen sich die drei Hauptbegriffe des Islamismus korrekt definieren – die *Dschahili*-Barbarei, der Dschihad und der islamische Staat?

Diesen Begriffen ließen sich verschiedene Deutungen beilegen, ohne dass dadurch die Verbindung zur muslimischen Tradition und dem Koran verloren ging. Und Flexibilität verlieh der Bewegung noch mehr Kraft. Die islamistische Bewegung konnte politisch oder weniger als politisch sein, vorsichtig und konservativ oder von verbitterter Radikalität; entschlossen, die Form von sozialer Gerechtigkeit zu verwirklichen, die durch sozialdemokratische Gleichheit symbolisiert wird, oder die Form von sozialer Gerechtigkeit, deren Symbol öffentliche Steinigungen sind. Die Fähigkeit des Islamismus, sich in jede dieser Richtungen zu neigen, erklärt die bemerkenswerte Geschichte der Bewegung – ihre Fähigkeit, an diesem oder jenem

Standort vernichtende Rückschläge zu erleiden, entwurzelt zu werden und dennoch mächtige Befürworter und Unterstützer anzuziehen und dann an anderer Stelle stärker und üppiger als zuvor aufzublühen.

Nasser ließ Qutb erhängen, weil der ägyptische Staat die subversive Gewalt der Muslimischen Bruderschaft fürchtete, aber auch, weil Nassers Panarabismus nach links strebte, nach links in Richtung auf eine Art von Marxismus und zur Sowjetunion hin – und islamistische Predigten standen diesem Linksdrall im Weg. Doch was Nasser fürchtete, wurde von anderen Menschen bewundert. Saudi-Arabien nahm Sayyid Qutbs jüngeren Bruder Mohammed und die anderen Exilanten aus Nassers Unterdrückerstaat mit offenen Armen auf, weil der Islam in seiner sunnitischen Version, etwa wie das Judentum, eine wissenschaftliche Religion ist; es gibt keine Priesterschaft, nur die gelehrten Interpreten des islamischen Rechts. Doch Saudi-Arabien war nicht gerade das Mekka der Gelehrten. Diese ägyptischen Gelehrten konnten somit eine Menge tun, um Saudi-Arabiens Ruf als religiöses Zentrum zu heben, und zwar in einem Augenblick, in dem der Reichtum der Saudis wegen des Ölbooms allmählich spektakuläre Höhen erreichte. Die Saudis gründeten ein Missionsprogramm im Ausland, mit dem später weltweit sage und schreibe 1500 Moscheen errichtet wurden. Dies ließ sich nicht mit den armseligen kulturellen Bemühungen der US-Regierung vergleichen: Was die Saudis taten, war visionär. Und von den sich rasch ausbreitenden Moscheen aus strahlten neue Ideen, die traditionellen puritanischen Lehren des saudischen Wahabismus, jetzt verstärkt durch die neuen dynamischen koranischen Schriften Qutbs und der Muslimischen Bruderschaft Ägyptens.

Eine islamistische Abneigung gegen die Sowjetunion machte die Bewegung für noch ganz andere attraktiv, und zwar nicht nur für das amerikanische Außenministerium und die CIA. Die herrschende Elite Pakistans betrachtete die islamistische Bewegung äußerst wohlwollend und sogar enthusiastisch, teilweise weil der Islamismus in jenem Land eine alte Tradition hatte, aber auch, weil die Islamisten Pakistan dabei helfen konnten, den Verlockungen des afghanischen Marxismus und den säkularen Traditionen von Indiens Sozialisten zu widerstehen. In Ägypten trat Anwar Sadat die Nachfolge Nassers als Staatschef an und beschloss im Jahre 1972, im Kalten Krieg die Seiten zu wechseln – von der prosowjetischen zur proamerikanischen. Doch dieser Seitenwechsel erforderte einen Kampf gegen die Marxisten zu Hause, und bei seiner Suche nach Verbündeten im Inland hob Sadat dementsprechend die alten Beschränkungen für islamistische Prediger auf und ließ die Muslimische Bruderschaft und ihre Unterorganisationen gegen die ägyptische Linke von der Leine.

Die israelische Regierung betrachtete die islamistische Bewegung mit ähnlichen Hoffnungen. Die Israelis sahen sich einem Guerillaaufstand palästinensischer Marxisten und der nationalistischen Kämpfer aus Arafats Bewegung gegenüber, die vom Ostblock Ausbildungsmöglichkeiten und Geldmittel erhielten; da begannen die Israelis in ihrem Kummer die neu erwachte konservative und religiöse Tendenz beim palästinensischen Volk mit Sympathie zu verfolgen. Somit erlaubten auch die Israelis der islamistischen Bewegung, sich ungehindert zu entfalten. Das war in den 1970er Jahren. Die Islamisten machten sich sofort daran, Dutzende muslimischer Frauen zu töten, die verschiedener Verbrechen und Sünden beschuldigt wurden. Das hätte ein Zeichen dafür sein müssen, dass etwas nicht stimmte. Und doch war die islamistische Bewegung zutiefst fromm und barmherzig, und die Israelis hofften, dass die Islamisten alles in allem bessere Nachbarn sein würden als die palästinensischen Nationalisten und Linken.

In Paris hegten die französischen Behörden die gleichen Sorgen angesichts des linken Radikalismus bei den Muslimen und besonders den algerischen Einwandererkreisen in Frankreich. Und die französische Regierung beschloss ebenso, die Prediger der islamistischen Sache zu fördern, nämlich in der Hoffnung, muslimische Energien in Bereiche der Frömmigkeit und Barmherzigkeit zu kanalisieren.

So kam es, dass überall Regierungen in der islamistischen Bewegung eine Lösung sahen und kein Problem. Aus heutiger Sicht fällt es leicht zu sagen, dass das alles ein ungeheurer Irrtum war. Doch ich denke, dass sogar die Islamisten selbst nicht wirklich wussten, wohin ihre Bewegung unterwegs war. Gewiss hätte niemand vorhersehen können, auf welche Weise der Islamismus es schaffte, seinen ersten großen und politischen Triumph zu erringen.

Dieser ereignete sich 1979 im Iran, und der Erfolg war der äußersten Anpassungsfähigkeit von Qutbs Zeitgenossen und Mitdenker Khomeini zu verdanken, der von seinem Exil in einem Pariser Vorort aus die Fäden zog. Khomeini war ein klassischer Islamist in schiitischer Version: ein Gegner von *Dschahili*-Barbarei und ein Vorkämpfer des islamischen Reichs von einst. Er war überdies ein origineller Denker. Er nahm islamistische Ideen und fügte ihnen ein paar marxistische Gedanken über die Verdammten dieser Erde und die Erlösung der Armen hinzu, Dinge, die er den Schriften der iranischen Übersetzung Frantz Fanons sowie Jean-Paul Sartres entnahm. Und warum auch nicht? Beobachter von außen haben Khomeini vielleicht als einen Geist aus dem Mittelalter gesehen – einen Mann, der der Zivilisation des modernen Westens fremd war. So sah Khomeini sich auch selbst am liebsten. Doch aus einem anderen Blickwinkel gesehen war Khomeini nichts weiter als ein weiterer Intellektueller im Exil, der in Frankreich angespült worden war, wenn auch nur kurz. Und er reagierte auf die gleichen Denkströmungen wie jedermann sonst – ein Mann mit der Bindestrich-Persönlichkeit des modernen Lebens. Jedenfalls war nichts Fremdes an dem Gedanken von sozialer Gerechtigkeit in der islamistischen Lehre. Wenn schon Qutb in den 1940er Jahren keine Schwierigkeit darin sah, ein paar Slogans von Eleanor Roosevelt zu übernehmen, gab es keinen Grund, weshalb nicht auch Khomeini in einem ähnlich aufgeschlossenen und modernen Geist ein paar hilfreiche Winke der Pariser Linken annehmen sollte. Und so schaffte er es, die islamistische Sache in eine Version der Befreiungstheologie umzuwandeln, wenn man davon absieht, dass nicht mehr von Katholiken und Lateinamerika die Rede war, sondern von Muslimen und dem Nahen Osten.

Khomeinis Bewegung erklärte sich zur Vorkämpferin der Unterdrückten. Und auf diese Weise folgte der Islamismus einem Pfad, den der Baath-Sozialismus schon beschritten hatte, und nahm an, was Mussolini vor langer Zeit als Pionier eingeführt hatte – die revolutionäre Mischung aus extremer Linker und extremer Rechter. Die Mischung gedieh. Von seinem Hochsitz in Frankreich aus schaffte es der Ajatollah, die Moscheen und islamischen Gelehrten im Iran zu einigen, und dann schmiedete er unter Einsatz seiner neuen Rhetorik die unwahrscheinlichste aller Allianzen auf der Linken. Die iranische kommunistische Partei, Tudeh, ging zusammen mit einigen anderen linken Gruppen eine Koalition mit ihm ein. Eine Koalition, die sich als mächtig erwies.

Die nostalgischen und fanatischen Kleriker der islamistischen Bewegung mobilisierten ihre Moscheen und Gemeinden, und die Tudeh-Partei und die anderen Linken setzten ihre disziplinierten Kader in den armen Stadtvierteln und an den Universitäten ein. So schaffte es Khomeini, den Schah zu stürzen. Tatsächlich schaffte er es sehr schnell, seine linken Verbündeten loszuwerden. Seine islamische Revolution bot ein eigentümliches Beispiel von »Salamitaktik« gegen die Kommunisten, statt zu deren Gunsten eingesetzt zu werden – die Revolutionsführer schnitten von der revolutionären Salami einfach eine Scheibe nach der anderen ab. Doch das Ergebnis war voll und ganz traditionell, und am Ende war niemand mehr übrig außer dem Führer und seiner Partei, dem islamistischen Klerus.

Khomeini machte sich sofort daran, die Herrschaft der Scharia wieder einzusetzen, was sein übergeordnetes Ziel war. Die islamistische Revolution im Iran erwies sich somit als gigantischer Rückschlag für die Rechte von Frauen und für persönliche Freiheit insgesamt – ein Rückschlag für jedes liberale oder potenziell liberale Element in der iranischen Gesellschaft. Khomeinis neue Verfassung schuf einen besonderen Platz für den »höchsten Leiter«, der, was kaum erstaunt, er selbst war. Revolutionskomitees in jedem Stadtviertel gründeten sich als eine Art Gedankenpolizei. Und alle diese Errungenschaften lösten in der arabischen und muslimischen Welt Bewunderung und Neid aus, vielleicht nicht nur dort.

Die iranische Revolution bestätigte die unleugbare Wahrheit, dass ungeheure Revolutionen in der muslimischen Welt tatsächlich durchgeführt werden konnten, nicht nur im Namen des Baath-Sozialismus oder einer anderen Spielart des nationalistischen Radikalismus, sondern im Namen des reinsten Islam. Der Einfluss der Vereinigten Staaten und der liberalen Kultur konnte tatsächlich über Bord geworfen werden, und Männern mit Bart und Turban war es möglich, ihre Positionen patriarchalischer Macht wieder einzunehmen, genau wie in den glorreichen Tagen der islamischen Vergangenheit. Und für alle, die mit Furcht und Abscheu auf den Fortschritt liberaler Vorstellungen und Werte in der ganzen Welt blickten, war dieses ganze Spektakel ein aufregender Anblick.

Doch wie neu war diese revolutionäre Erregung? Khomeinis Revolutionsrhetorik hatte durchaus etwas Neues, nämlich einen Widerhall aus dem siebten Jahrhundert. Die revolutionären Uniformen – die Turbane und Roben – waren wirklich originell. Doch im zwanzigsten Jahrhundert waren erstaunliche Lehren und schneidige Kostüme selbst die große Tradition – Lederjacken, Proletariermützen, kubanische Bärte, Schiitenbärte, dazu einfarbige Hemden. Der Triumph des Islamismus im Iran leitete auf der Stelle etwas ein, was jede der totalitären Revolutionen der Vergangenheit eingeleitet hatte. Es war ein Krieg. Innerhalb eines Jahres nach der Machtübernahme sah sich die neue islamische Republik des Ajatollah in einen schauerlichen Kampf mit Saddam Husseins Baath-Sozialisten des Irak verstrickt.

In diesem Krieg ging es um eine umstrittene Grenze. Doch in erster Linie war es ein Krieg, in dem es um konkurrierende Lehren ging. Kanan Makiya hat kühl und mit bitteren Worten erklärt, dass Saddams Baath-Sozialismus stets auf einer Lehre der Liebe beruht habe – einer Liebe zur arabischen Nation, einer Liebe zu der Größe, welche die Araber in der Vergangenheit erlangt hätten und künftig erlangen würden, einer Liebe, mit der der einzelne Mensch seine Identität verschmelzen zu können hoffe. Und die Kehrseite der Liebe der Baathi war eine Lehre der Grausamkeit – einer Grausamkeit, die Mut und Tugend symbolisierte, den tugendhaften Mut, der nötig war, um das wiederauferstandene arabische Reich zu erschaffen. So organisierte Saddam, getrieben durch seine Lehre der Liebe, die auch eine Lehre der Grausamkeit war, seine Seite des iranisch-irakischen Krieges auf der grausamsten aller Grundlagen. Eine seiner Spezialitäten waren Giftgasangriffe – die Art von Angriff, die nach dem Ersten Weltkrieg wegen des schauerlichen Todes, zu dem das Giftgas führt, einem Tod durch Folter und Entstellung, der sich über Wochen hinziehen kann, weltweit für illegal erklärt worden war. Eine weitere Spezialität von Saddam waren Minenfelder.

Khomeinis Revolution verehrte im Gegensatz dazu die Frömmigkeit, deren Kehrseite das Märtyrertum war – das Märtyrertum, das nötig war, um die Wiederauferstehung des islamischen Reiches zu bewirken. Und so organisierte Khomeini in einem frommen und revolutionären Geist die Angriffe seiner »Menschenwellen« – Frontalangriffe von Menschenmassen, von Tausenden junger Männer, die einem gewissen Tod entgegengingen und auf Saddams Giftgas und Landminen vorrückten. Khomeini heizte für diese Art von Massentod eine religiöse Inbrunst an – den Glauben, dass es das höchste und schönste aller Schicksale bedeute, in dem Angriff einer Menschenwelle auf Befehl Khomeinis zu sterben. In ganz Iran sehnten sich junge Männer, ermuntert von ihren Müttern und Familien, danach, an diesen Menschenwellen-Angriffen teilzunehmen – sie sehnten sich aktiv nach dem Märtyrertod. Es war eine Massenbewegung zum Selbstmord. Dieser Krieg war eins der makabersten Ereignisse, die sich je ereignet haben – ein Krieg zwischen Liebe und Frömmigkeit, der, von einem anderen Blickwinkel aus gesehen, ein Krieg zwischen Grausamkeit und Selbstmord war.

Der Krieg dauerte acht Jahre. Mehr als eine Million Menschen kamen dabei ums Leben oder wurden verletzt. (Und wo waren unsere solidarischen und ach so idealistischen Freunde der Dritten Welt damals? Wie viel Aufmerksamkeit zog dieser Krieg auf sich, eines der schlimmsten Ereignisse der neuesten Geschichte?) Er war so etwas wie die deutsche Ostfront des Zweiten Weltkriegs in einer neuzeitlichen Version – Hitler gegen Stalin. Am Ende des iranisch-irakischen Krieges wurde behauptet, beide Seiten hätten schlimme Verluste erlitten. Doch es gab keinerlei Grund dafür, zu sagen, dass überhaupt jemand verloren hatte. Der Tod von ungezählten Menschen erwies sich als ungeheurer Erfolg für die Führer auf beiden Seiten. Acht Jahre Krieg hatten nicht den geringsten Einfluss auf Saddam. Schon bald trieb er hunderttausend kurdische Männer und Jungen zusammen, mähte sie mit Maschinengewehren nieder und ließ sie von Bulldozern in ihre Gräber schaufeln. Zwei Jahre später ordnete er seine Invasion Kuwaits an und brach damit einen neuen Krieg vom Zaun. (Die Logik der militärischen Abschreckung war durch viele Ereignisse auf der ganzen Welt bestätigt worden, aber nicht durch die Karriere von Saddam Hussein.) Stellte dieser neue Krieg Saddam vor den Völkern der gesamten arabischen und muslimischen Welt als einen Verrückten bloß? Vielleicht war es so.

Aber Verrücktheit stößt nicht immer ab. Die Grausamkeit, die Saddam mit seinem Giftgas und seinen Minenfeldern gezeigt hatte, mit der Brutalität seiner Repressionen, seiner Weigerung, sich durch die Leiden seines eigenen Volkes beeinflussen oder entmutigen zu lassen – dies waren die Eigenschaften, die es dem großen Mann erlaubten, sich aufzurichten und sich zum Helden der arabischen Nation zu erklären. Denn Grausamkeit war Liebe, und Invasion war arabische Einheit, und Massentod war Brüderlichkeit. Und so schien Saddams Invasion Kuwaits, wie unpopulär sie unter den arabischen Herrschern auch sein mochte, von einem anderen Blickpunkt aus ein Schritt in Richtung auf arabische Einheit und Stärke zu sein. Überdies erwies sie sich in weiten Teilen der arabischen »Straße« als ungeheuer populär, zumindest so lange, wie Saddam siegreich auf Jerusalem zu marschieren schien.

Khomeinis Sieg im iranisch-irakischen Krieg war jedoch gewaltiger. Die Islamische Republik Iran verzichtete in späteren Jahren vernünftigerweise darauf, sich an umfassenden Kriegen zu beteiligen. Khomeinis Iran gab kleineren Kriegen den Vorzug, die aus der Ferne von Stellvertretern gegen den Zionismus und das Weltjudentum geführt wurden. Da war beispielsweise der Krieg im Libanon, den die Hisbollah-Guerilleros kämpften (die unter dem Einfluss iranischer Islamisten im Jahre 1983 den Selbstmordterrorismus in die Neuzeit einführten). Da gab es die terroristischen Angriffe auf jüdische Einrichtungen in Buenos Aires, die mit an Sicherheit grenzender Wahrscheinlichkeit mit Hilfe argentinischer Komplizen von der islamistischen Regierung in Teheran organisiert worden waren. Doch selbst ohne sich in einen neuen großen Krieg zu stürzen, verbreiteten die islamistischen Revolutionäre Irans ihre Ideen über weite Teile der arabischen und muslimischen Welt, selbst dort, wo die Bevölkerungsmehrheit aus Sunniten und nicht aus Schiiten bestand. Denn die iranische Revolution war umfassend, tiefgreifend und anregend, und mit dem iranischen Beispiel vor aller Augen wurde die islamistische Bewegung immer bedeutsamer, und dann begann die neue Massenbewegung ihren Siegeszug in einem weiten Bogen von Afghanistan bis Algerien und darüber hinaus. Und was kennzeichnete diesen Erfolg?

Die Frömmigkeit breitete sich aus. Die religiöse Hingabe vertiefte sich. Die Frauen versteckten sich hinter ihren Schleiern. Und während Frömmigkeit, Hingabe und das Patriarchat aufblühten, erblühte in jedem Land auch eine neue Form von Politik. Es war die Politik des Gemetzels – des Gemetzels um der heiligen Hingabe willen, des Gemetzels, das in einer Stimmung spiritueller Erhabenheit stattfand, des Gemetzels, das von Barmherzigkeit nicht zu unterscheiden war, des Gemetzels, das zu Selbstmord führte, des Gemetzels um des Gemetzels willen. Es war ein Erblühen des Bösen. Und diese neue

Politik in ihrer leuchtend grünen islamistischen Farbe erwies sich als robust.

Es ist unmöglich zu entscheiden, welche unter den vielen Varianten der neuen Politik am verblüffendsten und schauerlichsten war. War es die in Algerien? Die islamistische Bewegung nahm in Algerien an Stärke zu, und als die säkularen Behörden sich zur Repression entschlossen, exkommunizierte die bewaffnete islamische Gruppe die gesamte Gesellschaft und machte sich daran, die Ungläubigen zu massakrieren. Zwischen 1992 und 1997 sollen ganze 100 000 Menschen im algerischen Bürgerkrieg getötet worden sein, zahlreiche davon durch offene Massaker in einem Dorf nach dem anderen, hauptsächlich verübt von den islamistischen Radikalen. Oder war der Krieg in Kaschmir der erstaunlichste? Dort sollen 35 000 Menschen getötet worden sein, manche sagen sogar, doppelt so viele. Vielleicht aber war die islamistische Revolution in Afghanistan die erstaunlichste. Die islamistischen Revolutionäre benutzten das Stadion, das die Sowjets im Namen des Proletariats erbaut hatten, und setzten es freitags für öffentliche Steinigungen und Hinrichtungen von Mördern ein, Hinrichtungen, die von den Familien der Opfer mit Maschinengewehren vollzogen wurden. Unter den islamistischen Führern versank Afghanistan in Hunger und Elend. Und als diese Ereignisse stattfanden, nahm Afghanistans revolutionäres Prestige nicht etwa ab, sondern stieg.

Das islamische Emirat Afghanistan ragte bald als zunehmend attraktives Utopia für Islamisten auf der ganzen Welt auf – ein Leuchtfeuer, das zum Gegenstand von Pilgerreisen und Akten der Solidarität wurde, in islamistischen Augen eine Erfolgsgeschichte. Palästina bot ein eigenes Beispiel für Wachstum und Konsequenzen des Islamismus. Die Hauptursache des palästinensischen Terrorismus – in der Zeit vor dem Krieg von 1967 – war mehr oder weniger militärischer Natur. Die Panarabisten in Ägypten schickten Fellachen los, um Angriffe gegen israelische Zivilisten an der ägyptischen Grenze zu führen, und ähnliche Angriffe gab es auch in anderen Teilen Israels. Doch unter den Palästinensern bestand die bezeichnendste Gewalt in den Jahren vor 1967 aus Angriffen auf die israelische Armee. Nach dem Krieg drifteten die Aktionen der Palästinenser in eine neue Richtung ab, und von da an wurden Flugzeugentführungen zum Symbol der neuen Gewalt. Diese Entführungen führten manchmal auch zu Tötungen.

Dennoch waren Todesfälle bei den Entführungen der 1960er und 1970er Jahre nicht das Ziel. Damals nahm man es mit diesen Entführungen sehr genau – es gab so etwas wie ethische Überlegungen, auch wenn die Opfer dies vielleicht anders sahen. 1976 schloss sich eine Gruppe deutscher Linker der Palästinenserbewegung an und entführte im Namen der Palästinenser ein Flugzeug mit dem Plan, alle Fluggäste auszusondern und zu ermorden, die zufällig Juden waren; und selbst dieser Plan war auf seine Art pingelig, wenn man den deutschen Linken ihre Vorurteile zugesteht. Immerhin wollten die Terroristen nicht blind morden.

Doch im Lauf der Jahre, als die nationalistischen und linken Ideen unter den Palästinensern und deren ausländischen Verbündeten der neuen Welle islamistischer Frömmigkeit wichen, nahm die Gewalt der Palästinenser eine neue Wendung; mit der Pingeligkeit war es jetzt vorbei, die war Vergangenheit. Die palästinensischen Islamisten organisierten die Hamas als Kampforganisation der Muslimischen Bruderschaft, und die charakteristische neue Tat bestand jetzt darin, Passanten mit einer Bombe zu ermorden, und zwar möglichst viele Menschen, manchmal Juden und Palästinenser zusammen sowie zusätzlich noch jeden, der zufällig vorbeikam – etwa gelegentlich einen rumänischen Arbeiter oder einen Einwanderer aus China. Früher hatte einmal ein Palästinenserstaat als das Ziel gegolten. Jetzt war das Ziel Selbstmord. Camus' Terroristen der Kampforganisation der Sozialrevolutionären Partei der Jahre um 1905 schreckten davor zurück, Kinder selbst durch Zufall zu ermorden; doch der neue palästinensische Terror legte besonderen Wert darauf, Orte auszuwählen, an denen sich Kinder aufhielten. Mehr noch: Die neue Bewegung legte sogar Wert darauf, palästinensische Kinder für Selbstmordaufträge auszuwählen – ein Stadium in der Evolution des Terrors, das Camus sich nie vorgestellt hatte. Eltern wandten sich in ihrer Frömmigkeit an die Presse, weil sie den Selbstmord ihrer eigenen Kinder wünschten. An Kindergartenwänden verkündeten Poster: »Die Kinder sind die heiligen Märtyrer von morgen.« Solche Dinge hat die Welt schon früher gesehen, sagt uns Walter Laqueur, und ich bin überzeugt, dass er Recht hat. Wir sollten allerdings nicht die Fähigkeit zum Erstaunen verlieren.

Oder bot der Sudan ein noch bemerkenswerteres Beispiel von praktiziertem Islamismus? Im Sudan ergriff Hassan al-Turabi, magisterexaminiert in London, promoviert in Paris, zusammen mit einem General die Macht im Staat und führte die Scharia und den revolutionären Dschihad ein. Dieser Dschihad des Sudan ist vielleicht der grauenvollste von allen gewesen. Die Islamisten waren meist sudanesische Araber, und ihr Dschihad zielte auf die schwarze Bevölkerung des Sudan ab. Diese hingen meist animistischen Religionen an oder waren Christen; in dem Krieg, der dann ausbrach, wurden zwischen 1,5 und zwei Millionen Menschen getötet – wenn wir von den Opfern absehen, die Vergewaltigungen und anderen Gräueltaten zum Opfer fielen. Am Ende versklavten die Islamisten in ihrem Drang nach Vorherrschaft zahlreiche Angehörige des Stamms der Dinka.

Auf diese Weise stellte sich heraus, dass der muslimische Totalitarismus der 1980er und 1990er Jahre genauso schauerlich gewesen war wie Faschismus und Stalinismus in Europa – ebenso mörderisch, ebenso zerstörerisch für Gesellschaft und Moral, ebenso verheerend für Zivilisation und Kultur. Die Zahl der Opfer belief sich auf viele Millionen. Und doch – wie sollen wir dies erklären? – blieb der muslimische Totalitarismus, sowohl der islamistische als auch der der Baathi, irgendwie unsichtbar für die westlichen Länder, jedenfalls relativ. Das war sicherlich ein Beispiel, vielleicht das schrecklichste von allen, der »orientalistischen« Abneigung gegen die muslimische Welt – eine Abneigung, die so ungeheuer, überwältigend und so tief ideologisch war, dass sie es selbst den größten Befürwortern der Menschenrechte erlaubte, den Blick von den Folgen des praktizierten Islamismus abzuwenden.

Den libanesischen Bürgerkrieg habe ich bisher kaum erwähnt (der natürlich auch viele andere Faktoren außer dem Islamismus und dem Einfluss der Baathi einschloss). Und dann ist da noch der äußerst merkwürdige Fall Ägyptens. 1981 wurde Präsident Sadat von einer islamistischen Zelle in der ägyptischen Armee ermordet. (Sadats Hauptverbrechen bestand darin, im Austausch gegen die Sinai-Halbinsel einen Friedensvertrag mit Israel unterzeichnet zu haben − der erste Hinweis darauf, dass »Land gegen Frieden«, der Slogan der israelischen Linken, eine brauchbare Formel sein könnte.) Die islamistischen Verschwörer hofften mit dieser einen Gewalttat eine Revolution auszulösen. Es war ein Attentat in der europäischen Manier des späten neunzehnten Jahrhunderts. In einer ägyptischen Stadt löste die Ermordung Sadats tatsächlich einige Anzeichen von revolutionärem Aufruhr auf den Straßen aus. Doch dieser Aufruhr breitete sich nicht aus. Hinterher herrschte, wie nicht anders zu erwarten, eine schreckliche Repression.

Dennoch blühte die islamistische Bewegung in Ägypten. Die Muslimische Bruderschaft, die in früheren Jahrzehnten zur Gewalt geneigt hatte, neigte sich jetzt in eine friedlichere und gemäßigtere Richtung. Die Kampagne der Bruderschaft zur Errichtung der Scharia in Ägypten ging allmählich mit sich verschärfenden Maßnahmen und Agitation weiter und war auch recht erfolgreich. In Ägypten gab es zweiundzwanzig Berufsgilden, und um die Mitte der 1980er Jahre beherrschte die Muslimische Bruderschaft, wie Gilles Kepel uns sagt, die meisten davon − die der Rechtsanwälte, Ärzte, Ingenieure, Zahnärzte, Apotheker usw. Islamistische Banken, die sich an die Wirtschaftsgrundsätze der Scharia hielten, begannen zu prosperieren. Und in diesem Umfeld brachte die islamistische Bewegung einen weiteren radikalen Zweig hervor, der sich in zwei Untergruppen teilte, die islamische Gruppe von Scheich Omar Abdel Rahman und den islamischen Dschihad von Dr. Ayman al-Zawahiri, »Dr. Tod«. Diese Organisationen wollten mit Mäßigung nichts zu schaffen haben. Sie ermordeten weltlich eingestellte Intellektuelle – was angesichts der islamistischen Analyse der ideologischen Gefahren, die den Islam bedrohten, durchaus folgerichtig war.

Die Radikalen eröffneten wiederholt gewalttätige Angriffe gegen die koptischen Christen. Scheich Rahman flüchtete vor der ägyptischen Repression nach Jersey City – der Südspitze Manhattans gegenüber – und schickte Videos nach Ägypten, in denen er den Tourismus verdammte; infolgedessen wurden in Ägypten Touristen angegriffen. Die jüdische Bevölkerung Ägyptens, die einmal beachtlich gewesen war, war in den 1950er und 1960er Jahren nach Israel und in andere Länder geflüchtet. Doch je weniger Juden es gab, um so eifriger die Bemühungen, alles an Juden zu ermorden, was sich als Zielscheibe bot. 1996 wurde eine Gruppe von achtzehn griechischen Touristen in einem Kairoer Hotel irrtümlich für Juden gehalten und infolgedessen massakriert. Rahmans Organisation übernahm »die Verantwortung« für die Tat. Das Kommuniqué verunglimpfte »die Juden, Söhne von Affen und Schweinen« – womit es die unglückliche Zeile des Korans in Vers 60 der fünften Sure zitierte. In dem Kommuniqué hieß es: »Im muslimischen Land Ägypten ist kein Platz für Juden« – was übrigens etwas ist, was Qutb selbst niemals gesagt hätte. Im nächsten Jahr wurden achtundfünfzig Touristen und vier Ägypter am Tempel der Hatschepsut in Luxor ermordet. Einige von ihnen wurden mit Messern zerfleischt – nicht weil die Opfer Söhne von Affen und Schweinen waren, sondern einfach aus dem Drang heraus, das muslimische Land von fremden Unreinheiten zu säubern.

Und aus alldem ist die Al-Qaida hervorgegangen, angefangen beim frühen Beispiel des Ajatollah im Iran, vom Dschihad in Afghanistan, von der König-Abdul-Asis-Universität in Saudi-Arabien und den ägyptischen Theologen. Al-Qaida begann innerhalb der internationalen Freiwilligenbewegung für den afghanischen Dschihad, dessen Organisationszentrum das »Office for Services« (Amt für

Dienstleistungen) im pakistanischen Peschawar war – das Amt, das islamistische Kämpfer aus der ganzen Welt willkommen hieß und sie in Afghanistan in den Kampf schickte. Dieses Amt wurde von einem palästinensischen geistlichen Gelehrten namens Scheich Abdulla Azzam geleitet, der sich im Lauf seines Lebens mit der Qutb-Familie in Ägypten angefreundet hatte und später in Saudi-Arabien lehrte. Azzam, der ausgewiesene Gelehrte, diente im afghanischen Dschihad als so etwas wie ein Vertreter der saudischen Prinzen. Er unternahm Rundreisen durch die Vereinigten Staaten, wo er für den Dschihad Kämpfer rekrutierte und, wie es heißt, auch für die palästinensische Hamas.

Wie in jeder großen politischen Bewegung gab es auch im afghanischen Dschihad Auseinandersetzungen verschiedener Fraktionen, und in einer dieser Auseinandersetzungen wandte sich Osama bin Laden, der als Anhänger Azzams begonnen hatte, zugunsten einer neueren, radikaleren Aktion unter dem Einfluss der ägyptischen Islamisten Scheich Rahman und Dr. Zawahiri von jenem ab. Azzam wurde 1989 ermordet. Und die neue Gruppe, Al-Qaida, mit bin Laden an der Spitze (sein Vermögen von 300 Millionen US-Dollar qualifizierte ihn für die Führung) verlegte ihre Operationen zunächst in den Sudan Turabis und dann nach Afghanistan. Bin Ladens Gruppe vereinte sich mit Zawahiris islamischem Dschihad. Und diese frisch vereinte Gruppe machte sich Scheich Rahmans Ideen zu Eigen. Denn der Scheich hatte von seiner Basis in Jersey City und Brooklyn aus schon neue Ideen entwickelt.

Unter anderem die Idee, Bürger New Yorks zufällig und massenhaft zu ermorden. Es war Scheich Rahmans Gruppe, die 1993 einen Anschlag auf das World Trade Center verübte und dabei sechs Menschen tötete. Es war Rahmans Gruppe, die geplant hatte, Tunnel unter dem Gebäude der Vereinten Nationen in New York mit Bombenanschlägen zu zerstören – obwohl der Plan von der Polizei vereitelt wurde. Doch Al-Qaida ging noch weiter. Qutb hatte eine »Vorhut« von Muslimen gefordert, die den Dschihad auskämpfen sollte. Al-Qaida war eine Vorhut der Vorhut – eine Organisation, welche die Tapfersten (aus Afghanistan), die Intelligentesten (aus Ägypten) und die Reichsten (aus Saudi-Arabien) zusammenbrachte, ganz zu schweigen von den Zahlreichsten (aus Indonesien und anderen Staaten Ostasiens).

In den frühen 1950er Jahren hatte Qutb seinen ursprünglichen und traditionelleren Gedanken, dass der Dschihad lediglich ein defensiver Kampf sei, zugunsten der radikaleren und aggressiveren Vorstellung aufgegeben, dass der Dschihad ein Kampf für die ganze Menschheit sei. Al-Qaida ordnete dementsprechend den globalen Kampf an – der sich nicht länger auf die traditionell muslimischen Staaten Ägypten, Arabien, Jemen, Afghanistan, Tschetschenien, Bosnien, Palästina und einige andere Regionen beschränken dürfe. Qutb hatte sich gegen eine enge Vorstellung von arabischem Nationalismus zugunsten einer umfassenderen, nicht rassischen Idee des Islam ausgesprochen. Entsprechend definierte sich Al-Qaida als breit angelegte Bewegung ohne ethnische Identität, die zwar islamistisch, aber nicht arabisch sei. Qutb hatte verkündet, dass alle bis auf wenige Muslime *Dschahili*-Barbaren seien. Al-Qaida war durch ihren ägyptischen Flügel schon in Kämpfe gegen einige der großen muslimischen Mächte verwickelt, in Ägypten und anderswo.

Qutb hatte klar gemacht, dass der Dschihad durch die muslimische Vorhut ein theologischer Krieg gegen liberale Wertvorstellungen sei, die er als westlich und ihrer fernen Herkunft wegen als christlich denunzierte – ein Krieg, der der Aufgabe gewidmet sei, das Kalifat des siebten Jahrhunderts in einer moderneren Version wiederherzustellen. Al-Qaida präsentierte im Gegensatz dazu in der Videoaufnahme von bin Laden, die der arabische Fernsehsender Al Dschasira unmittelbar nach den Anschlägen vom 11. September ausstrahlte, eine Reihe relativ konventioneller politischer Forderungen – eine Forderung nach »Frieden« in Palästina (was im islamistischen Vokabular die Beseitigung des zionistischen Staates bedeutet), die Entfernung ungläubiger Soldaten aus dem Land Mohammeds (was die Entfernung der amerikanischen Truppen bedeutet, welche die saudische Regierung und die Ölquellen bewachen) und das Ende des Leidens für das irakische Volk (womit das Ende des ausländischen Drucks auf Saddam Hussein und der UN-Sanktionen gegen den irakischen Handel gemeint waren).

Doch bin Laden präsentierte diese politischen Fragen in einem Geist, der enger an Qutbs Theologie des Absoluten angelehnt war als an irgendeine formbare, veränderbare Politik. Verhandlungen waren nicht das Ziel der Al-Qaida. Azzam, bin Ladens Führer am Office for Services in Peschawar, war berühmt für seine Äußerung: »Keine Verhandlungen, keine Konferenzen und keine Dialoge« (ein Echo der noch berühmteren Reaktion der arabischen Staaten auf Israels Angebot nach dem Krieg von 1967, Teile des eroberten Landes zurückzugeben: »Keine Anerkennung, keine Verhandlungen, kein Frieden«). Azzams Slogan lautete: »Dschihad und nur das Gewehr.« So lauteten die Vorgaben. Für Al-Qaida war es keine politische Bewegung in irgendeinem herkömmlichen Sinn. Es war eine chiliastische Bewegung. Ihr Ziel war das Kalifat oder gar nichts.

Bin Ladens Videoband, das nach den Anschlägen vom 11. September aufgenommen worden war, zeigte ihn auf einem Teppich zusammen mit Dr. Zawahiri und einigen Mitarbeitern mit Turbanen und Bärten vor einem felsigen Hintergrund sitzend. Es war eine Szene aus dem siebten Jahrhundert, als sollte der Prophet Mohammed im Kreis seiner Gefährten in einem felsigen Gelände außerhalb Medinas gezeigt werden – wenn man davon absieht, dass hier Mikrofone das islamistische Engagement für eine moderne Version uralter Zeiten demonstrierten. Der Ton des Videos war ruhig, wie aus einer anderen Welt und poetisch. Das Ganze war eine Seite aus *Im Schatten des Koran*. Qutb schilderte ein Medina im siebten Jahrhundert, das von vier Hauptgruppen von Menschen bevölkert war: der muslimischen Vorhut, nämlich Mohammed mit seinen Gefährten, den Heiden, den Heuchlern, die Muslime zu sein vorgaben, und den perfiden Juden. Bin Laden schilderte in seinem Video eine ähnliche Welt.

Da sei einmal die muslimische Vorhut, nämlich seine eigenen Soldaten, die Krieger des Dschihad, ferner die Heiden, deren Heimat die
Vereinigten Staaten sei, die Heuchler, die mit Amerika verbündeten
muslimischen Führer, und die Juden in Gestalt israelischer Panzer.
Amerika, erklärte bin Laden (ich zitiere die Übersetzung in der *New
York Times*), sei »das Symbol der modernen heidnischen Welt«. Das
Heidentum werde vernichtet werden. »Gott hat eine Gruppe von
an der Spitze des Fortschritts marschierenden Muslimen gesegnet,
die Vorhut des Islam, und sie damit betraut, Amerika zu zerstören.«
Nichts davon, wenn man von bin Ladens fröhlicher Nichtachtung der
Ethik des Krieges absieht, war Qutbs Kommentaren untreu.

Der Ton in diesem ersten Video nach den Anschlägen vom
11. September war von selbstbewusster Exotik. Einige von bin Ladens Bemerkungen waren für jeden, der mit islamischem Denken
nicht vertraut war, unverständlich. Bin Laden sagte, dass Amerika
als Ergebnis der Anschläge »von Entsetzen erfüllt« sei, was gewiss
den Tatsachen entsprach. Doch er fügte eine verwirrende Bemerkung
hinzu. Er sagte nämlich: »Unsere islamische Nation bekommt seit
mehr als achtzig Jahren das Gleiche zu spüren – Demütigung und
Schande –, hat erleben müssen, dass ihre Söhne getötet werden und
ihr Blut vergossen wird, dass ihre Heiligtümer entweiht werden.«
Doch was war das Schreckliche, das vor mehr als achtzig Jahren geschehen war – das Schreckliche, das seitdem immer wieder geschah,
das die von ihm so genannte »islamische Nation« gedemütigt und
entehrt hatte? Ein Ereignis von 1921 oder davor – was hätte das sein
können? Ich glaube, dass Fernsehzuschauer auf der ganzen Welt, die
sich das bei CNN oder sogar bei Al Dschasira ansahen, sich über diese
Bemerkung wunderten und im Stillen davon ausgingen, dass bin Laden unzusammenhängendes Zeug redete und fantasierte. Doch die
Leser von Sayyid Qutb hätten verstanden. Bin Laden sprach von den
Verbrechen Kemal Atatürks – von dem Sprung in die weltliche Modernität, der 1924 mit der Aufhebung des Kalifats seinen Höhepunkt
erreichte. Bin Laden sprach von dem ersten verheerenden Angriff

auf die islamische Nation – dem Angriff, der mit Qutbs ängstlichem Wort den Beginn der »Ausrottung« des Islam ankündigte.

Bin Laden dachte also an die Zeit des Ersten Weltkriegs und die Jahre danach. Und dies stand durchaus in der großen Tradition. In den totalitären Bewegungen des zwanzigsten Jahrhunderts hat jeder an den Ersten Weltkrieg und die Jahre danach gedacht. Denn dies waren die Jahre, in denen das liberale Vorhaben des neunzehnten Jahrhunderts schließlich zu Bruch ging – die Jahre, in denen die einfältigen Grundsätze rationalen Denkens und unvermeidlichen Fortschritts in ihrer Unbefangenheit grotesk und verlogen auszusehen begannen. Dies waren die Jahre, im unmittelbaren Gefolge des Weltkriegs, in denen die neuen Massenbewegungen zu keinem anderen Zweck entstanden, als das alte liberale Vorhaben des neunzehnten Jahrhunderts Lügen zu strafen – zu einer gigantischen Täuschung zu erklären, die der Menschheit im Interesse von Plünderung, Verheerung, Verschwörung und Ruin angedreht wurde. Dies waren die Jahre, in denen »Vorhuten« militanter, zur Selbstaufopferung bereiter Menschen die Menschheit aus Korruption und Schrecken der liberalen Zivilisation in ein neues Leben zu führen versuchten – fest und solide wie Granit, geeint, in das neue Zeitalter des wiederauferstandenen Reiches von einst, in das Zeitalter der Reinheit und Ewigkeit. Dies waren die Jahre der heroischen Führer, der Supermänner und Genies, die in ihrem offenkundigen Irrsinn einen Hauch des Göttlichen in sich zu tragen schienen.

Und hier saßen nun auf einem Felsvorsprung die Männer der neuen Vorhut mit ihren Turbanen, starrten in die Kamera und sprachen von einer islamischen Version des kommenden Jahrtausends. Nur wie sollte dieses moderne neue Kalifat errichtet werden? Wie sollte das große Verbrechen gegen den Islam, das Kemal Atatürk, das Heidentum und der Zionismus begangen hatten, wiedergutgemacht werden? Wie sollte die Ausrottung des Islam abgewendet und seine frühere Reinheit wiederhergestellt werden, damit der Islam seinem weltweiten Triumph entgegengeführt werden konnte? Zu diesen Themen sagte bin Laden in jenem ersten seiner Videos nach den Anschlägen vom 11. September gar nichts. Die Fernsehbilder ließen auf nichts schließen, und die Frage blieb unbeantwortet.

Doch es bestand nie irgendein Zweifel darüber, wie diese Ziele erreicht werden sollten. Scheich Rahman hatte von seinem Vorposten in Jersey City mit seinen Forderungen nach Zufallsmassakern schon alles geklärt. Und es gab viele solche Forderungen. Der verstorbene Abdulla Azzam, Leiter des Office for Services, pflegte sie in seinen Vorlesungen zu äußern. Malise Ruthven zitiert in *A Fury for God* aus diesen Vorlesungen. Jeder kann sie im Internet ansehen, nämlich unter www.religioscope.com, wo einige Auszüge in einer englischsprachigen Version, die ein wenig anders formuliert ist als bei Ruthven, von Bewunderern Azzams attraktiv aufgemacht sind. Die Vorlesungen treten für Selbstmordkrieger ein – für eine revolutionäre Vorhut von Menschen, welche die schlafende Nation wecken werden, was in diesem Fall das Kalifat bedeutet, indem sie den Tod auf sich nehmen. »Eine kleine Gruppe: Sie sind diejenigen, die Überzeugungen und Ambitionen tragen«, sagte Azzam. »Und eine sogar noch kleinere Gruppe aus dieser kleinen Gruppe sind diejenigen, die dem weltlichen Leben entfliehen, um nach diesen Ambitionen zu handeln und sich entsprechend auszubreiten. Und eine noch kleinere Gruppe aus dieser Elitegruppe sind diejenigen, die ihre Seelen und ihr Blut opfern, um diesen Ambitionen und Grundsätzen den Sieg zu bringen. Somit sind sie die Creme der Creme der Creme. Ruhm lässt sich nur dann erreichen, wenn man diesen Pfad durchläuft.«

Azzam sehnte sich nach dem Märtyrertum von Gelehrten: »Das Ausmaß, in dem die Zahl von Gelehrten, die den Märtyrertod erleiden, zunimmt, ist das Ausmaß, in dem Nationen von ihrem Schlummer erlöst werden, von ihrem Niedergang errettet und aus ihrem Schlaf geweckt.« Er fuhr fort: »Die Geschichte schreibt ihre Zeilen nur mit Blut. Der Ruhm errichtet sein erhabenes Gebäude nur mit Schädeln. Ehre und Respekt lassen sich nur auf einer Grundlage von Krüppeln und Leichen herstellen.«

Hier nun ein weiteres Beispiel der gleichen Idee von Ali Benhadj, einem der wichtigen islamistischen Führer Algeriens, den der französische Wissenschaftler Frédéric Encel zitiert hat. Benhadj sagte: »Wenn ein Glaube, eine Glaubensvorstellung, nicht mit Blut begossen und gewässert wird, wächst er nicht. Er lebt nicht. Grundsätze werden durch Opfer verstärkt, durch Selbstmordoperationen und Märtyrertum für Allah. Glaube wird propagiert, indem man jeden Tag Tote zählt, indem man Massaker und Leichenhäuser addiert. Es kommt kaum darauf an, ob der Mensch, der geopfert worden ist, noch da ist. Er hat gewonnen.«

Ich könnte noch weiter zitieren – doch lassen wir es genug sein. Sie werden sagen, dass dies sicher nicht westlich sein kann – diese Art von Gerede ist doch wohl exotisch! Aber genau so sprachen die Führer Deutschlands vor gut sechzig Jahren. Die Bolschewiken fürchteten sich nicht davor, so zu sprechen. *Viva la muerte!* (Es lebe der Tod!), lautete der Wahlspruch der spanischen Fremdenlegion. Dies ist nicht exotisch. Dies ist der totalitäre Todeskult. *Dies* ist das Schreckliche, das vor mehr als achtzig Jahren begann.

Wunschdenken

Die apokalyptischen Massenbewegungen der Vergangenheit mit ihrer Todesobsession haben unter wohlmeinenden und intelligenten Menschen auf der ganzen Welt während der letzten achtzig Jahre unterschiedliche Reaktionen ausgelöst. Eine dieser Reaktionen verdient es, dass an sie erinnert wird. Sie kam von Menschen, die selbst Liberale waren, die jeden Aspekt der liberalen Kultur und ihre Wertvorstellungen verehrten, die gegen keinen Aspekt des Liberalismus etwas einzuwenden hatten – und die dennoch die verrückteste und gewalttätigste der antiliberalen Bewegungen anstarrten und keinerlei Grund zur Aufregung sahen. Und diese Reaktion, das bewusste Abtun der von irrationalistischen Massenbewegungen ausgehenden Gefahren, war vollkommen normal und verständlich.

Es ist schon sehr merkwürdig, sich vorzustellen, dass Millionen oder Abermillionen von Menschen, die sich auf ihr gutes Urteil verlassen, sich am Ende einer krankhaften politischen Bewegung anschließen könnten. Einzelne Verrückte könnten vielleicht vortreten – ja, das steht außer Frage. Der Reverend Jim Jones kann die hirnamputierten Bewohner seines armseligen Jonestown in Guyana zu ihrem kollektiven Selbstmord führen. Aber Millionen können doch nicht freiwillig den Tod wählen, und die Jonestowns dieser Welt werden nicht ganze Gesellschaften übernehmen. Schon der bloße Gedanke einer pathologischen Massenbewegung scheint zu weit hergeholt zu sein, um glaubhaft zu sein.

Journalisten, Schriftsteller und Politiker berichten, dass solche Bewegungen dennoch existieren, Anhänger inspirieren und ungeheuren Schaden anrichten. Aber sollten wir nicht mit einiger Skepsis auf die besorgniserregenden Berichte blicken? Kann es nicht sein, dass diese Schreckensmeldungen übertrieben sind, vielleicht sogar unwahr? Es könnte auch sein, dass es im Interesse einiger Leute liegt zu berichten, dass pathologische Massenbewegungen auf der Erde ihr Unwesen treiben und für alle anderen eine Gefahr darstellen. Vielleicht sind einige dieser angeblich finsteren Massenbewegungen in Wahrheit gar nicht so finster und sollten stattdessen als fortschrittlich, positiv und bewundernswert gesehen werden. Vielleicht haben diese Bewegungen den Reichen und Mächtigen eine wohlverdiente Nadel in die Seite gestochen, und vielleicht haben die Reichen und Mächtigen mit einer Verleumdungskampagne reagiert und von Bösem gefaselt. Ist das nicht möglich? So etwas ist definitiv möglich. Welcher Interpretation soll man dann Glauben schenken – dass Millionen den Verstand verloren und sich einer pathologischen politischen Tendenz verschrieben haben? Oder dass kleine Zahlen von korrupten und übereifrigen Journalisten und Propagandisten auf Geheiß mächtiger und konservativer gesellschaftlicher Kräfte verzerrte Bilder zeichnen? Die zweite Erklärung verlangt so viel weniger von uns – erscheint weniger ausgefallen, vernünftiger und plausibler.

Oder nehmen wir einmal an, dass in irgendeinem entlegenen tropischen Nest oder einer weglosen Wüste eine soziale oder politische Bewegung tatsächlich Anzeichen einer pathologischen Neigung zu Mord und Selbstmord zu zeigen scheint. In diesem Fall muss es dafür eine rationale Erklärung geben. Vielleicht hat irgendein unsäglicher sozialer Zustand den mörderischen Impuls provoziert. Vielleicht haben kleine Gruppen von Ausbeutern oder Imperialisten durch ihre schrecklichen Taten Tausende oder sogar Millionen um den Verstand gebracht. Vielleicht ist eine Bevölkerung über jedes Maß hinaus gedemütigt worden, das Menschen ertragen können. Unerträgliche soziale Zustände könnten sehr wohl irrationale Reaktionen hervorrufen –

obwohl in einem solchen Fall die irrationalen Reaktionen nicht als irrational gesehen werden sollten. Denn Menschen reagieren im Allgemeinen nicht auf irrationale Weise.

Wie oft sind diese skeptischen Zweifel und alternativen Erklärungen in den letzten achtzig Jahren aufgetaucht, in wie vielen eigenartigen und cleveren Versionen! Jeder erinnert sich an die Argumente, die früher einmal liberal gesinnte Menschen von den Vorzügen und der progressiven Natur Stalins und der kommunistischen Bewegung selbst in deren schlimmsten Tagen zu überzeugen pflegten. Die Behauptung, dass Stalin Millionen ukrainischer Bauern mit voller Absicht habe verhungern lassen oder dass er die Sklavenarbeit wieder eingeführt habe oder dass Stalin aus einer Laune heraus seine Anhänger und Genossen liquidierte – diese Behauptungen schienen so außergewöhnlich, so unwahrscheinlich, so unvereinbar mit den bekannten Zielen und zivilisierten Idealen der marxistischen Bewegung zu sein. Viel leichter war es anzunehmen, dass Stalin, wie die Kommunisten argumentierten, von bürgerlichen Propagandisten, von rechtsgerichteten Manipulateuren und subversiven Trotzkisten verleumdet worden sei. Jeder erinnert sich daran, wie die gleichen Argumente zur Verteidigung des Kommunismus in späteren Jahrzehnten auf den neuesten Stand gebracht und auf andere Gegebenheiten wieder angewendet wurden – auf China in der Zeit der höchsten Macht von Mao Zedong und auf Kambodscha in der Zeit von Pol Pot, aber auch auf andere Orte und Despoten.

Doch ich frage mich, ob wir uns an diese besonderen Argumente zur Verteidigung von Stalin, Mao oder Pol Pot fast mehr erinnern, als uns heute gut tun kann. Wir blicken auf die Debatten über den Kommunismus zurück, sehen die Irrtümer und Selbsttäuschungen der prokommunistischen Linken in einem so gleißenden Licht, dass wir uns heute kaum noch daran erinnern können, wie irgendein vernünftiger Mensch den schrillen und hysterischen Argumenten zugunsten des Kommunismus zum Opfer fallen konnte. In den 1930er Jahren höhnten gutmütige Liberale über die Zeugen mit den aschgrauen Gesichtern, die berichteten, Stalin lasse die ukrainischen Bauern verhungern; und heute höhnen gutmütige Liberale genauso mühelos über die Menschen, die in den 1930er Jahren über die bleichen Zeugen höhnten. Wir können uns nicht vorstellen, wir Superklugen von heute, wie jemand in der Vergangenheit solche Fehler hat machen können. Was einige andere, nichtkommunistische Versionen dieser selben irreführenden Argumente betrifft, die verführerischen Argumente, die in den düstersten Jahren des zwanzigsten Jahrhunderts liberale Sympathien für totalitäre Bewegungen der extremen Rechten zu wecken pflegten – nun, heute können wir kaum glauben, dass es solche Verführungen auf der äußersten Rechten überhaupt gegeben hat.

Diese Verführungen seitens der extremen Rechten existieren jedoch sehr wohl, und von Zeit zu Zeit ließen ein paar Bemerkungen demokratischer und linker Idealisten, die diesen Sirenenklängen erlagen, erkennen, dass sie am Ende von den Tugenden oder den guten Absichten Mussolinis und Francos überzeugt waren. Selbst Hitler und die Nazis schafften es, bei weniger intelligenten progressiven Demokraten der Linken ein halbwegs freundliches Kopfnicken auszulösen. Das scheint unmöglich zu sein. Es war jedoch möglich. Da gab es den eigentümlichen Fall der französischen Sozialisten der 1930er Jahre. Die französischen Sozialisten rühmten sich eines alten und makellosen demokratischen Rufs, der bis ins neunzehnte Jahrhundert zurückreichte. Die Sozialisten waren relativ nüchtern und verantwortlich. Ihre Partei war populär. Mitte und Ende der 1930er Jahre gewannen die Sozialisten einen erheblichen Teil der Wählerstimmen in Frankreich. Manchmal konnten sie die Führung einer Regierungskoalition übernehmen. In der Person Léon Blums schafften es die Sozialisten auch, einen großen Führer hervorzubringen, ihren Ministerpräsidenten, der den französischen Patriotismus mit der Sache der sozialen Gerechtigkeit und den erhabensten kulturellen Werten zu verschmelzen wusste. Dennoch hatten die französischen Sozialisten ihre Fraktionen, und Blum und dessen Anhänger reprä-

sentierten nicht die gesamte Partei. Der Generalsekretär der Sozialisten, Paul Faure, führte eine eigene, etwas größere Fraktion, die so
genannten Paul-Fauristen, die über einen soliden Block von Sitzen
in der Nationalversammlung verfügten. Und diese beiden Fraktionen
des Sozialismus waren sich höchst uneinig – vor allem in der Frage
des Kriegs.

Blum und seine Anhänger betrachteten Hitler und die Nazis mit
Entsetzen und waren der Meinung, dass Frankreich ernsthaft Widerstand leisten und sich für den Krieg bereitmachen sollte. Die Paul-
Fauristen hielten von Hitler ebenfalls nicht viel. Doch in erster Linie
erinnerten sie sich an den Ersten Weltkrieg. Bei der Aussicht auf eine
weitere Katastrophe dieser Art zitterten sie vor Furcht. Sie suchten
begierig und fast verzweifelt nach einer Darstellung der Wirklichkeit, die nicht auf einen neuen Krieg in der Zukunft wies. Deshalb
wurden sie nachdenklich. Sie wünschten Deutschland in all seiner
teutonischen Komplexität nicht auf eine Schwarz-Weiß-Malerei von
Gut und Böse zu reduzieren. Die Kriegsgegner unter den Sozialisten
hoben hervor, dass Deutschland nach dem Ende des Ersten Weltkriegs mit dem Friedensvertrag von Versailles ein Unrecht zugefügt
worden sei. Die Kriegsgegner unter den Sozialisten bemerkten, dass
Deutsche, die in den slawischen Ländern im Osten lebten, von ihren
Nachbarn manchmal grausam behandelt wurden und dass Deutschland in den 1930er Jahren jedes Recht habe, sich über seine Nachbarn
zu beschweren, und dass die Deutschen tatsächlich litten, genau wie
Hitler gesagt hatte. Und nachdem sie die deutsche Szene so analysiert
hatten, kamen die Kriegsgegner unter den französischen Sozialisten
zu dem Schluss, dass Hitler und die Nazis mit ihrem Schimpfen auf
die Großmächte und den Vertrag von Versailles tatsächlich gerecht-
fertigte Argumente auf ihrer Seite hätten – selbst wenn der Nazismus
von der äußersten Rechten komme und ganz und gar nicht nach dem
Geschmack der Sozialisten war.

Die Kriegsgegner unter den Sozialisten wollten wissen: Warum
sollte die französische Regierung nicht angesichts von Hitlers For-

derungen ein wenig Flexibilität an den Tag legen? Warum nicht anerkennen, dass manche von Hitlers Argumenten durchaus angebracht waren? Warum nicht nach Möglichkeiten Ausschau halten, das erbitterte deutsche Volk zu besänftigen und damit auch die Nazis? Warum nicht alle Anstrengungen unternehmen und jeden Muskel anspannen, um ein neues Verdun zu vermeiden?

Die Kriegsgegner unter den Sozialisten Frankreichs waren nicht der Meinung, sie seien beim Vorbringen dieser Argumente feige oder prinzipienlos. Im Gegenteil, sie waren stolz auf ihre Antikriegsinstinkte. Sie betrachteten sich als außergewöhnlich tapfer und aufrichtig. Sie hatten das Gefühl, dass Mut und Radikalismus ihnen erlaubten, unter die Oberfläche der Ereignisse zu blicken und die tiefer liegenden Faktoren zu erkennen, die in den internationalen Beziehungen am Werk waren – die deutlichste Gefahr, der sich Frankreich gegenübersah. Diese Gefahr kam ihrem Urteil nach nicht von Hitler und den Nazis, jedenfalls nicht in erster Linie.

Die ernsteste Gefahr komme von den Kriegshetzern und Waffenherstellern Frankreichs ebenso sehr wie von den anderen Großmächten – den Leuten, die materiell von einem neuen Krieg profitieren würden. Die Gefahr komme von kriegslüsternen französischen Politikern, die in ihrer Habgier und Selbstsucht ein neues Verdun herbeiführen würden. Dies waren die Argumente bei den Kriegsgegnern auf der Linken, die politischen Argumente. Doch die politischen Argumente ruhten auch auf etwas Tieferem – einem philosophischen, profunden, weitgespannten und attraktiven Glauben, der nicht erschreckend war, sondern beruhigend. Es war der Glaube, dass selbst die Feinde der Vernunft in der modernen Welt nicht Feinde der Vernunft sein könnten. Selbst der Unvernünftige müsse auf irgendeine Art und Weise vernünftig sein.

Der Glaube, der diesen Argumenten gegen den Krieg zugrunde lag, war kurz ein unnachgiebiger Glaube an die universale Rationalität. Es war die altmodische liberale Naivität des neunzehnten Jahrhunderts – der einfältige Optimismus, der im Ersten Weltkrieg in Stücke gegangen war, der sich aber trotzdem unzerstörbar bis in die Vorstellungswelt des zwanzigsten Jahrhunderts hinübergerettet hatte. Dieser Glaube war die Kehrseite des Liberalismus – nicht des Liberalismus als des Vorkämpfers von Freiheit, Rationalität, Fortschritt und der Akzeptanz der Ungewissheit, sondern des Liberalismus als blinden Glauben an eine vorherbestimmte Zukunft, Liberalismus als Fantasie einer streng rationalen Welt, Liberalismus als Verleugnung. Das war die philosophische Lehre, die in der Vorstellungswelt der Kriegsgegner in Frankreich lauerte. Und von dieser antiken Vorstellung bewegt, starrten die Kriegsgegner unter den Sozialisten über den Rhein und weigerten sich einfach zu glauben, dass Millionen rechtschaffener Deutscher sich einer politischen Bewegung verschrieben hatten, deren treibende Grundsätze paranoide Verschwörungstheorien waren, schrecklicher Hass, mittelalterlicher Aberglaube und die Verlockung von Mord. In Auschwitz sagte die SS: »Hier gibt es kein Warum.« Die Kriegsgegner unter den Sozialisten in Frankreich glaubten so etwas nicht. In ihren Augen gab es immer ein Warum.

Hitler und die Nazis schimpften über die Juden, ja, und dieses Schimpfen klang mittelalterlich, und die schrillen Töne von Hass und Aberglaube schmerzten in den Ohren. Dennoch wollten die Kriegsgegner unter den Sozialisten ihre Feinde verstehen und sie nicht einfach abtun – sie wollten herausfinden, was daran verständlich war, was auch immer, die Punkte, auf die sich alle einigen konnten. So fragten sich die sozialistischen Kriegsgegner, als sie den wildesten Reden der Nazis lauschten, in einer nachdenklichen Stimmung: Was ist denn überhaupt Antisemitismus? Spiegelt jede einzelne Kritik an den Juden den Aberglauben des Mittelalters wider? Es sollte doch möglich sein, die Juden zu kritisieren, ohne dass man als Antisemit diffamiert wird. Hitler wütete über jüdische Finanziers. Damit schoss er über das Ziel hinaus. Dennoch, Frankreichs Sozialisten waren schon per definitionem die Feinde von Finanziers. Manche Finanziers waren Juden. Sollten jüdische Finanzgrößen von Kritik ausgenommen sein, einfach nur weil sie Juden waren?

Die sozialistischen Kriegsgegner nahmen die Kriegsbefürworter unter den französischen Politikern unter die Lupe. Waren nicht einige der Hardliner – die französischen Falken, die für den Krieg eintraten – Juden? Die sozialistischen Kriegsgegner begannen den Verdacht zu hegen, dass Juden in Frankreich eine Gefahr für das Bankwesen und den Kapitalismus darstellten; und genauso in Fragen von Krieg und Frieden. Die gegen den Krieg eingestellten Sozialisten stießen bei jedem Schritt, den sie machten, auf eine unumstößliche und unleugbare Tatsache: Der Ministerpräsident ihrer eigenen Partei, Léon Blum, war selbst Jude. Blum vertrat Hitler gegenüber eine harte Linie. Das war verdächtig. Erklärten nicht Blums jüdische Wurzeln seine unermüdlichen Anstrengungen, Frankreich dazu zu bringen, sich gegen Deutschland zu bewaffnen? War das Jüdischsein selbst nicht ein Problem, mit dem man rechnen musste – etwas Fragwürdiges, eine Bedrohung Frankreichs?

Die Kriegsgegner unter den Sozialisten verabscheuten Léon Blum. Diese Leute sahen ihn mit einem Ekel an, der bekanntermaßen in sexuelle Abneigung abdriftete – ein Hauptthema des Hasses gegen Blum. Und bei der Betrachtung seiner verabscheuungswürdigen Eigenschaften konnten sich die Kriegsgegner unter den Sozialisten – nicht alle von ihnen, aber einige – des Gefühls nicht erwehren, dass Hitler sich in der Judenfrage genau wie in anderen Fragen irrte, aber vielleicht nicht ganz. Dann kam die Invasion im Juni 1940. Die französische Armee erlitt eine Niederlage. Marschall Pétain und die extreme Rechte in Frankreich machten den Vorschlag, die Invasion zu akzeptieren und eine neue französische Regierung zu bilden, die Hitlers Führung anerkennen und ihm als loyaler Verbündeter dienen sollte. Die Nationalversammlung trat in Südfrankreich zusammen, und Blum und seine Gruppe unter den Sozialisten sowie einige der anderen Parteien weigerten sich, selbst angesichts der militärischen Niederlage auf einen solchen Vorschlag einzugehen. Doch in dieser Frage brachen die beiden Fraktionen des Sozialismus schließlich auseinander. Eine Mehrheit der Sozialisten in der Nationalversammlung, die Fraktion der Kriegsgegner, stimmte mit Pétain. Der Vorschlag des Marschalls wurde zu französischem Recht erhoben. Die neue Regierung wurde unter Pétains Knute Freund und Verbündeter des Nationalsozialismus. Blum wurde festgenommen und nach Dachau geschickt, und einige von Blums sozialistischen Genossen gingen in den Untergrund, um ihren Flügel der französischen Résistance zu organisieren.

Doch unter den sozialistischen Kriegsgegnern machten einige, die mit Pétain gestimmt hatten, den nächsten logischen Schritt und akzeptierten aus patriotischen und idealistischen Gründen Minister-posten in seiner neuen Regierung in Vichy. Einige von ihnen gingen auch noch ein wenig weiter und fingen an, in Pétains Programm für ein neues Frankreich und ein neues Europa einen Vorteil zu sehen – einem Programm für Stärke und Männlichkeit, einem Europa, das von einem Einparteienstaat statt der korrupten Cliquen der bürgerlichen Demokraten regiert wurde, einem von den Unreinheiten des Judentums und den Juden selbst gereinigtes Europa, einem Europa, wie es sich die antiliberale Vorstellungskraft immer gewünscht hatte. Und auf diese bemerkenswerte Weise vollendete ein Teil der sozialistischen Kriegsgegner Frankreichs eine Drehung um 180 Grad. Sie hatten als Verteidiger liberaler Wertvorstellungen und der Menschenrechte begonnen und sich Zug um Zug zu Verteidigern von Bigotterie, Tyrannei, Aberglaube und Massenmord entwickelt. Sie waren demokratische Linke, die auf wundersame Weise auf der schlüpfrigen schiefen Ebene eines naiven Glaubens an die Rationalität aller Dinge ins Rutschen gekommen waren und als Faschisten endeten.

Das sei lange her, sagen Sie? Nicht sehr lange.

Unser gegenwärtiges Dilemma ist durch Akte von Selbstmordterrorismus über uns gekommen – und es lohnt die Mühe, einen Blick auf die politische Landschaft dieser Taten zu werfen, angefangen mit den Leiden von Israelis und Palästinensern. 2000, im letzten Jahr seiner

Amtszeit, bot Bill Clinton die Schaffung eines Palästinenserstaates an. Jehud Barak, der israelische Ministerpräsident, hatte die israelische Armee schon aus dem Libanon zurückgezogen, was ihm in einem gewissen Sinn leicht fiel, weil die Israelis den Libanon ohnehin nicht dauerhaft hatten besetzen wollen. Doch jetzt rang Clinton Barak das Versprechen ab, sich aus Gebieten zurückzuziehen, die zumindest eine Minderheit von israelischen Juden für sich haben wollte – angefangen beim Gazastreifen über Teile Jerusalems sowie fast der gesamten Westbank. Und mit diesen israelischen Konzessionen in der Hand machte Clinton Jassir Arafat sein Angebot: ein palästinensischer Staat, der auf dem herausgegebenen Land errichtet werden sollte. Dieses Angebot wurde abgelehnt. Und auf der ganzen Welt – ganz gewiss in Europa – kam es so gut wie augenblicklich zu einem Konsens darüber, dass Arafat mit der Ablehnung des Angebots klug gehandelt habe. Es wurde weithin angenommen – das wurde in der Weltpresse berichtet, manchmal mit illustrativen Karten –, dass Clintons Angebot den vorgeschlagenen neuen Palästinenserstaat auf ein Archipel einsamer Inselchen hätte schrumpfen lassen, die auf allen Seiten von israelischen Soldaten umgeben wären und denen jede Möglichkeit fehle, eine wirkliche nationale Identität hervorzubringen.

Doch das war nicht der Fall. Clintons Chefunterhändler Dennis Ross hatte erklärt, dass der neue Palästinenserstaat in dem Angebot an Arafat mit Ausnahme des Gazastreifens vollständig zusammenhängend sein sollte. Selbst das in seiner entlegenen Ecke am Mittelmeer gelegene Gaza sollte durch eine Hochstraße und eine Bahnlinie quer durch Israel mit der Westbank verbunden werden – eine einfallsreiche Idee. So sollten die Palästinenser unbehindert hin und her fahren können, ohne ständig der Demütigung israelischer Kontrollpunkte ausgesetzt zu werden. Die meisten der israelischen Siedlungen der letzten zwanzig Jahre in den besetzten Territorien sollten endlich geräumt werden. Die jüdischen Fanatiker, die in ihrer Spielart des zwanzigsten Jahrhunderts die glorreichen Tage der alten Hebräer wieder auferstehen lassen wollten, sollten ihre Sachen packen und sich trollen. Das Angebot war also ernst gemeint. Es gestand den Palästinensern bis auf einen sehr kleinen Teil all das zu, was Arafat seit vielen Jahren lautstark verlangte, und selbst dieser kleine Teil sollte mit anderen Gebietsabschnitten kompensiert werden. Das Angebot gab den Palästinensern auch eine Hauptstadt in einem mit den Juden geteilten Jerusalem. Zuvor hatten die Israelis sich nie bereit erklärt, Jerusalem mit den Arabern zu teilen. Dies war nicht gerade ein Tiefpunkt für die nationalen Ziele der Palästinenser.

Und in diesem entscheidenden Augenblick gelang es der Hamas und dem kleineren islamischen Dschihad – den beiden Fraktionen der islamistischen Bewegung Palästinas – schließlich, die politische Szene der Palästinenser zu beherrschen, zumindest für den Augenblick. Die Terrorkampagne mit Selbstmordanschlägen, die seit vielen Jahren auf kleiner Flamme kochte, begann in eine echte Volksbewegung auszuarten – die Massen skandierten jubelnd ihre Zustimmung, die klagenden Mütter forderten ihre Kinder zum Sterben auf, die maskierten jungen Männer gelobten zu tun, was die Mütter verlangten, es gab die schrecklichen Poster, den Totenkult. Milizen von Arafats nationalistischer Organisation schlossen sich zusammen mit einigen von Arafats Rivalen auf der Linken der Kampagne an – so kam eine breite Koalition palästinensischer Gruppen quer durch das politische Spektrum zustande.

Die Selbstmordattentate begannen ernsthaft mit der Explosion einer Bombe in einer Teenager-Disco von Tel Aviv im Juni 2001. Tödlicher wurde es im Herbst und noch tödlicher im Jahre 2002, bis Massenmorde an Straßenpassanten oder zufälligen Menschenansammlungen zu allwöchentlichen und sogar täglichen Ereignissen wurden. Plötzlich sah man junge Frauen als Selbstmordterroristinnen, und nach ihrem Tod wurden sie als feministische Rollenvorbilder im Reich der Toten gefeiert. Und in diesem entsetzlichsten aller Augenblicke ereignete sich ein bemerkenswertes Parallelereignis.

Auf der ganzen Welt brach die Popularität der palästinensischen

Sache nicht zusammen. Sie wurde stärker. In den Vereinigten Staaten erwiesen sich die ersten Monate des Jahres 2002 als der Moment, in dem studentischer Aktivismus zugunsten der palästinensischen Sache endlich öffentliche Aufmerksamkeit auf sich zu lenken begann. Studenten und Professoren begannen mit ihrer Kampagne, um Amerikas Universitäten dazu zu bringen, Israel ökonomisch zu boykottieren. In Großbritannien und im übrigen Europa begannen Professoren mit ihrem Boykott wissenschaftlicher Konferenzen in Israel. In Europa begann man israelische Professoren auf die schwarze Liste zu setzen. In mehreren Ländern auf der ganzen Welt stürzte sich die radikale Bewegung der Globalisierungsgegner in die neue Sache.

José Bove, der kühne französische Bauer, der in Frankreich ein McDonald's-Restaurant mit theatralischem Aufwand demoliert hatte, wählte diesen Moment, um nach Ramallah zu reisen, dem Sitz von Arafats Palästinenserbehörde, um dort seine Solidarität als Agrarier zum Ausdruck zu bringen. Im April 2002 veranstalteten Globalisierungsgegner in Washington, D.C., einen Massenprotest, bei dem das neue Thema der Solidarität mit den Palästinensern das überlieferte Thema des Protests gegen die plutokratischen Institutionen der Weltfinanz verdrängte.

Natürlich sagten die meisten, die in jenen frühen Monaten des Jahres 2002 aufstanden, um für die palästinensische Sache einzutreten, kein Wort zum Lob des Selbstmordterrorismus, und einige wandten sich sogar dagegen. Dennoch hatte der Selbstmordterror seine Verteidiger, und diese waren durchaus keine Randgruppe und nicht schwer auszumachen. Beim Marsch der Globalisierungsgegner nach Washington skandierten einige der Teilnehmer »Märtyrer, nicht Mörder« – ein schauriger Singsang, der in etwa bedeuten sollte: Die Morde sind keine Morde, und die Mörder sind Helden. Einige der Verteidiger waren Intellektuelle. Jedes Jahr versammeln sich in New York ein paar tausend linke und liberale Akademiker und politisch Interessierte zusammen mit einigen europäischen und lateinamerikanischen Kollegen und Genossen bei etwas, was Konferenz Sozialistischer Wissenschaftler heißt – eine lebhafte Veranstaltung, an der ich oft teilgenommen habe, manchmal als Redner.

Doch bei der Konferenz von 2002 hörte sich ein nicht gerade kleines Publikum an, wie ein ägyptischer Romancier eine junge Palästinenserin verteidigte, die kurz zuvor Selbstmord und Mord verübt hatte – und nachdem sie die Verteidigung gehört hatten, spendeten die Zuhörer Beifall. Das war in New York beispiellos – zumindest außerhalb der Versammlungen der islamistischen Bewegung. Und diese Ereignisse des Frühjahrs 2002 – die skandierenden Marschierer, die applaudierenden Intellektuellen – waren typisch für rund hundert andere Ereignisse überall in den Vereinigten Staaten und mehr noch in Europa, von Lateinamerika und anderen Orten ganz zu schweigen. Ein eisiger Hauch legte sich auf das Land. Der Temperatursturz war deutlich zu spüren. Urplötzlich waren Worte der Wertschätzung für Selbstmordanschläge zu hören – einer perversen Wertschätzung, ausgedrückt von zivilisierten Menschen, die keine zwei oder drei Monate zuvor sich nie hätten vorstellen können, eine solche Meinung zu äußern. Was könnte diese plötzliche atmosphärische Veränderung erklären? Die neue Aufmerksamkeit für den Nahen Osten bei Leuten, die sich zuvor nie dafür interessiert hatten, die zunehmende Solidarität für die palästinensische Sache in ihrem gewalttätigsten Augenblick, die neue Sympathie für die Ermordung von zufälligen Passanten und öffentliche Selbstmorde – was erklärte diese Entwicklungen?

Selbstmordterror erklärte diese Entwicklungen. Gewalt übt eine Anziehungskraft aus. Auf den israelischen Bürgersteigen flogen die Nagelbomben in die Luft, die verstümmelten Leichen von Juden und Arabern lagen auf dem Straßenpflaster, die Szenen gingen im Fernsehen um die ganze Welt, die Israelis schlugen zurück, und überall flimmerten Bilder von palästinensischen Beerdigungen über die Fernsehbildschirme. Es waren Angehörige und Freunde zu sehen, die Rache schworen. Die Fotos toter junger Frauen schmückten die Zeitungen, als wären es Hochzeitsanzeigen. Und für Menschen, die sich diese Fernsehsendungen ansahen und die Zeitungsberichte lasen und bei den Fotos verweilten, stellte diese ganze Sache ein echtes Dilemma dar, das dringend nach einer Lösung verlangte. Die Bilder legten die Vermutung nahe, dass in Palästina ein Massenwahn ausgebrochen war. Ich glaube, dass jeder, der sich diese Bilder irgendwo auf der Welt aufmerksam angesehen hat, von diesen Szenen schockiert war. Und das mentale Debakel war unvermeidlich.

Sobald die Terroristenanschläge begonnen hatten, wandte sich die Stimmung der Wähler gegen Barak und die »Peaceniks«, die Friedensfreunde, was nicht weiter verwunderlich ist, und wandte sich stattdessen Ariel Sharon und dessen harter Linie zu; und die harte Linie wurde durchgesetzt. Sharon hatte ohnehin nie an Verhandlungen geglaubt. Ebenso wenig wollte er Land aufgeben. Seine Politik war die Peitsche ohne Zuckerbrot. Er bemühte sich nicht um die palästinensischen Liberalen, er beleidigte sie. Eine langfristige Lösung schien außerhalb seiner Vorstellungskraft zu liegen, mochte er, von Bush dazu aufgefordert, von Zeit zu Zeit auch ein paar Worte über einen palästinensischen Staat in ferner Zukunft murmeln. Sharon wollte hart gegen Terroristen durchgreifen und tat dies auch, selbst wenn Passanten dabei getötet wurden. Dennoch entsprach diese Politik einer offenkundigen Logik militärischer Argumentation. Einer konventionellen Logik: dass man Gewalt unter einer Decke noch größerer Gewalt erstickt. Und wie jeder hätte vorhersagen können, verlangsamte sich der Rhythmus von Terroranschlägen ein wenig, sobald die Panzer durch die Straßen der palästinensischen Städte rollten, die Ausgehverbote in Kraft gesetzt wurden und die schrecklichen Strafaktionen zur Zerstörung von Häusern auf der Westbank und später auch in Gaza führten.

Doch wie sah die Logik der Selbstmordattentate aus? Es war leicht zu erkennen, wie sich die jungen Selbstmordattentäter am Ende bereit erklärt hatten, sich umzubringen. Große und einflussreiche Institutionen an anderen Orten in der arabischen Welt, die saudischen Prinzchen, die Baath-Parteien Iraks und Syriens, einige der großen

Einrichtungen des arabischen Journalismus sagten ihnen, sie sollten es tun, und im Fall der Saudis und der Iraker bezahlten sie die jungen Leute sogar. Der Druck aus anderen Ländern wurde in einen Druck zu Hause verwandelt, dem junge Leute kaum widerstehen können. Geistliche und Lehrer rieten zum Selbstmord. Doch was dachten diese Geistlichen und die anderen Erwachsenen? Das war nicht leicht zu erkennen. Clinton und Barak hatten schon einen Palästinenserstaat angeboten. Vielleicht war es der Zweck der Selbstmordattentate, die Grenzen des vorgeschlagenen neuen Staats auszuweiten – obwohl Arafat in diesem Fall in Camp David um ein größeres Stück Land hätte feilschen können. Damit wäre die Frage von etwas weiteren Grenzen zumindest angesprochen worden. Oder vielleicht bestand der Zweck darin, die vorgeschlagenen neuen Grenzen um mehr als nur ein kleines Stück zu erweitern, einen Palästinenserstaat in einem ganz anderen Maßstab zu erhalten. Doch die acht Jahre langen Verhandlungen von Israelis und Palästinensern, die in Oslo begonnen hatten, hatten ja gerade den Zweck, einen Kompromiss zu erarbeiten. Oder vielleicht bestand der Zweck der Attentate darin, wie Hamas und islamischer Dschihad ganz offen verkündeten, Israel insgesamt auszulöschen und die Scharia überall im Land in Kraft zu setzen. Doch dies lag nicht im Bereich des Möglichen. Tatsächlich hatte keines der vorstellbaren Ziele auch nur die geringste Chance, verwirklicht zu werden, und ganz besonders nicht nach dem 11. September 2001. Die Attentate auf die Vereinigten Staaten brachten amerikanische Interessen ins Spiel, und Amerikas Verteidigung verlangte, dass Israel angesichts von Terroristenbomben keinen Millimeter nachgab – wenn auch nur, um jeden von der Annahme abzuhalten, dass auch Amerika angesichts von Selbstmordanschlägen einen Millimeter zurückweichen könnte.

Der Selbstmordterror gegen die Israelis konnte nur in einem Bereich erfolgreich sein, nämlich im Reich des Todes – dem Reich, in dem ein perfekter palästinensischer Staat im Schatten einer perfekten koranischen Ruhe gedeihen konnte, gereinigt von ungeheuerlichen

Gedanken, von Versuchungen, rivalisierenden Glaubensvorstellungen und ethnischen Gruppen. Unter den Palästinensern schien dies jeder auf irgendeiner Ebene zu verstehen. Die herausfordernde Zurschaustellung von Säuglingsleichen bei palästinensischen Beerdigungen, die makabren Poster, die jungen Männer, die in Märtyrergewändern durch die Straßen marschierten – diese Äußerungen und Aktionen zeigten überdeutlich, dass in der allgemeinen Vorstellung Utopie und Leichenschauhaus eins geworden waren. Die »Straße« verstand, und der Tod war das Ziel. Und überall auf der Welt mussten sich gutmütige Menschen, die diese Szenen beobachteten, die Frage stellen: Kann das wahr sein?

Ist die Welt wirklich ein Ort, an dem Massenbewegungen sich in Leichentücher hüllen und zum Friedhof marschieren? Das schien undenkbar zu sein. Und auf der ganzen Welt wurde die Versuchung groß, geradezu unwiderstehlich, zu dem Schluss zu gelangen, dass die Welt ein rationaler Ort bleibt und dass Massenwahn einfach nicht existiert und dass Verleumder zugunsten enger materieller Interessen ein Lügengewebe stricken. Nein, Selbstmordanschläge müssen eine rationale Reaktion auf reale Bedingungen sein – es muss so sein, vielleicht auf eine Weise, die für das bloße Auge unsichtbar ist.

Und so beeilten sich Leute überall auf der Welt, Erklärungen dafür vorzulegen, inwiefern der scheinbare Massenwahn überhaupt nicht abartig sei, dass Terror vernünftig, erklärlich und vielleicht sogar bewundernswert sei. Für jeden, der sich an die Geschichte der französischen Kriegsgegner unter den Sozialisten erinnerte, war dies nur zu vertraut. Manche redeten sich ein, dass die islamistische Ideologie im Grunde gar keine sei. Die Hamas war für sie nicht die Hamas, und das Ziel der Selbstmordattentäter sei eine gemäßigte und vernünftige Teilung in zwei Staaten – eine der Vereinten Nationen würdige Lösung, bei der Terror nichts weiter sei als Taktik, um Druck auszuüben, etwa wie bei einem Streik von Gewerkschaftern. Manche Leute redeten sich auf der anderen Seite ein, dass Israel kein Existenzrecht besitze und dass die islamistische Ideologie in dieser Frage fair und vernünftig sei und dass der Selbstmordterror für eine gerechte Sache eintrete. Manche Leute – eine weit größere Zahl – erkannten, dass Selbstmordterror taktisch unproduktiv ist und dass ein Selbstmord ein Selbstmord ist. Und doch machten sich in dem Selbstmordterror echte und deshalb lobenswerte Emotionen Luft. Der Selbstmordterror sang in dieser Interpretation das Loblied von Palästinensern, die ohne einen eigenen Staat das Leben nicht länger ertragen konnten. Manche waren der Meinung, dass Israels religiöse Fanatiker, die Ultrarechten, bei der Inbesitznahme neuer Landparzellen für Siedlungskolonien Massen von Palästinensern um den Verstand gebracht hätten, besonders junge Menschen, die jetzt am liebsten sterben wollten. Und die Selbstmordterroristen seien tatsächlich verrückt, doch daran seien ihre Feinde und nicht ihre Anführer und ihre eigenen Lehren schuld.

Es gab kurz den Gedanken, dass jeder neue Mord und jeder neue Selbstmord ein Beleg dafür sei, wie sehr die Israelis die Palästinenser unterdrückten. Der palästinensische Terror war nach dieser Ansicht der Maßstab für die Schuld der Israelis. Je grotesker der Terror, umso tiefer die Schuld. Und wenn unergründliche Motive die Selbstmordattentäter vorwärts zu treiben schienen, sei auch die Unterdrückung durch die Israelis mit einer logischen Schlussfolgerung ebenso dazu verdammt, unergründlich zu sein – eine bodenlose Unterdrückung, die ein Höchstmaß an Gewalt habe entstehen lassen, nämlich Selbstmordanschläge.

Die Pendlerbusse, die Pizzerias, die Discos, die Speisesäle der Hotels, die Bürgersteige voller Menschen – überall explodierten Bomben und richteten ein blindwütiges Gemetzel an. Und mit jeder neuen Gräueltat konnten Israel noch schwerere Anschuldigungen gemacht werden. Diese Anschuldigungen spannen Variationen über ein einziges Thema. Es war der Gedanke, dass der Zionismus mehr sei als ein Programm nationaler Selbstbestimmung für die Juden, mehr als eine einfache und aufrichtige Lehre jüdischer Selbstverteidigung. Der Zionismus sei im Gegenteil Rassismus – ein Programm von

Hass und Verachtung für andere Völker. Und als dieser Gedanke erst einmal etabliert war, waren die bildhaften Ausdrücke und Vorstellungen aus den Argumenten der neuen Palästinenser-Sympathisanten nicht mehr wegzudenken. Der Vergleich Israels mit der alten weißen Republik Südafrika aus den Tagen der Apartheid markierte nur den ersten dieser bildhaften Ausdrücke. Der Vergleich war leicht zu ziehen. Er lag für jeden sozusagen auf der Hand, der sich (wie die meisten) vorstellte, dass es Israels nichteuropäische Juden gar nicht gab und dass die europäischen Juden Israels nicht in erster Linie Flüchtlinge waren, sondern stattdessen koloniale Siedler, und dass der Zionismus wie die Apartheid eine Lehre der Verachtung für die Nicht-Europäer war.

Doch nicht einmal dieser Tropus genügte, um den Selbstmordterror zu erklären. In Südafrika hatte der Widerstand gegen die Apartheid während der schlimmsten Tage des weißen Rassismus zu allen möglichen Formen von Gewalt und sogar zu Akten blindwütigen Terrors gegriffen, jedoch nie im Rahmen einer umfassenden Politik; dennoch hatten es die südafrikanischen Widerständler geschafft, nicht in den tiefsten Niederungen nihilistischer Verzweiflung zu versinken. Wie soll man erklären, dass die Palästinenser im Gegensatz dazu genau das getan hatten? Palästinensischer Nihilismus konnte nur bedeuten, dass palästinensisches Leiden in bedeutsamer Weise schlimmer sei als die Leiden Südafrikas in der Vergangenheit. Die Analogie zu Südafrika wich deshalb einem grausigeren und wütenderen Tropus, nämlich dem Nazismus. Israel wurde in der Rhetorik seiner Ankläger zu einem Nazi-Gebilde – einem dem Bösen so zutiefst ergebenen Staat, so weit jenseits der Grenzen menschlichen Anstands, dass Selbstmordanschläge auf Seiten seiner Opfer zu einer verständlichen Reaktion wurden

Die Vorstellung, der Zionismus sei eine Art Nazismus, ist im Lauf der Jahrzehnte in der Sprache von Israels Kritikern und Feinden immer wieder aufgetaucht. Es sollte eines Tages eine offizielle Geschichte dieses Gedankens geschrieben werden, die genau Zeiten und

Orte aufführt, in denen die Nazi-Analogie Mode wurde und wieder verebbte. (So gab es zum Beispiel den eigentümlichen Fall der radikalen Linken in der Bundesrepublik, die in den 1960er Jahren vehement Anti-Nazi wurde und zugleich damit begann, den jüdischen Staat mit dem Etikett »Nazi« zu versehen – um dann Ende der 1970er und 80er Jahre diesen Tropus aufzugeben. Oder, um ein eigenartigeres Beispiel zu nennen, es gab in der nationalistischen öffentlichen Meinung der Araber einen Bruch; bis zu den 1960er Jahren sahen die Araber mit Sympathie auf den Nazismus, um dann, in einer bemerkenswerten Kehrtwendung, die Nazis als Böse zu sehen – um dann das Nazi-Etikett an Israel zu heften.) Und jetzt, in diesen gewalttätigen Monaten der Jahre 2001 und 2002, in denen die terroristischen Selbstmordattentate einen Höhepunkt erreichten, hatte die Vorliebe für einen Vergleich Israels mit einem Nazi-Staat einmal mehr Konjunktur.

Im Frühjahr 2002 jagte die israelische Armee in Dschenin auf der Westbank Terroristen. Auf beiden Seiten kamen zahlreiche Menschen ums Leben: Etwa dreiundzwanzig israelische Soldaten sowie zweiundfünfzig Palästinenser wurden getötet, von denen einige Zivilisten waren. Es war ein grausiges Ereignis und der Organisation Human Rights Watch zufolge eine Straftat – obwohl der israelische Angriff von einem dezidiert militärischen Standpunkt aus als Durchbruch in relativ zivilisierter Armeetaktik galt, als ein Beispiel dafür, wie man in Häuserkämpfen vorzugehen hat, ohne zufällig und irrtümlich zahlreiche Menschen zu töten. Der Angriff wurde nicht nach russischer Manier vorgetragen; Dschenin war nicht Grosny. Doch in der Vorstellung vieler Leute zielte der israelische Angriff an Grosny vorbei auf den Nazi-Horizont, sodass die Kämpfe in Dschenin wie ein veritabler Holocaust wirkten, ein Auschwitz oder in einem alternativen Bild als das nahöstliche Gegenstück des Einfalls der Wehrmacht im Warschauer Ghetto. Diese bildhaften Vergleiche fanden auf der ganzen Welt bei vielen Anklang. Beim Eingeben der beiden Namen »Dschenin« und »Auschwitz« bei Google im Internet erfolgten 2890 Einträge. Unter den beiden Namen »Sharon« und

»Hitler« ergaben sich 63 100 Einträge. Und selbst der Nazismus erschien vielen Kritikern Israels als zu blass, um die schauerliche Natur des israelischen Vorgehens zu erklären. Das Pathos des Selbstmordterrors ist nämlich grenzenlos, und wenn palästinensische Teenager sich bei der Ermordung harmloser Passanten selbst in die Luft jagten, würde eine rationale Erklärung noch extremere bildhafte Vergleiche erfordern, die noch über den Nazismus hinausweisen.

Auf dem Höhepunkt der Kampagne von Selbstmordattentaten zu Beginn des Jahres 2002 schickte eine Schriftstellerorganisation namens Internationales Schriftstellerparlament eine Delegation in die Palästinensergebiete, um ihre Solidarität mit palästinensischen Schriftstellern zu bekunden und der Welt Bericht zu erstatten. Das Schriftstellerparlament ist eine relativ neue Organisation. Sie wurde als so etwas wie eine elitäre Alternative oder Ergänzung zur älteren und bürokratischer organisierten internationalen Schriftstellerorganisation PEN gegründet. Salman Rushdie war einer der Mitbegründer des Parlaments – was heißen soll, dass man vom Schriftstellerparlament hätte erwarten können, dass es eine umfassende Kenntnis des islamistischen Radikalismus und seiner Konsequenzen auf der ganzen Welt an den Tag legt.

Doch das wäre vielleicht eine unfaire Erwartung. Vielleicht sollte man das Schriftstellerparlament einfach als eine weitere soziologische Kostprobe der westlichen Intelligenzia sehen. Die Schriftstellerdelegation schwebte in Ramallah ein. Dort war Sharon gerade mit Versuchen befasst, Arafats habhaft zu werden. Er machte sich daran, Arafats Dienstsitz Zimmer für Zimmer schleifen zu lassen, ohne ihn je wirklich zu töten – ein surreales Spektakel. Und nachdem die Schriftstellerdelegation ihre Rundfahrt gemacht hatte, legte sie der Außenwelt ihre Berichte vor, und die Berichte erwiesen sich als eine Art *Catalogue raisonné* der Standardbegriffe von Terror und Zionismus.

Breyten Breytenbach, ein südafrikanischer (und Pariser) Schriftsteller, schrieb einen offenen Brief an Sharon, den er nicht als Ministerpräsident anredete, sondern als »General Sharon«. Breytenbach klagte, dass »jede Kritik an Israels Politik« als »ein Ausdruck von Antisemitismus« diffamiert werde. Diese Art von Verleumdung erscheine ihm als eine Bedrohung der Freiheit der Meinungsäußerung, und er werde sich das nicht bieten lassen. »Ich weise diesen Versuch der Zensur zurück«, schrieb er. Er gab zu, dass »oberflächliche Vergleiche« unpräzise Argumente ergäben. »Die Apartheid war nicht Nazismus«, erläuterte er, und die israelische Politik »sollte nicht mit der Apartheid gleichgesetzt werden«. Dann fuhr er fort und verglich die Palästinensergebiete mit dem System der Apartheid – »denn sie erinnern nur zu oft an die Ghettos und die kontrollierten Elendslager, die man in Südafrika kannte«. Er erklärte, dass die rassistischen Weißen sich im früheren Südafrika selbst als ein *Herrenvolk* zu betrachten pflegten – mit dem Nazibegriff. Nach Breytenbachs Ansicht sähen sich auch die Israelis als ein *Herrenvolk*. Er sagte zu General Sharon: »Wie sonst soll man das Verhalten Ihrer Armeen schildern, wenn man von dem Schrecken dessen überwältigt wird, was Sie tun?«

In Breytenbachs Darstellung manipulierten die Israelis die Vereinigten Staaten mit grobschlächtiger Propaganda, obwohl er Benjamin Netanjahu und nicht Sharon für den Hauptschuldigen hielt. Hier kehrte Breytenbach zu einem älteren Tropus zurück, der jedem vertraut gewesen wäre, der sich an die Art und Weise erinnerte, in der Léon Blum immer diffamiert wurde. Breytenbach schrieb persönlich an General Sharon: »Ihr Gebrauchtwagenhändler und Doppelgänger Netanjahu setzt diesen Trick der groben Propaganda offener ein, als wäre er ein schmutziger Finger, der an der Klitoris einer fast ohnmächtigen öffentlichen Meinung in Amerika herumspielt.« Es war ein wenig seltsam, etwas von Netanjahu zu schreiben, der in diesem Augenblick in Israel kein Amt mehr innehatte; aber offen gesagt war General Sharon viel zu dick und ein wenig zu alt, um überhaupt zu irgendeiner sexuellen Reaktion anzuregen, selbst zu sexuellem Ekel.

Breytenbach kam, wenn auch nur kurz, auf den Selbstmordterror zu sprechen. Er missbilligte ihn – »die kaltblütigen Massaker an Unschuldigen, die von fanatischen Warlords im Namen des Widerstands angeordnet werden«. Trotzdem zitierte er mit offenkundiger Billigung die Bemerkungen eines Mannes, den er als Menschenrechtsanwalt bezeichnete – der, wie Breytenbach sagte, »voller Bitterkeit bemerkt hat, dass die Unterdrückung jetzt den Menschen unter die Haut geht und dass sie jetzt außer ihrer Haut nichts mehr haben, womit sie sich verteidigen können. Daher die menschlichen Bomben.« Breytenbach schloss mit der Warnung, dass der Selbstmordterror auch zwangsläufig wirksam sein werde. Er werde »Israel zutiefst teilen und schwächen«. Kurz, Breytenbach erschien an den menschlichen Bomben nichts irrational und erklärungsbedürftig. Selbstmordterror war für ihn das genaue Gegenstück zu Israels höchst abstoßenden Eigenschaften. Das alles konnte man in *Le Monde* nachlesen.

Und was ist mit dem abschließenden Tropus in der Anschuldigung gegen Israel, das, was über den Nazismus hinausgeht? Breytenbach spielte in einem Ausdruck darauf an, der den Begriff *Herrenvolk* mit dem Ausdruck »auserwähltes Volk« verband – womit er einen Nazibegriff mit einer Idee des Judentums verband. »Ich bin auch unter einem ›auserwählten Volk‹ aufgewachsen, das sich als Herrenvolk benahm«, schrieb er – und kombinierte damit säuberlich in einem einzigen Satz die Bilder von Apartheid, Nazismus und Judentum. Dieses letzte Bild jedoch, das Bild vom Judentum, tauchte weit klarer in den Erklärungen eines anderen Delegierten des Schriftstellerparlaments auf, bei dem portugiesischen Romancier José Saramago. Saramago löste in Ramallah einen Aufruhr aus, indem er sich in einer Bemerkung auf den Nazismus berief, die selbst bei seinen Mitdelegierten als unangemessen angesehen wurde. Sharons Belagerung Arafats in dessen Amtssitz sei, so Saramago, »ein mit Auschwitz vergleichbares Verbrechen«, obwohl niemand getötet worden sei – und dem israelischen Journalisten, der ihn fragte, wo denn die Gaskammern seien, entgegnete Saramago: »Noch nicht da.« Doch das war nur eine beiläufige Bemerkung. Auch Saramago schrieb anschließend einen Essay, in dem er sich ausführlicher und eloquenter ausdrückte.

Saramago war ebenso wie Breytenbach der Ansicht, dass sich Israels furchtbare Politik auf das Judentum zurückführen lasse. Saramago brachte das Alte Testament und die Geschichte von David und Goliath zur Sprache. Diese Geschichte beschreibt in Saramagos Interpretation eine blonde Person (Saramago schien es für wichtig zu halten, Blondheit mit den Juden in Verbindung zu bringen), die eine grausam überlegene Technologie, die Steinschleuder, dazu verwendet, einen wehrlosen und höchstwahrscheinlich nicht blonden Mann aus großer Entfernung niederzustrecken, den unglücklichen und unterdrückten Goliath. Das Folgende verdeutlichte nach Saramagos Ansicht den Wesenskern von Israels Aktionen in den ersten Monaten des Jahres 2002:

Der blonde David von einst überblickt von einem Hubschrauber aus das besetzte palästinensische Territorium und feuert Raketen auf unbewaffnete Unschuldige ab; der zartgliedrige David von einst bemannt die stärksten Panzer in der Welt und macht alles platt und jagt alles in die Luft, was ihm über den Weg läuft; der lyrische David, der zum Lobe Bathshebas sang, heute verkörpert in der Riesengestalt eines Kriegsverbrechers namens Ariel Sharon, schleudert heute die »poetische« Botschaft in die Luft, dass es zunächst nötig ist, die Palästinenser zu erledigen, um später mit denen zu verhandeln, die übrig bleiben.

Saramago schrieb sich in Rage:

Geistig von dem messianischen Traum von einem Groß-Israel berauscht, das schließlich die Expansionsträume des radikalsten Zionismus verwirklichen wird; von der monströsen und tief verwurzelten »Gewissheit« kontaminiert, dass es in dieser von Katastrophen geprägten absurden Welt ein von Gott auserwähltes Volk gebe und dass infolgedessen alle Aktionen eines besessenen, in psychologischer wie pathologischer Hinsicht exklusiv gesinnten Rassismus gerechtfertigt seien; erzogen und ausgebildet in dem Gedanken, dass jedes Leiden,

das jemals anderen zugefügt worden ist, gegenwärtig zugefügt wird
oder zukünftig angetan werden wird, besonders den Palästinensern,
niemals dem gleichkommen werde, was sie selbst im Holocaust erlitten
haben, kratzen sich die Juden endlos ihre Wunde, damit sie immer
weiter blutet, um sie unheilbar zu machen. Sie tragen sie vor sich her,
als wäre sie eine Flagge. Israel beansprucht die schrecklichen Worte
Gottes im fünften Buch Mose für sich: »Die Rache ist mein.« Israel
will, dass wir uns wegen der Schrecken des Holocaust direkt oder
indirekt alle schuldig fühlen; Israel möchte, dass wir auf das elemen-
tarste kritische Urteil verzichten und uns in ein friedliches Echo seines
Willens verwandeln; Israel möchte, dass wir de jure anerkennen, was
in seinen Augen eine De-facto-Realität ist: absolute Straflosigkeit.
Vom Standpunkt der Juden aus kann Israel niemals vor Gericht ge-
stellt werden, weil es in Auschwitz gefoltert, vergast und verbrannt
wurde.

In rhetorischer Hinsicht waren dies großartige Sätze. Hier gab es keine obszönen Bilder und schmutzigen Finger – hier war ein Aristokrat des Wortes am Werk. Die barocken Semikolons und die dahinrollenden Sätze dröhnen wie Trommeln. Man sieht, weshalb Saramago 1998 den Nobelpreis erhalten hat. Er bot dem Leser jedoch noch einen zusätzlichen Gedanken, der ihm ganz am Ende seines Essays einfiel – ein nachträglicher Gedanke. Er überlegte, dass sich manche Menschen vielleicht über die Selbstmordbomber wundern könnten. Saramago setzte eine äußerst ausdrucksvolle Ellipse ein, um dieses Thema anzusprechen – eine fabelhafte Darbietung von Verachtung und Geringschätzung in einer wohlabgewogenen Stimmlage:

Ah, ja, die abscheulichen Massaker an Zivilisten durch die so genann-
ten Selbstmordterroristen ... Entsetzlich, ja, zweifellos; verdammens-
wert, ja, zweifellos, aber Israel hat immer noch eine Menge zu lernen,
wenn es nicht fähig ist, die Gründe dafür zu verstehen, die einen
Menschen dazu bringen können, sich in eine Bombe zu verwandeln.

Und damit erwiesen sich die Selbstmordterroristen wieder einmal auf diese schneidige Art als in normalen Begriffen voll und ganz verständlich – zu ihren Taten durch die Schrecken des blonden Rassismus und durch Traditionen getrieben, die bis zu den alten Hebräern zurückreichten. Dieser Essay war in *El País* abgedruckt, der führenden Tageszeitung der Spanisch sprechenden Welt. Und als die bildhaften Vorstellungen von Südafrika und Nazismus schließlich in die tieferen, fundamentaleren Sedimente religiösen Glaubens einsickerten, sank auch die vernünftige Betrachtung des Selbstmordterrors schließlich auf ein Niveau, das lange zuvor von der Anti-Kriegs-Fraktion der alten französischen Sozialisten erreicht worden war, und die schönen Seelen der literarischen Klasse Europas fanden sich erneut nolens volens auf dem rhetorischen Boden der traditionellen äußersten Rechten abgekippt, wo sie über das Judentum wetterten, seine zwanghafte Hasserfülltheit, seine Rachsucht, sein Bemühen, den Rest der Welt zu einem Instrument seines Willens zu reduzieren – all dies, um in einer letzten Anstrengung zu zeigen, dass wahnhafte Massenbewegungen nicht existieren, es sei denn, sie würden von finsteren Unterdrückern herbeigezaubert.

Die weltweite Reaktion auf die Welle der Selbstmordanschläge in Israel und den Palästinensergebieten war in einer anderen Hinsicht bemerkenswert. Der Höhepunkt der Terroranschläge in den ersten Monaten des Jahres 2002 erwies sich als genau der Augenblick, in dem man sich überall genötigt sah, seiner Wut auf die Israelis Ausdruck zu verleihen. Dann geschah etwas Merkwürdiges. Die israelische Repression stellte sich auf die Langstrecke ein und nahm allmählich zu. Die vielen Hinweise auf einen palästinensischen Fortschritt seit dem Osloer Abkommen von 1993, die Ausdehnung des palästinensischen Mittelstands, die neuen Unternehmen und Touristenhotels, die Joint Ventures mit Israelis, die wachsende Zahl von Gemeinden, in denen die Palästinenserbehörde die Verwaltungshoheit von den Israelis übernommen hatte, das für viele vermeintlich schon sichtbare Näherrücken eines allseitig anerkannten Palästinenserstaats – all diese fragilen Errungenschaften der 1990er Jahre brachen plötzlich zusammen, platt gewalzt von den israelischen Panzern. Die palästinensische Wirtschaft, der Zugang der Menschen zu Bildung, ihre Armut, die Chancen auf persönlichen Erfolg, sogar die körperliche Gesundheit der Menschen – das gesamte Leben innerhalb der Palästinensergebiete verschlechterte sich dramatisch.

Und als die Situation der Palästinenser immer verzweifelter wurde, nahm die weltweite Protestwelle ab, statt weiter zu wachsen. Vielleicht nicht in jeder Beziehung. In den Vereinigten Staaten wurde die Kampagne fortgesetzt, amerikanische Universitäten dazu zu bewegen, Israel zu boykottieren.

Wie kam es dazu? Die Leute, die zuvor protestiert hatten und jetzt weniger feurig zu sein schienen – die skandierenden Marschierer auf den Straßen, die Schriftsteller, die ihre schneidigen Essays komponierten –, werden eigene Erklärungen anzubieten haben. Vielleicht fielen diese Leute lediglich in Erschöpfung. Ich kann mir jedoch noch etwas anderes vorstellen, was mit dem zu tun hat, was ich zuvor gesagt habe. Die Selbstmordattentate lösten weltweit eine philosophische Krise bei all denen aus, die gern glauben wollten, dass eine rationale Logik die Welt beherrscht – eine Krise für jeden, dessen Überzeugung es nicht zuließ, sich mit der Existenz wahnhafter Massenbewegungen abzufinden. Die Proteste gegen Israel dienten von diesem Standpunkt aus einem eher nützlichen Zweck, indem man die Last des Selbstmordterrors auf israelische Schultern abwälzte. Die Proteste erklärten das Unerklärliche. Aber als es israelischer Repression gelang, einige der Selbstmordattentate zu ersticken, entfiel die Notwendigkeit, die Rationalität der Weltereignisse zu verteidigen – und infolgedessen ließ der Impuls, Israel mit Bildern von Nazis, Apartheid und dem hasserfüllten Judentum zu drapieren, immer mehr nach.

Es gibt noch eine weitere, etwas unheimlichere Erklärung. Sie springt uns von den Seiten von Camus fast an. Das Finstere erregt, wie Camus bemerkte. Die Sünden von Selbstmordattentaten lösen eine Erregung aus, die manchmal eine offen sexuelle Form annimmt.

Die Leser Baudelaires werden in dieser Beobachtung nichts Überraschendes finden, von den Lesern de Sades ganz zu schweigen. Eine New Yorker Zeitung veröffentlichte ein Foto von Frauen in Madrid, die nackt in der Öffentlichkeit paradierten, wenn man von knappen falschen Selbstmordbombengürteln absieht, die als Bikinis getragen wurden. So sieht der angenehme Kitzel von Mord und Selbstmord aus. Solange die Welle von Selbstmordattentaten im Nahen Osten auf ihrem Höhepunkt war, war diese Art Erregung auf der ganzen Welt zu spüren. Die Schamlosen riefen die Schamlosen wach, und Demonstranten liefen auf die Straße, um ihre modischen verbalen Attacken zu reiten, und die Helden der Feder stürmten mit ihrem erschreckend dürftigen Repertoire an symbolträchtigen Bildern zurück in die Zeitungsredaktionen. Doch sobald die menschlichen Bomben weniger häufig detonierten und vielleicht auch nur zur Gewohnheit geworden waren, sank der Pegel der Erregung. Die Schamlosen wurden leiser.

Ich kann diese letzte Erklärung nicht beweisen. Meine Theorie ist schiere Spekulation. Ich gebe zu, dass sie sehr wohl falsch und unfair sein kann. Auch kann ich erkennen, weshalb José Saramago sie vielleicht beleidigend findet. Dennoch hatte es etwas Eigentümliches an sich, wie die Proteste weltweit im Gleichschritt mit den Selbstmordattentaten zunahmen und verebbten, aber nicht im Gleichklang mit dem Leiden des palästinensischen Volkes.

Inmitten dieser anderen, kleineren Selbstmordanschläge der Terroristen erfolgte das große Attentat, der Anschlag vom 11. September 2001 auf Ziele in den USA. Und sofort, mit der Eilfertigkeit von Feuerwehrhunden, die auf eine Glocke reagieren, erhoben sich überall auf der Welt ungezählte Menschen, um eine weitere Variante der gleichen systematischen Verleugnung vorzulegen. Wieder hörte man das gleiche durchdachte Beharren darauf, dass nicht Unvernünftiges geschehe, hörte erneut das Argument, alles sei rational, die gleiche Behauptung, dass es töricht sei, sich schockiert zu zeigen, die gleiche

Bestätigung, dass gewöhnliche Erklärungen für normales menschliches Verhalten auch die letzte verblüffende Entwicklung erklären könnten, wenn wir nur die Augen aufmachten. Einige Verfechter dieser Erklärungen erwiesen sich überdies als wundersam sprachgewandt. Und niemand konnte sich klarer ausdrücken, schneller gedruckt werden oder sich weitschweifigerer oder energischer ausdrücken als Noam Chomsky – ein besonderer Fall, könnte man meinen. Doch ich bin nicht der Meinung, dass Chomsky ein besonderer Fall war. Ich denke, dass Chomsky und seine Erklärungen der Terroranschläge uns zum Kern unseres gegenwärtigen Dilemmas führen.

Chomsky ist, was man nicht vergessen sollte, Wissenschaftler auf dem spezialisierten Gebiet der Linguistik. Er hat immer daran festgehalten, dass seine politischen Analysen und seine linguistischen Theorien separate Dinge seien, ohne dass eine logische Brücke vom einen zum anderen führe. Dies scheint mir nicht ganz der Wahrheit zu entsprechen. Ein einziger Gedanke liegt der ursprünglichen Version von Chomskys linguistischer Theorie zugrunde, nämlich dieser: Die innere Natur des Menschen lasse sich auf der Grundlage einer sehr kleinen Zahl von Faktoren berechnen, die sich rational analysieren ließen. Kein Schatten des Mysteriösen falle auf die Natur des Menschen. Andere Linguisten, Chomskys Vorgänger und Rivalen, haben behauptet, der Mensch habe die Sprache als Methode der Kommunikation entwickelt, und Sprache entstehe mehr oder weniger auf die gleiche Weise wie der Rest der menschlichen Kultur. Aber Chomsky hat argumentiert, dass ganz im Gegenteil niemand die Sprache erschaffen habe, und ebenso wenig könne Sprache nutzbringend als Element von Kultur angesehen werden. Die Grundlage von Sprache ist in Chomskys Theorie die Genetik. Nichts Undurchsichtiges sei hier am Werk, auch wenn wir noch nicht jeden Aspekt erklären könnten. Sprache liege im Kern der menschlichen Natur; doch Sprache sei lediglich ein biologischer Code, den wir eines Tages knacken würden.

In späteren Jahren ist Chomsky von manchen seiner frühen Formulierungen abgewichen. John Searle, einer seiner Kritiker, behauptet, dass Chomskys Theorie immer viel zu einfach gewesen sei und dass er in seinen späteren Formulierungen seine eigenen Ideen aufgegeben habe. Chomsky hat in einer Antwort auf Searle argumentiert, dass er im Verlauf seiner wissenschaftlichen Laufbahn lediglich von einer nützlichen Hypothese zur nächsten aufgestiegen sei, auf einer Leiter der Forschung und der Selbstkorrektur – womit er rückblickend die Nützlichkeit seiner ursprünglichen Ideen unter Beweis stelle. Ich habe keine Möglichkeit, diesen Disput zu beurteilen. Mir sei nur die Beobachtung erlaubt, dass selbst Searle, Chomskys Kritiker, diesen nicht nur als Wissenschaftler ansieht, sondern als sehr großen Wissenschaftler. Die Bemerkung, dass es ein Merkmal wahrer wissenschaftlicher Forschungsarbeit sei, wenn man seine Ansichten modifiziere, weiß ich sehr wohl zu schätzen. Hier ist die Kluft zwischen Chomskys Linguistik, die sich im Lauf der Jahre erheblich gewandelt hat, und seiner Politik, die sich kaum verändert hat, unleugbar.

Dennoch, wenn wir Chomskys Linguistik in ihrer ursprünglichen Version nehmen und uns dann seine Analysen der internationalen Politik ansehen, fällt auf, dass Chomsky Sprache und internationale Angelegenheiten im selben Licht betrachtet. Er sieht eine Möglichkeit, auch die letzte Schrulle menschlichen Verhaltens durch Berufung auf eine winzige Zahl von Faktoren zu erklären – die Möglichkeit, Weltereignisse aufgrund einer Hand voll erkennbarer Elemente zu analysieren. In Fragen der Außenpolitik ist er der Letzte der Rationalisten des neunzehnten Jahrhunderts, ein weiterer Denker mit einer Theorie über das menschliche Verhalten, die auf einer winzigen Zahl von Faktoren beruht – in seinem Fall auf zwei Faktoren, die einander dialektisch entgegengesetzt sind.

Der erste dieser Faktoren ist die Gier nach Reichtum und Macht, wie sie sich in dem amerikanischen Großunternehmen verkörpert – obwohl Chomsky immer anerkannt hat, dass mächtige Einrichtungen in anderen Ländern manchmal im gleichen Geist agieren und sich fast genau so verhalten, wie es multinationale amerikanische Unternehmen tun. Diese Unternehmen wollen Macht und Profite maximieren. Sie verfügen über die Dienste der Verwaltung und kaufen und schüchtern Journalisten und Intellektuelle ein, um im Namen der Unternehmen ein Bild von der Welt zu erzeugen, das die Öffentlichkeit dazu bringt, sich dem Willen der Unternehmen zu beugen. Und mit der Verwaltung, den Intellektuellen und der Presse zu ihrer Verfügung ertränken die Großunternehmen, die nur im eigenen Interesse handeln, die Welt in Blut und Elend.

Dennoch macht sich auch ein zweiter Faktor in den Weltereignissen bemerkbar, und dieser zweite Faktor, so hat Chomsky vorgeschlagen, könnte sogar eine weitere genetische Eigenheit sein, nicht unähnlich dem Gen für Sprache. Es sei ein Drang zu Freiheit. Der Drang nach Freiheit bringe Menschen auf der ganzen Welt dazu, sich den multinationalen Konzernen zu widersetzen. Und so finde überall auf dem Globus die gewaltige Schlacht statt; auf der einen Seite die multinationalen Unternehmen mit ihren intellektuellen und beamteten Dienern, auf der anderen Seite die Menschen, die von einem genetisch bedingten Freiheitsdrang motiviert würden. Normalerweise gewännen die Großunternehmen, nämlich wegen ihrer ungeheuren Macht. Manchmal gewinne der Freiheitsdrang. Auch Pattsituationen sind nicht ungewöhnlich. Doch diese beiden Faktoren genügen, um alles zu erklären – oder annähernd zu erklären. Und bei näherem Hinsehen erwiesen sich Weltereignisse als der menschlichen Fähigkeit zu sprechen ähnlich, wie in der frühen Version von Chomskys Theorie dargelegt: ein anscheinend komplexes und undurchsichtiges Phänomen, das sich in Wahrheit durch eine simple Darlegung einiger weniger vorhersehbarer Fakten erhellen lasse.

Chomsky enthüllte seine Sprachtheorie in den 1950er Jahren. Sie trug ihm seine wissenschaftliche Reputation ein. Seine Vision von Politik folgte Mitte der 1960er Jahre in einer Reihe von Essays über die amerikanische Politik im Vietnamkrieg, und diese Essays trugen ihm seinen Ruf als politischer Denker ein. Er schien in diesen Essays über eine riesige Armee von Fakten zu verfügen, schien alles gelesen zu haben und machte außerdem den Eindruck übernatürlicher Selbstsicherheit. Er legte eine erstaunliche intellektuelle Energie an den Tag und schleuderte all diese persönlichen Eigenschaften und Leistungen gegen die amerikanische Politik in Vietnam. Damals war Chomskys Furor gegen die amerikanische Politik ein erfrischender Anblick, zumindest für jeden unter seinen Lesern, den der Vietnamkrieg zur Verzweiflung brachte. Die Emotion des Augenblicks machte es vielleicht ein wenig schwierig, die extreme Einfachheit von Chomskys Vorstellungen von Politik zu erkennen. Der ungeheure Detailreichtum seiner Polemik verdeckte womöglich das Wesen seiner Argumentation. Jedenfalls schien die Einfachheit seiner Argumentation nicht wirklich zu stören, solange er gegen etwas kämpfte, was seinen Lesern schon als katastrophale Politik bekannt war.

Doch das amerikanische Militär zog sich am Ende aus Indochina zurück, und dann führten die Schwierigkeiten in Chomskys Weltsicht tatsächlich zu einigen auffälligen Problemen. Es war nicht sehr leicht zu erklären, was in Indochina geschah, sobald die Amerikaner nicht mehr da waren. Die eineinhalb Millionen Boatpeople, die aus Südvietnam flüchteten, schienen schon durch ihre schiere Zahl den Schluss nahe zu legen, dass die Realitäten in Vietnam ein wenig komplizierter waren, als in einigen Argumenten der Kriegsgegner einmal behauptet worden war. Und wie sollte jemand den ausgemachten Völkermord erklären, der in Kambodscha unter seinen neuen kommunistischen Herrschern einsetzte? Die kommunistischen Kräfte in Kambodscha hatten als Vertreter des Drangs nach Freiheit im Gegensatz zur Habgier der amerikanischen Großunternehmen gegolten; doch jetzt waren die Kommunisten dabei, unvorstellbare Verbrechen zu begehen, und zwar mit der ganzen kambodschanischen Gesellschaft als Opfer.

Es sah ganz so aus, als würden wahnhafte Massenbewegungen

tatsächlich existieren. Die Beweise befanden sich auf den Titelseiten jeder Zeitung. Doch diese Beweise konnten nur bedeuten, dass die Motivation von Menschen nicht so einfach ist, wie Chomsky gesagt hatte – sie konnten nur bedeuten, dass die Analyse von Machtgier gegenüber Freiheit nicht die Rolle erklären kann, die auch irrationale Faktoren bei Weltereignissen spielen. Es war ein verheerender Augenblick für die politischen Theorien Noam Chomskys. Und er reagierte, indem er sich entschlossen daranmachte zu zeigen, dass massenpathologische Bewegungen in Indochina tatsächlich nicht existierten, und das trotz allem, was von den Zeitungen veröffentlicht werde.

Bekannte Journalisten berichteten über bestimmte Begebenheiten, doch Chomsky sammelte ungeheure Mengen alternativer Darstellungen, die er den Erinnerungen von Touristen entnahm, Kirchenmitarbeitern und Artikeln in wenig bekannten linken Zeitschriften. Die Alternativen widerlegten in seiner Interpretation die Berichte der bekannten Journalisten. Und indem er seine Daten aufhäufte, brachte Chomsky (der mit einem Koautor namens Edward S. Herman in einer zweibändigen Ausgabe das Buch *Political Economy of Human Rights* geschrieben hatte – Chomskys ehrgeizigstes Einzelwerk in politischer Analyse) zwei verschiedene Argumente vor. Er zeigte, dass es nie einen Völkermord gegeben habe; und umgekehrt zeigte er, dass, wenn es tatsächlich einen Völkermord gegeben hatte, es die Schuld der amerikanischen Militärintervention sei, welche die Kambodschaner aufgestachelt habe.

Wie auch immer: Die Geschichten über einen Völkermord in Kambodscha enthüllten, dass Amerikas Institutionen sogar noch schuldiger waren, als man es sich zuvor vorgestellt hatte. Denn der Genozid war entweder eine glatte Lüge, gesponnen von Propagandisten für die *New York Times* und andere Organe der multinationalen Konzerne – in welchem Fall die großen amerikanischen Institutionen fähig waren, die grauenhaftesten und kunstvollsten Täuschungsmanöver gegenüber der ganzen Menschheit zu verüben.

Oder, alternativ, wenn der Völkermord in Kambodscha tatsächlich ein Faktum war (was Chomsky offenbar weniger wahrscheinlich erschien), war das amerikanische Militär doppelt schuldig – erstens, weil es in Kambodscha Krieg geführt hatte, und zweitens, weil es die Kambodschaner dazu provoziert hatte, ihre eigenen Verbrechen zu begehen. Wie auch immer: Der Völkermord in Kambodscha sprach immer gegen die Vereinigten Staaten. Es erwies sich wieder einmal, dass die rationale Natur von Weltereignissen eine Tatsache war – das rationale Verhalten, das Amerikas Großunternehmen dazu gebracht hatte, sich gewalttätig und auf üble Weise zu verhalten, und ebenso die vollkommen verständliche Reaktion der Opfer der Großunternehmen im fernen Kambodscha. Ein weiteres Element –, nämlich die Existenz einer Massenbewegung, die sich aus irrationalen Gründen dem Massengemetzel verschrieben hatte, wurde gar nicht erst in Betracht gezogen.

Chomsky hat viele tausend Seiten voll geschrieben, die dieser besonderen Logik gewidmet sind. Er ist es eben so gewohnt, wenn es um Weltereignisse geht. Das war auch der Grund dafür, dass er es nicht nötig hatte, seine Gedanken zu sammeln, als die Terroranschläge vom 11. September stattfanden. Die Anschläge brachten ihn nicht aus der Fassung. Das ganze Ziel seines politischen Weltbilds ließ sich selbst durch die schlimmsten Schrecken nicht aus der Fassung bringen. Er wusste genau, was er zu sagen hatte. Die Vorstellung, dass in weiten Teilen der Welt eine Massenbewegung radikaler Islamisten entstanden war, die sich blindwütigem Hass und Verschwörungstheorien verschrieben hatte, die Vorstellung, dass radikale Islamisten in einem Land nach dem anderen Menschen dahinmetzelten, nur zu dem Zweck, sie hinzumorden, die Vorstellung, dass radikale Islamisten beim Wort genommen werden sollten und dass die Scharia und das Kalifat des siebten Jahrhunderts ihre Ziele seien und dass Juden und Christen dämonische, des Todes würdige Gestalten seien; die Vorstellung, dass bin Laden angeordnet hatte, Amerikaner blindwütig zu töten, nur zu dem Zweck, Amerikaner zu töten –

all dies war aus Chomskys Perspektive nicht einmal diskussionswürdig.

Das lag daran, dass für Chomsky Bewegungen dieser besonderen Art und dieses Stils gar nicht existieren. Was stattdessen existiert, sind die zwei Faktoren in seiner politischen Theorie: Machtgier und Freiheitsdrang. Wie soll man dann die Terroranschläge vom 11. September 2001 erklären? Chomsky wusste, was er zu denken hatte, weil es das war, was er schon immer gedacht hatte. Er konnte kaum abstreiten, dass die Anschläge auf die New Yorker Zwillingstürme stattgefunden hatten. Doch sein erster Impuls war zu leugnen, dass diese Anschläge besonders schlimm waren. Er verglich sie mit Clintons Raketenangriff auf den Sudan 1998 – Clintons schwächlichen Versuch, bin Laden und dessen Organisation anzugreifen. Bei der Attacke Clintons auf den Sudan wurde eine pharmazeutische Fabrik zerstört (in der die Clinton-Regierung offenbar irrtümlich eine Bombenfabrik gesehen haben wollte). Eine Person wurde getötet – unter Umständen zwei Menschen. In Chomskys Interpretation überwog der Schaden, der aus diesem Angriff resultierte, bei weitem den Schaden, den die Terroranschläge vom 11. September angerichtet hatten.

Clintons Raketenangriff sei ungewöhnlich tödlich gewesen, weil dabei der Medikamentenvorrat des Sudan vernichtet worden sei, damit auch der politische innere Friede des Sudan und die Wirtschaft des Landes. All das habe zu weit mehr Todesfällen und Elend geführt als die Terroranschläge vom 11. September. So Chomskys Behauptung. Sie war eigenartig. Dennoch verdiente sie in einer Hinsicht Respekt. Wer in Amerika oder in den anderen reichen Ländern denkt daran, die Leiden aufzuzählen, die über Menschen in entlegenen Weltteilen infolge von Aktionen hereinbrechen, die von den wohlhabenden Weltstädten ausgehen? Chomsky schlug vor, genau das zu tun. Doch seine Zählung war grotesk, und zwar im Detail als auch insgesamt.

Der Sudan besaß noch andere Arzneimittelfabriken und andere

Möglichkeiten, Medikamente zu kaufen; radikaler Islamismus und andere Faktoren hatten den inneren Frieden des Landes schon zerstört; und ein einziger Raketenangriff würde die Wirtschaft des Landes nicht vernichten. Die Verluste hingegen, die der Angriff auf die Vereinigten Staaten vom 11. September auslöste, waren einfach atemberaubend, wenn man Chomskys Vorgehen folgt und allein die indirekten Kosten zusammenrechnet. Denn die Terroranschläge vom 11. September brachten die amerikanische Wirtschaft durcheinander – allein die Zerstörung der Gebäude war ein wirtschaftlicher Schlag –, und der Effekt auf den Handel in zahlreichen Ländern auf der ganzen Welt, vor allem in armen Ländern, musste verheerend sein. Der Schaden, den allein Mexiko erlitt, musste besonders schmerzhaft sein, selbst wenn wir die Hoffnungen außer Acht lassen, die Mexiko vor dem 11. September gehegt hatte, nämlich auf gesündere und profitablere Beziehungen zu den Vereinigten Staaten. Man könnte weltweit eine Umfrage veranstalten und die fürchterlichen Auswirkungen der Terroranschläge auf die Zwillingstürme erfragen, der Anschläge, von denen ohnehin schon arme Menschen betroffen wurden.

Dennoch, Chomsky blieb bei seinem Argument und tat dies mit dem gewohnten Feuerwerk von Verweisen auf obskure Quellen. Nachdem er damit fertig war, wandte er sich einem zweiten Thema zu, nämlich einem Rückblick auf die gesamte Geschichte amerikanischer Gewalttätigkeit gegenüber anderen Völkern. Das begann bei den amerikanischen Indianern (die für seine Zwecke als Nicht-Amerikaner angesehen wurden). Er sah vorher, was wahrscheinlich aus dem Plan Präsident Bushs werden würde – der noch nicht zur Ausführung gelangt war –, die Taliban in Afghanistan zu stürzen und das Hauptquartier von Al-Qaida und deren Trainingslager auszumerzen. Nach Chomskys Einschätzung wäre ein Völkermord an den Afghanen das wahrscheinliche Ergebnis. Die Vorhersage entsprach Chomskys Bild von den vielen Völkermorden der amerikanischen Vergangenheit. Und mit diesem Bild von Amerika und seiner Völkermord-Vergangenheit und -Zukunft im Hinterkopf stellte er die Frage, weshalb jemand die Vereinigten Staaten am 11. September 2001 angegriffen habe.

Er kannte die Antwort. Die Anschläge vom 11. September stellten die Antwort unterdrückter Völker aus der Dritten Welt auf Jahrhunderte amerikanischer Verwüstungen dar. Die Anschläge stellten schließlich und endlich eine aktive Vergeltungsmaßnahme dar und nicht nur ein Bemühen um Selbstverteidigung. Die Anschläge vom 11. September waren von diesem Standpunkt aus gesehen voll und ganz vorhersehbar – sozusagen logische Ereignisse, selbst wenn bin Laden keine attraktive Figur sei. Chomsky hatte überhaupt keine Beweise dafür, diese Jahrhunderte einer Dritte-Welt-Motivation bin Laden zuzuschreiben. Die Vorstellung, ein saudi-arabischer Multimillionär, ein Plutokrat, sei ein Tribun der Unterdrückten, war ziemlich lächerlich. Dennoch blieb Chomsky auch bei diesem Argument. Und diese beiden Argumente – das erste, das den durch Clintons Raketenangriff auf die pharmazeutische Fabrik entstandenen Schaden stark übertrieb, sowie die zweite Behauptung, die Al-Qaida räche die unterdrückte Dritte Welt – wiesen in die gleiche Richtung. Die Behauptungen zeigten, dass wenn der 11. September schon schlimm sei, Amerika letztlich aber Schuld daran trage. Weltereignisse ließen sich rational analysieren. Die Habgier amerikanischer Großunternehmen und die Geschichte amerikanischer Gier der Vergangenheit genügten, um auch den letzten Akt von Selbstmordterror zu erklären. Denn es gab keine pathologischen oder irrationalen Bewegungen, keine Bewegungen, die sich danach sehnten, Gemetzel zu veranstalten, keine Bewegungen, die den Tod ersehnten – und wenn doch, liege es daran, dass sie von anderen Kräften heraufbeschworen worden seien.

Chomsky sagte diese Dinge unmittelbar nach den Anschlägen vom 11. September 2001 in einer Reihe von Interviews und Artikeln. Sein Verleger beeilte sich, sie schnell zu sammeln und als Pamphlet mit dem Titel »9 / 11« herauszugeben. In den Vereinigten Staaten tendieren die wichtigsten Zeitungen und Zeitschriften schon seit vielen Jahren dazu, Chomskys politische Schriften zu ignorieren, nämlich wegen seines Rufs als Spinner. Keine der angesehensten Zeitungen machte sich die Mühe, sein Buch auch nur zu rezensieren. Trotzdem wurde Chomskys Pamphlet ein Bestseller.

Doch während ich von den ideologischen Systemen der Verleugnung Notiz nehme, die in den westlichen Ländern seit rund fünfundsechzig Jahren am Werk sind, geht mir auf, dass ich Beispiele nur bei der politischen Linken ausgewählt habe, angefangen bei den Kriegsgegnern unter den französischen Sozialisten der 1930er Jahre bis hin zu den Tagen von José Saramago und Noam Chomsky. Ich habe es jedoch nicht auf die Linke abgesehen. Mein Ziel ist, eine rationalistische Naivität zu bestimmen, die sich fast überall in der modernen liberalen Gesellschaft wiederfindet – einen Geist der Naivität, der im gesamten politischen Spektrum gedeiht, selbst in den Bürokratien, die angeblich nicht ideologisch geprägt sind. Denn was sollen wir vom FBI und der CIA halten, wenn es ihnen in den Jahren vor den Terroranschlägen des 11. September nicht gelungen ist, sich die den Vereinigten Staaten drohenden Gefahren vorzustellen?

Rückblickend hat man festgestellt, dass sich die Belege für einen bevorstehenden Terrorangriff großen Maßstabs seit vielen Jahren gehäuft hatten. Der Bombenanschlag von 1993 auf das World Trade Center, die verschiedenen vereitelten Verschwörungen, die Angriffe auf amerikanische Soldaten im Lauf der Jahre, die Anschläge von 1998 auf die amerikanischen Botschaften in Ostafrika und im Jahre 2000 auf die *U.S.S. Cole* – es gab wirklich zahlreiche Pfeile, und sie wiesen sämtlich in die gleiche Richtung. Wie hat das jemand übersehen können? Über Fehler und Funktionsstörungen in der Bürokratie ist viel geredet worden – über die törichte Abneigung der Großkopferten in der Zentrale des FBI, ihren eigenen Agenten im Feld zuzuhören, und derlei Dinge mehr. Bürokratische Funktionsstörungen können einen Fehler dieses Ausmaßes jedoch nicht erklären. Außerdem wurde dieser Fehler von mehreren Behörden begangen, nicht nur vom FBI und der CIA, sondern auch von den politischen Führern im Weißen Haus, im Kongress und in beiden Parteien. Von der Presse übrigens auch. Die Verschwörung zur Sprengung der New Yorker Tunnel war in der amerikanischen Presse keine große Story, dafür aber Bill Clintons Liebesleben – das war eine riesige Sache, das war eine nationale Krise.

Letztlich war der Fehler begrifflicher Natur. Ich glaube, dass es eine Variante des gleichen Fehlers war, den die Kriegsgegner unter den französischen Sozialisten der 1930er Jahre und die anderen gemacht hatte, die ich gerade geschildert habe. Es war ein Widerwille, manchmal sogar eine unverhohlene Weigerung zu akzeptieren, dass politische Massenbewegungen sich von Zeit zu Zeit an der Idee des Hinmetzelns von Menschen berauschen. Es war der Glaube, dass Menschen auf der ganzen Welt bei der Verfolgung normaler und erkennbarer Interessen sich zwangsläufig mehr oder weniger vernünftig verhalten. Es war der Glaube, dass die Welt im Großen und Ganzen ein rationaler Ort sei. Dieser Glaube war nicht nur eine Naivität der Linken. In den Vereinigten Staaten wurde das von fast allen geglaubt. Die Terroranschläge vom 11. September enthüllten viele unerwartete und erstaunliche Wahrheiten, aber die wohl erstaunlichste von allen war, dass das Pentagon in Arlington, Virginia, keinerlei Plan zur Verteidigung des Pentagons hatte. Alle, bis zum wichtigsten Indianerhäuptling, erwiesen sich als einfältige Rationalisten. Jeder erwartete, dass die Welt auf vernünftige Weise handelt, ohne Geheimniskrämerei und Widersprüche, ohne Unklarheiten oder Irrsinn. In diesem Land sind wir alle Noam Chomsky.

Krieg der Ideen

Es gab eine Zeit in den 1990er Jahren, als es unter Intellektuellen schick wurde, von dem »kurzen« zwanzigsten Jahrhundert zu sprechen – einem Jahrhundert, das ein wenig verspätet 1914 begann und ein wenig vorzeitig 1989 zu Ende ging. Diese Bemerkung über 1914 und 1989 war der Ausdruck einer recht spezifischen Sicht auf die Zeitgeschichte, und wir täten gut daran, diese Einschätzung neu zu bedenken, und sei es nur, um die Ideen und Selbsttäuschungen zu erkennen, die so viele Menschen – in den Vereinigten Staaten so gut wie jeden – dazu brachten, die Gefahren des Augenblicks zu unterschätzen.

Der Teil über 1914 ist leicht zu verstehen. Das starke unterirdische Grollen in der Geschichte der Rebellion in der westlichen Kultur, das Camus so sorgfältig herausgearbeitet hat, die morbiden literarischen Obsessionen der romantischen Dichter, die immer extremere Brutalität der europäischen Kolonialherren in Afrika und an anderen Orten – diese finsteren und schrecklichen Entwicklungen, die sich langsam, aber im Lauf der Jahre immer mehr erhitzten, mündeten 1914 eruptiv in den Ersten Weltkrieg. Und der einfältige Optimismus des neunzehnten Jahrhunderts wurde in tausend Stücke zerschlagen. Damit nahmen die politischen Bewegungen eines »neuen Typus«, die apokalyptischen Revolten gegen den Liberalismus, ihren Anfang. Und diese Bewegungen beherrschten dann die nächsten Jahrzehnte. Die ungeheuren Kämpfe und Umwälzungen des zwanzigsten

Jahrhunderts, der Versuch des Faschismus, die Welt zu erobern, die Weltrevolution des Kommunismus – dies waren Lavaströme, die Konsequenzen der ursprünglichen Explosion, des Vulkanausbruchs von 1914, ein Lavastrom, der sich in den folgenden Jahren über die ganze Welt ergoss.

Aber warum sollte man meinen, dass das Jahr 1989 das Ende des Jahrhunderts markiere? Seit Ende der 1980er Jahre waren zahlreiche Diktaturen zusammengebrochen, und nicht nur die Satellitenregime der Sowjetunion in Osteuropa. Tyranneien von Bösewichtern in Ostasien, in Afrika und auf der ganzen Welt; General Pinochets Diktatur in Chile und mit ihm das romanische und katholische Erbe Francisco Francos; die Apartheid-Republik in Südafrika: Faschisten, Kommunisten, Rassisten und eigenständige Despoten unbestimmbarer ideologischer Färbung – alles wurde von der Macht gestürzt, in den meisten Fällen von Leuten vom Thron gestoßen, die sich auf die Lehren der liberalen Demokratie beriefen. Es war einer der besseren Momente der Geschichte. Man spürte die Erschütterung selbst dort, wo keine Tyranneien zu Boden stürzten. Auf dem Platz des Himmlischen Friedens in Peking errichteten die chinesischen Studenten ihre Freiheitsstatue – eine aufsehenerregende Tat, direkt vor den riesigen Mao-Postern. Erschütterungen gab es auch in den arabischen Ländern. Fatima Mernissi, die marokkanische Schriftstellerin – eine bittere Kritikerin Europas und der amerikanischen Politik im Nahen Osten –, hat erklärt, dass die »universale Bedeutung« revolutionärer Ereignisse anderswo in der Welt in den Medinas, den alten Plätzen der nordafrikanischen Städte, sehr wohl verstanden werde. »Ein neues Wort war in den Medinas plötzlich da«, schreibt sie, »ein Wort, das genauso explosiv war wie alle Atombomben zusammen: *shaffafiyya* (Transparenz)« – ein wunderbar subversives Wort in jeder Gesellschaft, die von undurchsichtigen Mafiosi beherrscht wird.

Aber wir wollen nicht zu schnell von einer »universalen Bedeutung« sprechen. Das Jahr 1989 erteilte Tyrannen auf der ganzen Welt vernichtende Schläge, den Islamisten und Baathi jedoch keinen Schlag.

Die militanten Anhänger des muslimischen Totalitarismus in dessen beiden Zweigen sahen sich in jenem Jahr die Neuigkeiten an und sahen keinerlei Grund, ihre alten Ideen zu überdenken, überhaupt keinen. Die Islamisten waren im Jahr 1989 geradezu ekstatisch. Ihre revolutionärste Vorhut, die Freiwilligen, die sich zum Kampf in Afghanistan gemeldet hatten, Abdullah Azzams Creme der Creme der Creme, hatte allen Grund zu der Annahme, dass der Zusammenbruch des Kommunismus in Osteuropa in beträchtlichem Umfang ihr Werk sei. Die Creme hatte die Rote Armee besiegt. Die Sowjetunion wankte. Und wenn die Mudschaheddin die Supermacht des Ostens zu Fall bringen konnten, was konnten sie dann nicht in der Zukunft leisten? Die Rote Armee war gewaltig, aber die israelischen Streitkräfte waren es nicht, und Israel war mit Sicherheit zum Untergang verdammt.

Die Islamisten wussten schon, dass sie unter den richtigen Voraussetzungen eigene Staatswesen gründen konnten, wie Khomeini es getan hatte. 1989 waren die Sunniten Afghanistans schon sichtlich dabei, auf einen eigenen islamischen Staat zuzusteuern, nur um zu zeigen, dass die Hauptkonfession des Islam und nicht nur die iranische Schia die Herrschaft der Scharia wiedereinsetzen konnte. In Algerien schien die Islamische Heilsfront kurz vor dem Sieg zu stehen. Die islamistischen Revolutionäre hatten allen Grund, sich über ihre Aussichten zu freuen, im Libanon, in Ägypten, im Sudan, in Schwarzafrika und darüber hinaus bis zu den Grenzen der muslimischen Welt und selbst über die hinaus Erfolg zu haben (wenn man von einer solchen Bewegung mit ihren schwermütigen und trübsinnigen Obsessionen sagen kann, sie könne sich freuen). In diesem selben Jahr 1989 verkündete Khomeini seine *fatwa* gegen Salman Rushdie. Darin befahl er – ich zitiere die *fatwa* – »allen unerschrockenen Muslimen in der Welt«, nicht nur den Romancier, sondern auch seine Verleger zu ermorden, »wo immer sie sie finden«: eine klare Bestätigung, mit welchem Eifer der Islamismus danach strebte, die Welt zu beherrschen.

Ebenso wenig sahen die Baathi des Irak irgendeinen Grund zur Verzweiflung. Wenn zahlreiche Menschen in den arabischen Ländern während des Golfkriegs von 1991 Saddam Hussein anfeuerten, lag es daran, dass er, soweit sie es beurteilen konnten, mit seinem Marsch auf Jerusalem gut vorankam und die arabische Nation die koranischen Herrlichkeiten der längst vergangenen Zeit in einer modernen Version wiederauferstehen lassen würde. 1989 war Saddams Waffenprogramm tatsächlich auf einem guten Weg. Niedergang des Totalitarismus? Es war ein spektakulärer Irrtum, sich 1989 so etwas vorgestellt zu haben – ein merkwürdiger Irrtum, ein fast lachhaftes Beispiel der mit sich selbst beschäftigten Wahnvorstellungen der eurozentrischen Fantasie. Als würde die muslimische Welt gar nicht existieren!

Nun stimmt es zwar, dass die totalitären muslimischen Regime, Baathi und Islamisten gleichermaßen, im Verlauf der nächsten Jahre einige Rückschläge erlebten, die durchaus ernst waren. Saddam Husseins Gewohnheit, seine Feinde abzuschlachten und an seinen Waffen herumzubasteln, mochte den Krieg von 1991 zwar überdauert haben, doch der Reiz seiner Bewegung welkte sichtlich dahin. Gilles Kepel und andere Regionalspezialisten über muslimische Gemeinwesen haben argumentiert, dass in den späten 1990er Jahren auch der Islamismus in einen unumkehrbaren Niedergang eingetreten sei. In Algerien wurde die islamistische Bewegung mit Gewalt niedergeschlagen. In Ägypten wurde der terroristische Flügel des Islamismus auf ähnliche Weise unterdrückt – auch wenn andere, umfassendere Teile der ägyptischen Bewegung weiterhin gediehen. In weiter südlich gelegenen afrikanischen Ländern stieß die Bewegung auf noch mehr Schwierigkeiten und begann an manchen Orten sogar eher zu schrumpfen statt zu expandieren – obwohl der Islamismus in Nigeria, dem bevölkerungsreichsten Land Afrikas, auch weiterhin wuchs. Im Sudan verlor der Islamismus seine Macht.

In Afghanistan riefen die Taliban 1996 schließlich ihr Islamisches Emirat aus, doch es gelang diesem Emirat zu keinem Zeitpunkt, das

siebte Jahrhundert oder irgendein anderes Jahrhundert wiederherzustellen – obwohl die Taliban die saudischen Scheichs und Prinzen
und die Creme der Creme auch weiterhin blendeten. Und als sich
die Niederlagen häuften, begannen islamistische Führer hier und da
einen frisch gebackenen gemäßigten Impuls an den Tag zu legen –
den Drang, zwischen der Identitätspolitik islamischer Erneuerung
und den praktischen Vorteilen von Pluralismus, Toleranz und Frieden
einen Mittelweg zu suchen. Islamistische Reformer mit zumindest
entfernt liberalen Vorstellungen gewannen die Unterstützung von
Universitätsstudenten im Iran – eine bemerkenswerte Wende in der
Geschichte der iranischen Revolution. Schon 1997 wurden Reformer
Wahlgewinner. Die Studenten selbst vertraten offen liberale Positionen – sie gingen sogar so weit, dass sie sich gegen den Antisemitismus aussprachen, was eine extrem radikale Entwicklung darstellt.
Wandel lag in der Luft – das war nicht zu leugnen, und man konnte
sich nunmehr leicht vorstellen, dass die wilden alten Islamisten-
bewegungen mancherorts weicher werden und Mäßigung an den Tag
legen würden. Einen Präzedenzfall gab es. Während der 1970er und
1980er Jahre hatten sich etliche der früher stalinistischen Parteien
auf der ganzen Welt, durch ihre Niederlagen entmutigt, behutsam
gewandelt und waren zu linksgerichteten demokratischen Parteien
geworden. Ebenso gab es bei einigen der früheren Faschisten jetzt
eine rechtsgerichtete Variante. Francos antidemokratische Bewegung
in Spanien schmolz in aller Stille dahin und wandelte sich zu einer
demokratischen Partei frommer und katholischer Konservativer.

Warum also nicht auch die Islamisten? In der Türkei bewegten
sich die Islamisten tatsächlich in eine demokratische Richtung –
durch militärische Repression dazu gedrängt und angelockt durch
die Aussicht auf Wahlerfolge. Ein Flügel der marokkanischen Is-
lamistenbewegung glitt in die gleiche Richtung. Kepel hat auf den
Philosophen Tariq Ramadan hingewiesen als ein weiteres Beispiel
der Hinwendung zu demokratischer Mäßigung – obwohl ich mir in
diesem Fall bei Ramadans Buch *Islam, the West and the Challenges of*

Modernity, das aufgeschlagen vor mir liegt, selbst ein Urteil bilden kann. Ramadan verurteilt zwar die Gewalt der islamistischen Radikalen, scheint dann aber wieder die Gewalt gegen Israel als eine religiöse Pflicht zu feiern, die mit seinem Wort gläubigen Muslimen »obliege«. Die Bewegung zu Pluralismus und Toleranz scheint mir hier ein wenig fußlahm.

Dennoch, die Aussicht darauf, dass sich der Islamismus in verschiedenen Teilen der Welt eines Tages zu etwas wirklich Anderem und Besserem entwickeln könnte und dies hier und da vielleicht auch schon getan hat, sollte hoffen lassen. Wir stellen uns womöglich eine harmonische Zukunft vor, bevölkert von islamischen demokratischen Parteien, die Schulter an Schulter mit den Christdemokraten Europas zusammenstehen oder den unwesentlich fanatischeren christlichen Rechten der Republikanischen Partei in den Vereinigten Staaten oder auch mit den linken Erben des Reverend Martin Luther King, Jr. – eine Welt toleranter Kosmopoliten, die auf die jeweilige Frömmigkeit und die Unterschiede neugierig sind, aber zufrieden in der eigenen Identität. Ich meine, warum nicht? Es tut gut zu träumen.

Unterdessen haben wir alle Beweise der Welt dafür – ich sehe sie vom Fenster meines Arbeitszimmers aus, wenn ich mir die unterbrochene Skyline Manhattans ansehe –, um zu der Schlussfolgerung zu kommen, dass der Islamismus in seiner radikalen Variante von heute eine außerordentliche Gefahr darstellt. Und er wird dies auch künftig tun, da er selbst jetzt noch auf Strömen saudischen Reichtums emporgehoben wird; während er mancherorts von den unreformierten schiitischen Mullahs des Iran geleitet wird, wenn er sich auf hochgebildete Denker und Koran-Gelehrte beruft, von Offizieren der pakistanischen Armee, der pakistanischen Geheimpolizei und einigen der beliebtesten Politiker des Landes unterstützt wird, wenn er eine Reihe terroristischer Netzwerke einsetzt, nicht nur bin Ladens internationale Brigade, sondern die zahlreichen Palästinensergruppen, die Irredentisten in Kaschmir, die Indonesier, die Touristen dahinmetzeln, die malaysischen Terroristen, die Filipino-Terroristen, die Ostafrikaner, die noch mehr Touristen abschlachten, etc. – eine Bewegung, die innerhalb des Islam ethnische, nationale und konfessionelle Grenzen überschreitet. Rekruten und Geld sickern nicht nur aus den muslimischen Ländern herein, sondern auch aus Westeuropa sowie Nord- und Südamerika. Jeffrey Goldberg hat im *New Yorker* berichtet, dass die Hisbollah des Libanon – die Gruppe, die während der 1980er Jahre das meiste dafür getan hat, den Selbstmordterror mit einem grausigen Prestige auszustatten – über ein jährliches Budget von mehr als 100 Millionen US-Dollar verfügt.

Es ist keine Kleinigkeit, wenn man bedenkt, dass bin Ladens bärtiges Gesicht und seine seelenvollen Augen die Menschen in Teilen der Welt schon von T-Shirts und Postern anstarren, so wie einmal Che Guevara die Leute angestarrt hat – Symbole einer sündhaften Rebellion in genau der Manier, die Camus beschrieben hat. »Der Glaube«, sagte der algerische Islamist Benhadj, »wird dadurch verbreitet, dass man jeden Tag Todesfälle zählt, indem man Massaker und Leichenhäuser addiert.« Und siehe da, der Glaube wird verbreitet. Von Zeit zu Zeit steht jemand in den Leserbriefspalten der westlichen Länder auf, um den Vereinigten Staaten zu versichern, dass andere Länder gelernt hätten, mit dem Terror zu leben – Großbritannien mit den Bomben der IRA, Spanien mit den Bomben der baskischen ETA –, und um zu erklären, dass auch Amerika irgendwann seine Nerven beruhigen werde. Norman Mailer hat gesagt: »Es gibt ein erträgliches Niveau von Terror«, und illustrierte seine Behauptung mit der Beobachtung, dass Autounfälle einen höheren Blutzoll fordern als Terroranschläge. Aber was tun wir? Wir durchfliegen noch immer die Lüfte des Wunschdenkens. Die Creme der Creme des Islamismus würde ganze Städte in die Luft jagen, wenn sie es nur könnte, und vielleicht wird sie es auch noch tun.

Das Jahr 1989 als ein Endpunkt des zwanzigsten Jahrhunderts? Wäre es doch nur so gewesen! Die Revolte gegen die freiheitliche Rechtsordnung, die nach 1914 begann, hat nie ihre Energie verloren, und der Impuls zu Mord und Selbstmord saust immer noch um den Globus; und nichts aus dem zwanzigsten Jahrhundert ist zu einem Ende gekommen, überhaupt nichts, wenn wir einmal vom Datum am Kopf des Kalenders absehen und der Schrift, in der die revolutionären Manifeste veröffentlicht werden – diese Schrift, die einmal die Fraktur des Deutschen war und später Kyrillisch, in jüngster Zeit Farsi und Arabisch und die, in jedem Alphabet, die gleiche apokalyptische Erklärung dafür liefert, weshalb in der Stunde von Harmagedon Massen von Menschen getötet werden sollten.

Die Vorstellung von einem 1989 zu Ende gegangenen »kurzen« Jahrhundert drückt noch etwas anderes aus, und auch das verdient Aufmerksamkeit. Es war die Idee von liberaler Demokratie – die Vorstellung, dass die liberale Demokratie dazu bestimmt war, sich durchzusetzen und früher oder später die Welt zu beherrschen. Francis Fukuyama präsentierte diese Idee in ihrer extravagantesten Weise mit seinem großspurigen Hegel'schen Begriff vom »Ende der Geschichte« – wobei unter Geschichte die Bemühungen des Menschen zu verstehen sind, ein angemessenes, stabiles, zufrieden stellendes soziales und politisches System zu entwerfen. Viele Menschen teilten diese Idee, ob in dieser Form oder in der bescheideneren Variante. Und in gewisser Weise hatten sie Recht damit. Das Jahr 1989 markierte nicht den genauen Zeitpunkt, in dem der Aufstieg der liberalen Demokratie voll und ganz sichtbar wurde, ebenso wenig den Moment ihres höchsten Triumphs – den transzendenten Sieg, der, falls er überhaupt einmal kommt, in irgendeinem anderen Zeitalter folgen wird. Doch ergaben die vielen Großereignisse von 1989 ein passendes Wahrzeichen für den Aufstieg der liberalen Demokratie.

Man sollte sich daran erinnern, dass Huntingtons Theorie vom Kampf der Kulturen und ihren »Bruchlinien« eine sehr traditionelle Sicht der Weltpolitik darstellt und eine sehr pessimistische dazu. Auf solche Ideen hat man sich im Lauf der Jahrhunderte immer wieder berufen, um zu erklären, weshalb manche Völker die Segnungen einer freien Gesellschaft genießen werden, andere hingegen niemals. Im späten neunzehnten Jahrhundert wurde argumentiert, dass die freiheitliche Demokratie aus uralten angelsächsischen Sitten und Gebräuchen hervorgegangen sei und sich aus rassischen Gründen niemals über die angelsächsische Welt hinaus verbreiten werde. Manchmal wurde ein wenig mitteilsamer argumentiert, die freiheitliche Demokratie sei ein Rassenprodukt der die Wälder durchstreifenden Völker Nordeuropas insgesamt und lasse sich nicht auf Völker aus wärmeren Zonen übertragen. Dann hieß es wieder, eine freiheitliche Grundordnung und Demokratie seien aus der protestantischen Reformation hervorgegangen, und somit würden sich Protestanten der Vorzüge der Freiheit erfreuen – aber katholische Länder könnten diesem Beispiel niemals folgen.

Selbst Mitte des zwanzigsten Jahrhunderts noch klang schon die bloße Idee, ein mediterranes und katholisches Land wie Spanien könne eine freiheitliche Demokratie werden, in den Ohren vieler Menschen lächerlich. Doch jede dieser Bruchlinien zwischen den potenziell freien Gesellschaften und den hoffnungslos unterdrückten erwies sich als falsch gezogen. 1975 wurde Spanien demokratisch – ein vernichtender Schlag für Jahrhunderte der politischen Analyse. Die Slawen, hieß es, könnten keine freiheitlichen Gesellschaften erschaffen. 1989 taten die Slawen dann genau das – wenn auch in einigen Fällen ein wenig unsicher. Dennoch, schon der kleinste Fortschritt strafte die alten Theorien Lügen. Das orthodoxe Christentum, so hieß es ebenfalls, sei allergisch gegen freiheitliche Entwicklungen. Orthodoxe Christen bewiesen das Gegenteil. Die vielen Theorien, welche die schwarze Rasse mit Beleidigungen überhäufen, erwähne ich nicht einmal. Nichtsdestoweniger begannen Südafrikas Schwarze damit, eine freiheitliche Demokratie aufzubauen. Nelson Mandela wurde zu einem Weltsymbol dafür, wie man es schafft. Manche meinten, freie Gemeinwesen fußten auf dem Christentum, gleichgültig welcher Konfession. Die Hindus und Muslime der größten Demokratie der Welt machten unbeirrt weiter – mögen in Indien auch

Demagogen gelegentlich die Massen in Aufruhr bringen und die Geschichte noch nicht am Ende sein.

Manchmal wurde argumentiert, die freiheitliche Demokratie könne sich nicht sehr weit über das hinaus ausbreiten, was einmal das britische Weltreich gewesen sei. Nichtsdestoweniger bewegten sich in den Jahren um 1989 Südkorea, Taiwan und die Philippinen in Richtung auf Liberalität und Demokratie. Schon die bloße Vermutung, muslimische Länder könnten jemals freiheitlich und demokratisch werden, ließ manche Menschen die Augen verdrehen, genauso wie man es früher im Fall Spaniens getan hatte. Dennoch bewegte sich die Türkei Zentimeter um Zentimeter vorwärts. In jüngster Zeit hat es den Anschein, als würde auch Indonesien, das größte muslimische Land der Erde, sich in die gleiche Richtung bewegen – obwohl es in Indonesien auch von Verschwörungstheorien zu wimmeln scheint, was es schwierig macht, die kleinen Vorwärtsbewegungen zu beurteilen. In den arabischen Ländern scheint sich das freiheitliche Potenzial ebenfalls hier und da vergrößert zu haben, zumindest in gewisser Hinsicht – beispielsweise können wir eine Zunahme des Pluralismus im multiethnischen Marokko feststellen, eine Festigung demokratischer Institutionen in Bahrain, das Aufkommen von Intellektuellen mit freiheitlichen Gedanken unter den Palästinensern etc.

Wie schnell scheinen diese Bruchlinien in den Lehren über den Kampf der Kulturen umherzuspringen! Nichts ist kurzlebiger als eine Theorie über die Unveränderbarkeit von Kulturen. Und der Zeitpunkt, zu dem sich die vielen Theorien über die kulturellen Grenzen der freiheitlichen Demokratie als unhaltbar erwiesen, der Moment, in dem das omnikulturelle weltweite Potenzial der freiheitlichen Demokratie mehr zu sein schien als nur fantastisch und abstrakt – dieser Moment war ganz gewiss das Jahr 1989. In diesem einen Punkt hatten die Fürsprecher des »Endes der Geschichte« und des »kurzen« zwanzigsten Jahrhunderts nicht ganz Unrecht, und 1989 hatte insoweit tatsächlich eine Bedeutung.

Dennoch warfen die Triumphe von 1989 eine Frage auf, die sich nicht leicht beantworten ließ. Dabei ging es um den Wesenskern einer liberalen und freiheitlichen Gesellschaft. Was genau definiert eine freiheitliche Demokratie? Ich meine damit nicht, was für Institutionen sie hat. Jeder kann eine Prüfliste abhaken mit freien Wahlen, politischen Parteien, Oppositionszeitungen, einem System zur Verteidigung der individuellen Freiheit und derlei mehr. Jeder kann auch einige der Wünsche erkennen, die der freiheitlichen Demokratie ihre typische Atmosphäre verleihen – beispielsweise den Wunsch nach Privatleben in Verbindung mit einer Bereitschaft, jedem anderen das gleiche Recht auf Privatleben zuzugestehen, einen positiven Stolz auf Toleranz. Doch welche Energie belebt diese Institutionen und Wünsche? Wie sieht das Blut aus, das in freiheitlich-liberalen Adern fließt? Woher nimmt eine freiheitliche Gesellschaft die Kraft zu überleben? Im Europa des frühen neunzehnten Jahrhunderts betrachtete man Freiheitlichkeit und Demokratie als höchste Ideale, dafür geschaffen, der ganzen Menschheit ein wahrhaft neues Leben zu ermöglichen, und dieser Gedanke regte zu extravaganten und sogar utopischen Hoffnungen an – es war die Art hochgestimmter Erwartung, die Walt Whitman, der Anti-Baudelaire, anschaulicher angekündigt hat als irgendjemand sonst.

Aber in Europa ging die liberale und demokratische Hochstimmung in den Revolutionen von 1848 einer Niederlage entgegen und blieb geschlagen. Und danach verlor die freiheitlich-demokratische Idee in Europa etwas von ihrer Klarheit, manchmal, weil die liberalen Impulse sich mit revolutionärem Sozialismus mischten, gelegentlich aber auch, weil sie zu konservativem Autoritarismus tendierten, manchmal, weil liberale Ideen zugunsten von ausgewachsenem Fanatismus der Rechten wie der Linken insgesamt aufgegeben wurden. Die freiheitliche Demokratie in ihrer Ursprungsfassung schien da nur noch medioker, korrupt, erschöpft und ziellos zu sein, ein mittelmäßiger Kompromiss, blass und reizlos – etwas, womit man sich in einem Geist der Resignation abfinden konnte. Noch in den 1950er und 60er Jahren hätten sich sehr viele Europäer, die sich der

Sowjetunion und der Ausbreitung des Kommunismus widersetzten, auf alle möglichen Motive mit Ausnahme des Liberalismus berufen, um ihre antikommunistische Gesinnung zu erklären – vielleicht eine Liebe zum Christentum, zum Nationalismus oder, bei linken Intellektuellen, eine Liebe zu den Prinzipien der Arbeiterbewegung des neunzehnten Jahrhunderts, welche die Kommunisten verraten hätten.

Die freiheitlich-demokratische Idee sollte erst in den 1970er und 80er Jahren diese Argumente verdrängen, und das auf sehr stille Weise, gleichsam ohne Emotionen. Dissidenten unter den Intellektuellen und Aktivisten meldeten sich in den kommunistischen Ländern Osteuropas zu Wort und erhoben sogar in der Sowjetunion ihre Stimme. Und die Dissidenten – nicht alle, aber einige – stützten ihre Argumente fast ausschließlich auf liberale und freiheitliche Prinzipien. Die Dissidenten waren jedoch extrem vorsichtig. Sie verlangten nie offen und direkt den Sturz des kommunistischen Systems – bis sie gewonnen hatten. Sie zogen es vor, sich beispielsweise in zwei kleinen Einzelfragen zu Wort zu melden, hart zu bleiben und ihre Botschaft möglichst einfach zu halten. Sie setzten sich für die Menschenrechte ein – für das Recht des Einzelnen, ehrlich und nicht heuchlerisch zu sein und eigene Ansichten zu vertreten, ohne dafür verfolgt zu werden. Und sie setzten sich für die Unantastbarkeit internationaler Verträge und Vereinbarungen ein.

Die Vereinigten Staaten und die Sowjetunion unterzeichneten 1975 die Vereinbarungen von Helsinki, welche die Menschenrechte garantieren sollten (eigentümlicherweise eine Leistung Henry Kissingers). Die Dissidenten beriefen sich auf diese Abkommen. Manchmal stellten sich die Dissidenten und ihre Anhänger im Westen eine noch weiter gehende Rolle für internationale Vereinbarungen vor. Es gab viel Gerede von einer Gemeinschaft zivilisierter Nationen mit der wehmütigen Bezeichnung »Europa« – ein angesichts der europäischen Geschichte komisch unpassender Name. Die Gemeinschaft wurde als blühend, geordnet, gesetzestreu, demokratisch, liebenswürdig und als Garant der bürgerlichen Freiheiten dargestellt – ein imaginäres Europa, das anders war als alle anderen Europas der Vergangenheit. Das war eine populäre Idee. Die Menschen seufzten, wenn sie daran dachten.

Und als die Revolutionen von 1989 schließlich ausbrachen, stürzten die Dissidenten und stürzten ihre Verbündeten den Kommunismus im Namen dieser genannten Ideen – der Menschenrechte, der internationalen Abkommen und des Ideals, das sich mit dem Namen »Europa« verband sowie mit einer Reihe anderer und manchmal widersprüchlicher Impulse, die streng nationalistisch waren. Über den bescheidenen Umfang der freiheitlichen Ideen wurde damals, im Jahre 1989, sehr viel gesagt. Die Leute hätten Revolutionen satt, so hieß es, die im Namen großartiger Programme erfolgt seien: Kommunismus und Faschismus hätten die Menschen davon geheilt. Der dezente Umfang der neuen Ideen schien geschmeidig, virtuos und hip zu sein – ein Zeichen gepflegter Kultiviertheit wie bei einer schmalen Krawatte. Und die neuen Ideen bewiesen tatsächlich, dass sie etwas taugten. Die Revolutionen von 1989 trugen majestätische Siege davon, wenn man von einigen Ausnahmen absieht. Dennoch, die schmalen Ideen gaben trotz all ihrer praktischen Vorzüge keine Antwort auf die Frage nach dem Geist der freiheitlichen Demokratie. Die Ideen erklärten nicht, wie sich liberale Demokraten verhalten sollten. Was genau tun liberale Demokraten? – Diese Frage blieb unbeantwortet.

Fukuyama widmete dieser Frage bei seinen Grübeleien über das Ende der Geschichte einige Gedanken, und seine Schlussfolgerungen waren düster. Er stellte sich vor, dass die Menschen in einer wohl etablierten freiheitlichen Demokratie überhaupt nicht viel tun. Sie sehnen sich nach gemeinen und unwürdigen Dingen, und die Gesellschaft ist ein trübseliger Ort. Das war jedenfalls seine Angst. Es war eine europäische Angst, zumindest in ihren intellektuellen Ursprüngen – eine Beschreibung des bürgerlichen Lebens, die Fukuyama Nietzsche entnommen hatte. Die Europäer der Jahre um

1989 gaben der gleichen Angst in eigenen Varianten Ausdruck. Der französische Schriftsteller Pascal Bruckner veröffentlichte 1990 ein Buch mit dem Titel *La Mélancolie Démocratique* über die Triumphe von 1989, und schon der Titel sagt alles.

Die Amerikaner, erklärte Bruckner, hätten sich für die freiheitliche Demokratie als das beste aller Systeme und nicht als Kompromiss entschieden und betrachteten die Demokratie auch weiterhin als einen »Traum«. Sich selbst sähen sie als »mit einer weltweiten Mission ausgestattet: die Freiheit zu verbreiten«. Doch die Europäer seien mit einer anderen Gemütsverfassung zu freiheitlichen Ideen gekommen. Sie seien auf der Suche nach Ruhe. Sie griffen diese Ideen auf, weil ihre anderen, aufregenderen Ziele sie enttäuscht hätten. Das schien tatsächlich der Fall zu sein. Die europäische Euphorie von 1989 war mit einem Ausdruck Bruckners »wohltemperiert«. Wenn aber die freiheitliche Demokratie für die Europäer keinen wie auch immer gearteten transzendenten Traum ausdrückte, was sollte dann den gesamten Kontinent davon abhalten, in dem bürgerlichen, selbstzufriedenen Sumpf materieller Wünsche zu versinken, der Francis Fukuyama solche Sorgen machte?

Das war 1989 eine offene Frage, eine philosophische Frage. Doch es wurde schon bald zu einer praktischen Frage, was an dem traurigen Fortgang der Ereignisse an einem Ort lag, wo die Revolution von 1989 nämlich nicht majestätisch siegte – in Jugoslawien. Dort verwandelte sich der Kommunismus in Nationalismus, unbeeinflusst durch freiheitliche Ideen. Die Nationalisten von Jugoslawiens stärkster Provinz, Serbien, begannen ihre benachbarten ethnischen Gruppen und vor allem die große muslimische Bevölkerung Jugoslawiens als Barbaren oder Untermenschen anzusehen, die keine Rechte verdienten oder nicht einmal leben dürften. Die serbischen Nationalisten sahen sich selbst als christliche Kreuzzügler aus dem Mittelalter nach Art von Franco in einer eigenen slawischen Variante – womit sie zum x-ten Mal zeigten, wie mühelos sich faschistische und totalitäre Lehren des zwanzigsten Jahrhunderts an neue Umstände anpassen und

in immer neuen Varianten aufblühen können. Die serbischen Nationalisten machten sich daran, ihren Kreuzzug zu führen. Sie zogen
ihre Schwerter. Und dann begaben sich die serbischen Nationalisten
ab 1992 auf ihren mörderischen Weg, manchmal mit kroatischen
Nationalisten im Gefolge – gegen die Muslime und andere Völker Bosniens, manchmal gegen ihre kroatischen Verbündeten und
schließlich gegen die Albaner des Kosovo.

Rund 200 000 Menschen wurden getötet. Es war ein Ereignis genau im Stil des zwanzigsten Jahrhunderts. Und anderswo in Europa
fragten sich die Menschen, was sollten wir tun? Jetzt wo wir uns nicht
mehr nach apokalyptischen Revolutionen auf der Linken oder Rechten sehnen, jetzt wo wir nicht länger davon träumen, das Römische
Weltreich oder die mittelalterliche Herrschaft Christi wiedererstehen
zu lassen oder das proletarische Jahrtausend zu erreichen, jetzt wo
wir modern und up to date sind, Liberale und Demokraten mit eng
umrissenen Ideen – was sollen wir bloß tun?

Es muss gesagt werden, dass die anfängliche Reaktion in Europa
so lautete: Wir tun gar nichts. Diese Reaktion schien das trübe Bild
des modernen Lebens zu bestätigen, das Nietzsche einmal gezeichnet
hatte und jetzt von Fukuyama gezeichnet wurde: der bequeme Bürger,
der töricht blinzelt und sich fragt, was es mittags wohl zu essen gibt.
Sayyid Qutb hätte eine solche Reaktion vorhergesagt – die lustlose
Reaktion von Europäern ohne Rückgrat oder feste Glaubensvorstellungen, die feige, habgierig und nur mit sich beschäftigt sind, was
genau das ist, wie er die Europäer vierzig Jahre zuvor geschildert hatte. Aber wenn diese verächtlichen Etiketten die liberale Mentalität
genau beschrieben, wie konnten freie Gesellschaften dann erwarten
zu überleben? Wer würde sich die Mühe machen, für derart klägli-
che Kulturen und Lebensformen zu kämpfen? Letztlich niemand –
weshalb der Kommunismus nach Qutbs Einschätzung kurzfristig
triumphieren werde, am Ende aber der Islam.

Die Europäer, die es ablehnten, in den 1990er Jahren auch nur
einen Finger gegen die serbischen Nationalisten zu erheben, sahen

sich selbst natürlich als etwas anderes als niedrig, feige, habgierig und nur mit sich beschäftigt. François Mitterrand, der Präsident der Französischen Republik, gab ein paar Erklärungen über große Ideale ab und unternahm sogar eine dramatische und gefährliche Reise nach Sarajewo, um seine persönliche Solidarität zu demonstrieren. Die Stadt wurde damals von serbischen Nationalisten angegriffen. Mitterrand war ein Mann der Linken. Einer seiner außenpolitischen Berater war kein anderer als Régis Debray, der große Theoretiker des Guerillakriegs in der Dritten Welt, Che Guevaras Waffengefährte. Und doch sah Mitterrand trotz seiner linken Ausrichtung die internationale Politik vom Standpunkt traditioneller Machtbeziehungen des neunzehnten oder gar des achtzehnten Jahrhunderts aus. Weltereignisse waren für ihn eine Frage konkurrierender Blöcke und Einflusssphären, ein Kampf jeder gegen alle, in dem Frankreichs Interesse bei Serbien lag, mochten die Serben auch durchgedreht sein. Dies waren Nixon'sche Einstellungen, könnten wir Amerikaner sagen, wenn man davon absieht, dass sie in der Verfeinerung der Alten Welt eingelegt sind, was sie doppelt salzhaltig und doppelzüngig machte: der Standpunkt von Leuten, die in ihrer Weltzugewandtheit nicht zu schockieren sind und deshalb auch nicht dazu bewegt werden können, etwas zu unternehmen. Diese Einstellungen waren tatsächlich niedrig, feige, habgierig und egoistisch, abgesehen davon, dass sie auch antiquiert waren.

Dennoch gab es andere Ansichten. Sehr viele von Europas Idealisten konsultierten die edleren Begriffe der freiheitlichen Demokratie und taten dies mit schmerzlicher Aufrichtigkeit. Doch die edlen Vorstellungen flüsterten ihnen den gleichen Ratschlag ins Ohr, den Mitterrand den Prinzipien des antiquierten Realismus entnommen hatte, nämlich den Kopf unten zu halten. Die Idealisten stellten sich vor, dass eine demokratische und freie Gesellschaft großzügig, aufgeschlossen, tolerant, fair – und friedlich sein sollte. Diese Vorstellung hallte auf der Linken wider und gleichzeitig auf der Rechten, was ihr den vibrierenden Stereoklang der unleugbaren Wahrheit verlieh.

Schweden symbolisierte die linke Variante und die Schweiz die rechte; und beide Varianten waren wunderbar erhaben. Und doch war diese Erhabenheit am Ende nur schwer von den niedrigen, feigen, habgierigen und egoistischen Motiven zu unterscheiden, die von Nietzsche und dessen Erben verschiedentlich beschrieben worden sind.

Die Schweden und die Schweizer haben mit ihren eigenen Gemeinwesen wundervolle Dinge erreicht, und diese Leistungen waren der Neid der Welt. Doch das Überleben beider Länder war ausschließlich dem Kampfgeist anderer Völker zu verdanken. Während der Jahre des Nazi-Triumphs spielten die Schweden und die Schweizer Rollen, die insgesamt betrachtet verachtenswert waren. Die Neutralität schien ihnen besser zu sein als eine Niederlage. Wenn Hitler den Krieg gewonnen hätte, hätte er die Schweden und die Schweizer sowieso vernichtet. Doch sie konnten hoffen, dass andere Völker Hitlers Niederlage sicherstellen würden. Und andere Völker taten dies auch. Ganze polnische Städte kämpften buchstäblich bis zum letzten Mann, damit Schweden und die Schweiz ihre Sozialsysteme weiter vervollkommnen konnten. Schweden und die Schweiz ähnelten in dieser Hinsicht den kleinen Republiken, die während der Geschichte des Westens von Zeit zu Zeit ins Leben traten, angefangen mit Athen und der Römischen Republik, weiter über die Stadtstaaten des Mittelalters – anfällige Republiken, die ein strahlendes Licht reflektierten, solange die Umstände ihnen günstig waren. Doch früher oder später wurden die kleinen Republiken wie Seifenblasen von plündernden Armeen von weither angestochen. Keine dieser Republiken war je fähig, das Geheimnis des Überlebens zu ergründen.

Die Frage, wie eine freie Gesellschaft mehr als nur eine kurze Zeit überleben kann, ist eine der ältesten und verblüffendsten in der Geschichte der politischen Philosophie. De Tocqueville zerbrach sich in seinem Buch über die amerikanische Demokratie den Kopf über diese Frage. Er reiste in den 1830er Jahren durch die Vereinigten Staaten und war von einer Mischung aus Bewunderung und Bedauern über das erfüllt, was er sah. Doch er glaubte nicht, dass Amerika fähig sein würde, seine Institutionen zu schützen oder seine Regierungsform aufrechtzuerhalten. Die Vereinigten Staaten bestanden zur Zeit von de Tocqueville aus vierundzwanzig Staaten, und er stellte sich vor, dass die Zahl irgendwann auf insgesamt vierzig Staaten mit vielleicht 100 Millionen Bürgern anschwellen würde. Die Stabilität eines solchen Systems schien jenseits der Vorstellungskraft zu liegen. »Ich würde gern etwas zum Glauben an die Perfektionierbarkeit des Menschen beitragen«, schrieb er, »aber bis die Menschen ihre Natur geändert haben und vollständig umgewandelt sind, werde ich mich weigern, an die Langlebigkeit einer Regierungsform zu glauben, deren Aufgabe es ist, vierzig verschiedene Völker, die auf einer Fläche von der Größe halb Europas leben, zusammenzuhalten, damit sie nicht in Rivalitäten, Verschwörungen und Kämpfe verfallen, und ihren jeweils unabhängigen Willen für gemeinsame Pläne zusammenzubringen.«

Dies war keine törichte Besorgnis. Weniger als dreißig Jahre nach Tocquevilles Rundreise hätten sich die Vereinigten Staaten um ein Haar aufgelöst. Chomsky bemerkte nach den Anschlägen des 11. September, dass die Vereinigten Staaten bis dahin noch nie auf ihrem eigenen Boden angegriffen worden seien, zumindest nicht seit der britischen Invasion im Krieg von 1812. (Er schien vergessen zu haben, dass Pancho Villa 1916 eine Invasion von New Mexico unternahm – aber lassen wir das.) Dies wurde zu einem Gemeinplatz. Europa nickte weise, als Amerika am 11. September 2001 seine Unschuld verlor. Doch die Vereinigten Staaten waren durchaus schon auf ihrem eigenen Boden angegriffen worden. Zwischen 1861 und 1865 wurde das Land von Rebellen und Sezessionisten fast zugrunde gerichtet. Im Bürgerkrieg gab es tödliche Szenen, die schon in Richtung Verdun wiesen. Die Vereinigten Staaten hätten sich durchaus dafür entscheiden können, nach dem Angriff der Sezessionisten die Hände zu heben und zu kapitulieren. Vielleicht hätten sie die Sklavenstaaten ihren elenden Weg weitergehen lassen sollen. Das hätte es den Nordstaaten erlaubt, sich im Lauf der Zeit nach und nach in eine Art Schweden oder Schweiz von Nordamerika zu entwickeln – ein tugendhaftes

Land, den Reizen und dem Aufblühen seines Sozialsystems gewidmet, wenn auch ohne jede Fähigkeit oder Neigung, sich selbst oder sonst jemanden zu verteidigen. Doch stattdessen wandten sich die Vereinigten Staaten der Idee einer freiheitlichen Gesellschaft zu und machten diesen ganzen Begriff mit ein paar Umdrehungen des Schraubenziehers noch ein wenig lebenskräftiger.

Es war Lincoln, der dies tat. Er gab der neuen Idee in der Ansprache von Gettysburg Ausdruck – einer Rede, die durch ständiges Rezitieren in den Grundschulen ihre Wirkung schon vor langer Zeit eingebüßt hat. Lincoln sagte in jener Rede aber tatsächlich etwas. Er sprach Tocquevilles Sorge über die Langlebigkeit einer freiheitlich-demokratischen Regierungsform an. Amerika, sagte Lincoln, sei »in Freiheit geplant und dem Grundsatz geweiht, dass alle Menschen gleich geboren werden«. Doch der Bürgerkrieg habe die Frage aufgeworfen, ob eine solche Regierungsform überleben könne – »er habe auf die Probe gestellt, ob diese Nation oder irgendeine Nation, die so gedacht und so verpflichtet ist, sich lange halten kann«. Lincoln beschloss, dass Amerika Bestand haben werde, und nannte die beiden Kriegsziele, die dieses Ergebnis garantieren würden. Das erste dieser Kriegsziele war – in der Reihenfolge, in der er sie nannte – Solidarität mit den Unterdrückten, »eine Wiedergeburt der Freiheit« in seiner Formulierung. Damit war der Sturz der Sklaverei gemeint. Das zweite Kriegsziel war die Verteidigung der demokratischen Selbstherrschaft, und zwar nicht nur als lokales Prinzip, sondern mit Implikationen für den gesamten Planeten – für »jede Nation, die so geplant ist und sich so verpflichtet fühlt«. Mehr Freiheit und eine universale Mission – das war seine These.

Doch was dieser These Kraft verlieh, waren Anlass und Schauplatz seiner Rede. Er äußerte seine Bemerkungen auf dem Friedhof des Schlachtfelds von Gettysburg und weihte bei diesem Anlass den Ort. In seiner Rede ging es um den Tod. Es war keine Rede über Märtyrertum. Er sagte nichts, was darauf hätte schließen lassen, dass der Tod gut sei. Er glaubte nicht wie Victor Hugo, dass Ehre den Tod verlangt. Und er glaubte auch nicht mit den russischen Terroristen von 1905, dass der Tod etwas ist, wonach man sich sehnen sollte. Er sah im Tod nicht das Ideal, wie der Anarchist Luigi Galleani es tat. Er glaubte nicht, wie Qutb es tat, dass Märtyrer in gewisser Hinsicht weiterleben und dass der Tod ein Garten der Freuden sei. Er sah im Tod auch keine Bruderschaft – sah seine höchsten Ziele nicht in einem Feld der Toten verwirklicht, wie die Anhänger des Totalitarismus des zwanzigsten Jahrhunderts es getan haben und immer noch tun. Die seltsamen und perversen Vorstellungen vom Tod, die in der romantischen Literatur aufkamen und in den totalitären Revolten zu Massenbewegungen aufblühten – die waren Lincolns Sache nicht.

Er wandte den Blick aber auch nicht vom Tod ab. Er sprach vom Tod als »dem letzten vollen Maß der Hingabe«, welche die Soldaten der Union an den Tag gelegt hätten. Diese Soldaten seien die Vorkämpfer von Freiheit, Gleichheit und Selbstregierung, was nicht die Werte des Todes seien. Der Tod sei nicht ihr Ziel; doch der Tod sei das Maß ihrer Verpflichtung. »Diese geehrten Toten haben uns mit einer gesteigerten Hingabe beschenkt«, sagte er. Er erklärte, dass eine freiheitliche Gesellschaft eine kriegerische Gesellschaft sein müsse, wenn sie herausgefordert werde; sonst werde sie nicht von Dauer sein. Das war der Sinn seiner Zusammenfassung – »dass wir hier feierlich beschließen, dass diese Toten nicht vergeblich gestorben sein werden, dass diese Nation unter Gott eine Wiedergeburt der Freiheit haben wird und dass die Regierung des Volkes durch das Volk für das Volk nicht vom Antlitz der Erde verschwinden wird«.

Was empfinden die Bürger einer wahrhaft freiheitlichen Gesellschaft im Herzen? Eine Leidenschaft für Solidarität und Selbstverwaltung. Was tun diese Bürger? Sie weihen sich diesen Grundsätzen, wenn nötig bis zum letzten Maß. Der Liberalismus ist eine Lehre, die im Namen der Toleranz Absoluta scheut; doch der Liberalismus scheut nicht alles Absolute. Qutb glaubte, dass die pragmatische Philosophie – die Lehre von Peirce, William James und Dewey – Amerikas Ruin sei und dass der skeptische Geist des Pragmatismus

Amerikas Fähigkeit untergraben werde, seine Feinde abzuwehren. Man könnte argumentieren, dass Lincoln mit der Forderung nach einer absoluten Verpflichtung zu Solidarität und Selbstverwaltung jede mögliche Verbindung zu pragmatischen Ideen aufgegeben habe. O nein, nicht ganz, auch wenn er mit Stentorstimme über Gott sprach. Der Krieg, so Lincoln, sei »die Prüfung« der Grundsätze einer freien Gesellschaft. Lincoln war entschlossen, diese Prüfung zu Ende zu bringen – diesem Ziel fühlte er sich voll und ganz verpflichtet.

Amerika war eine junge Demokratie, als Lincoln diese Grundsätze definierte, und Europa war in mancherlei Hinsicht ebenso jung, als es sich vor die Prüfung der 1990er Jahre gestellt sah. Vielleicht sogar noch jünger. Einige der europäischen Demokratien waren nagelneu; andere reichten nur bis zum Ende des Zweiten Weltkriegs zurück; wieder andere konnten ihre Abstammung in die ferne Vergangenheit zurückverfolgen, waren aber nicht fähig gewesen, die Kontinuität von Institutionen und Sitten der Demokratie aufrechtzuerhalten. Deutschland war im Jahre 1989 ein geteiltes und besetztes Land ohne die Autonomie eines wirklich unabhängigen Staates. Ein umfassender und lebenskräftiger europäischer Geist der Demokratie war etwas, was unter diesen Umständen sozusagen am lebenden Objekt entwickelt werden musste, aber auch angesichts einiger überkommener Vorurteile. Der Geist der Demokratie brauchte eine eigene Sprache oder Rhetorik – etwas anderes als den antiquierten Realismus von Leuten wie Mitterrand und auch etwas anderes als den hochtrabenden Isolationismus der Schweden und Schweizer.

Die neue Rhetorik konnte jedoch kaum die Lincolns sein – eine Rhetorik des Volkswillens, Gottes und der Freiheit: eine Sprache des christlichen Amerika im neunzehnten Jahrhundert. Aber was war den Europäern denn geblieben? Ihre neue Rhetorik würde ihren eigenen Erfahrungen entstammen müssen, und das konnte nur die Erregungen der Dissidenten der 1970er und 80er Jahre im Ostblock zusammen mit den westlichen Aufregungen im Namen der Dissidenten bedeuten. Die neue Rhetorik würde kurz die Sprache von 1989 sein müssen: die Sprache der Menschenrechte, der internationalen Abkommen und Verträge und des wehmütigen Ziels, das unter dem Namen »Europa« bekannt ist – eine gemäßigte Sprache, wenn auch mit revolutionären Errungenschaften eindrucksvoll geschmückt. Die Debatte darüber, was gegen die serbischen Nationalisten zu unternehmen sei, wurde somit in der Sprache von 1989 geführt, jedoch zusammen mit einem zusätzlichen Begriff, nämlich »Humanismus« – einer Erweiterung der Idee der Menschenrechte. Die Debatte war hitzig. Und sie blieb lange Zeit ohne jedes Ergebnis.

Serbien war eine drittrangige Macht. Wären Frankreich und Deutschland entschlossen gewesen, hätten sie zusammen mit den Niederlanden, Belgien und anderen Ländern, von Großbritannien ganz zu schweigen, die serbischen Nationalisten in ihre Schranken weisen können, wenn diese Länder nur ihren Willen mobilisiert hätten. Das konnten sie nicht. Die Europäer wandten sich im Geist der Beachtung internationaler Abkommen und Verträge an die Vereinten Nationen. Doch die Russen blieben von ihrem Sitz im Sicherheitsrat aus bei ihren vormodernen Vorstellungen von einem Gleichgewicht der Kräfte und uralten ethnischen Loyalitäten, welche sie an Serbien banden; Russland ließ sich also nicht bewegen. Überdies waren die europäischen Demokratien in der Frage militärischen Handelns zweierlei Meinung. Sie sahen keine Notwendigkeit, tätig zu werden. Tony Blair meldete sich bei diesem Thema eloquent zu Wort. Das Gewissen der Europäer war belastet.

Ebenso sehr beeindruckte die Europäer aber das Gewicht der Argumente für einen zynischen Realismus und eine idealistische Isolation. Und so entschlossen sich die Europäer, sich auf halbem Weg zu einigen. So intervenierten sie tatsächlich auf dem Balkan. Sie taten es in den edelsten Absichten durch die Vereinten Nationen. Doch die Intervention erwies sich als Schlag ins Wasser. Friedenswahrer der UNO in Blauhelmen wurden zu Lande stationiert, und als der Friede nicht eingehalten wurde und sich die Notwendigkeit ergab, die Bomber zu holen und die serbischen Milizen vom Himmel aus zu bombardieren, war es unmöglich, so etwas zu tun, weil blau behelmte Friedenswahrer auf dem Boden stationiert waren. Das war absurd, aber so war es. Die Sprache der internationalen Abkommen, der Menschenrechte und der Humanität, »Europas«, der Zivilisation und der Vereinten Nationen – diese Sprache, die bescheidene Rhetorik von 1989, erwies sich als hoffnungslos doppeldeutig: eine Sprache des Handelns, die sich nur zu leicht in eine Sprache der Untätigkeit umwandeln ließ; eine Sprache, welche die Leute wie eine Armbinde tragen konnten, um zu zeigen, dass sie moralisch engagiert waren, obwohl sie in Wahrheit die ganze Zeit nur an das nächste Essen dachten; eine idealistische Sprache, die zugleich zynisch war.

Gleichwohl schritt man irgendwann zur Tat, erst in Bosnien, dann im Kosovo. Die Franzosen – sobald Mitterrand nicht mehr im Amt war – waren die Ersten, die ein wenig Schneid an den Tag legten. Doch für die Kraft dieser Aktionen sorgte in erster Linie das amerikanische Militär. Das war ein mitleiderregender Kommentar zur Demokratie in Europa. »Europa« erwies sich letztlich doch als Europa. Europa war ein Ort, der Frankensteins erfindet, sie aber nicht unschädlich macht. Europa war eine Gesellschaft, welche die Schwachen oder seine eigenen religiösen Minderheiten oder Grundsätze nicht verteidigen konnte. Nicht einmal in den 1990er Jahren! Die Balkankriege waren Europas Lincoln'sche Prüfung; und Europa erwies sich als unfähig, eigene Lincolns hervorzubringen. Trotzdem unternahmen die Franzosen etwas, und die britischen Soldaten waren ungewöhnlich tapfer. Und so legten die Europäer immerhin die Fähigkeit an den Tag, eine aktive Unterstützerrolle zu spielen, solange die Vereinigten Staaten die Führung übernahmen. Selbst die Deutschen überwanden am Ende ihren Pazifismus – ihren erhabenen Isolationismus – und schickten 1999 Truppen, die an der Rettung des Kosovo teilnehmen sollten. Für Deutschland war das ein großer Schritt.

Die Vereinten Nationen hatten sich wegen der Russen und deren Veto im Sicherheitsrat als unfähig erwiesen, etwas Tatkräftiges zu unternehmen; und so handelten die Europäer, dazu gedrängt von den Vereinigten Staaten, stattdessen im Namen der Nato. Und dann entschlossen sich die Russen, die nicht ausgeschlossen werden wollten, dennoch teilzunehmen – eine klare Demonstration, dass die demokratischen Mächte selbst die Aufsässigsten zur Räson bringen können, wenn Initiative auch nur zum Schein gezeigt wird. Menschenrechte, Humanität, internationale Abkommen und Verträge, dieses zarte Gebilde namens »Europa« – diese Sprache war also doch nicht vollkommen hoffnungslos. Die doppeldeutigen Begriffe konnten tatsächlich einen bestimmten Sinn annehmen, wenn jemand hart blieb. Und so demonstrierte die freie Gesellschaft, die Europa tatsächlich ist, zumindest eine behutsame Fähigkeit, für die Grundsätze einer freien Gesellschaft einzustehen, solange die Vereinigten Staaten einen hilfreichen Arm bieten. Die Tragödie auf dem Balkan war ungeheuer und vermeidbar – doch zumindest schaffte es eine muslimische Bevölkerung, in Bosnien zu überleben. Die Albaner, die aus dem Kosovo geflüchtet waren, kehrten in ihre Häuser zurück. Das war etwas Neues in der Weltgeschichte: eine Massenevakuierung, die schnell umgekehrt wurde. Die Serben, die wieder zur Vernunft kamen, fühlten sich sogar ermutigt, den schlimmsten ihrer nationalistischen Führer zu stürzen und einen ansatzweise freiheitlich-demokratischen Staat zu gründen – zu tun, was sie 1989 zu tun versäumt hatten. Was die Serben erreicht hatten, stand immer noch auf recht schwachen Füßen. Dennoch hatten sie etwas erreicht.

Und all dies, die hart erkämpften Errungenschaften einer freiheitlichen Demokratie seit 1989 im Verein mit den eigensinnigen Selbsttäuschungen über den Totalitarismus und dessen Hinscheiden – all das rückte am 11. September 2001 ins Blickfeld. Die Flugzeuge explodierten, die Zwillingstürme stürzten in sich zusammen, eine Mauer des Pentagons wurde zerstört – und im Herzen des müden alten Europa und auch in anderen Regionen loderte spontan eine sichtbare Flamme demokratischer Solidarität empor. Während des Kalten Krieges brachte John F. Kennedy Amerikas Solidarität mit den Bewohnern West-Berlins zum Ausdruck, indem er den Bewohnern der Stadt sagte: »Ich bin ein Berliner!« – eine Äußerung uneingeschränkter Unterstützung für Europäer, die sich gegen die sowjetische Besetzung und die kommunistischen Tyrannen zur Wehr zu setzen versuchten.

Am 12. September 2001 veröffentlichte die Zeitung *Le Monde* in Paris ein Editorial, das augenblicklich berühmt wurde. Es nahm Kennedys Worte auf und drehte sie mit der Formulierung um: »Nous sommes tous Américains!« Das war Europas Solidaritätserklärung mit Amerika, mit Ausrufungszeichen und allem, was dazugehört. Die Berliner versammelten sich in einer Massendemonstration, um auch ihre Solidarität mit den Vereinigten Staaten zu erklären – ein wahrhaft rührendes Schauspiel angesichts der schwierigen Geschichte von Deutschland und Amerika und der beiden Weltkriege. Mehr noch: Die Nato-Führung berief sich auf den noch nie zuvor herangezogenen Artikel 5 der Nato-Charta, der wie bei den drei Musketieren einen Angriff auf eins der Nato-Mitglieder als einen Angriff auf alle definierte. (Und warum nicht die drei Musketiere? Alexandre Dumas, dieser Bindestrich-Franco-Haitianer, stand während seiner Zeit im neunzehnten Jahrhundert tapfer für demokratische Freiheiten ein.)

Präsident Bush brachte es fertig, in jenen ersten Momenten nach den Anschlägen ins Fettnäpfchen zu treten. Er sagte, er wolle bin Laden »tot oder lebendig« – eine Äußerung, die es schaffte, weite Teile der Welt davon zu überzeugen, dass unser Feind lediglich eine Einzelperson sein oder eine Bande von Desperados und nichts Größeres. Selbst jetzt noch stellen recht viele Menschen den Krieg gegen den Terror als eine Art Menschenjagd dar, als würden Aufgebote von Männern Banditen durch die Berge jagen – als eine Polizeiaktion, die nicht die massiven Vorbereitungen und strategischen Überlegungen eines Kriegs erfordert. Bushs »tot oder lebendig« zeigte in dieser Hinsicht eine Menge Verwirrung. Schlimmer noch, die Formulierung

»tot oder lebendig« beschwor Bilder von einem Wildwest-Chaos, wenn auch nicht so sehr unter Amerikanern. Diese hatten längst akzeptiert, dass Bush kein Redner ist, dafür aber entstand in anderen Teilen der Welt dieser Eindruck. Eine enorme Öffentlichkeit kam zu dem Schluss, dass Amerikas Präsident, dieser hinterwäldlerische Barbar, mit rauchendem Colt Amok laufen werde. André Glucksmann unternahm eine ritterliche Verteidigung Bushs, indem er bemerkte, die Formulierung »tot oder lebendig« sei weit davon entfernt, einer primitiven Mentalität Ausdruck zu verleihen, sondern reiche bis zu den frühsten Ursprüngen des Völkerrechts im siebzehnten Jahrhundert zurück, die das Recht erklärten, Meerespiraten, die als *hostis generis humani* oder Feinde der Menschheit galten, zu jagen und »tot oder lebendig« zu fangen.

Doch in Wahrheit war Bush keine verlässliche Autorität in Fragen des Völkerrechts und von *hostis generis humani*. Schon jetzt, in den ersten Augenblicken nach den Anschlägen, bot sich ein Vorgeschmack auf Probleme, die noch bevorstanden. Und doch reagierte Bush trotz all seiner sprachlichen Unzulänglichkeiten und seines fehlenden Schliffs einigermaßen fähig auf die Terroristenanschläge, zumindest im Bereich des militärischen Handelns. Eine groß angelegte Invasion des fernen Afghanistan hätte zutiefst entmutigend wirken müssen. Ein anderer Präsident hätte vielleicht gezaudert oder sich damit begnügt, zwei oder drei Tage lang Granaten nach Afghanistan zu schicken und für einen Volltreffer zu beten. Doch Bush versammelte eine recht ansehnliche Streitmacht, brachte Verbündete und Koalitionspartner zusammen, besänftigte, verführte oder schüchterte mögliche Feinde ein und ordnete eine Invasion an, die wie in jedem Krieg viele schreckliche Dinge auslöste – jedoch nur wenige der großen Katastrophen, die so viele Menschen befürchtet hatten.

Am Himmel flogen die Flugzeuge, die Special Forces setzten am Boden ihre mysteriöse Science-Fiction-Technologie ein, Briten, Kanadier und andere Truppen nahmen tapfer ihre Positionen ein. Und als der Nebel des Friedens sich verzog, erschien quer über Afghanistan ein gewaltiges Panorama, die Realität der Gegenwart. Es war die Landschaft des modernen Totalitarismus, der endlich wahrnehmbar war, in säuberlich geordneten Schichten – diese Sache, die in der von Selbsttäuschung bestimmten triumphalen Atmosphäre von 1989 schon als längst verschwunden galt. Die charismatischen Führer, die verrückt zu sein schienen, ausgestattet mit Universitätsdiplomen aus Mekka, und die ägyptischen Kreise, die von Sayyid Qutb abstammten; die Elite-Kader von Al-Qaida direkt unterhalb der Führungsebene, eine Prätorianergarde, die den afghanischen Staat beherrschte; die Taliban als Parteisoldaten mit der Aufgabe, die revolutionäre Lehre den leidenden Massen aufzuzwingen; das Ministerium zur Vorbeugung von Laster und der Förderung von Tugend, das seinen täglichen Kampf gegen unreine Gedanken führte; die jubelnden Massen in anderen Ländern, die Afghanistans islamisches Emirat weiterhin als Wirklichkeit gewordene Utopie ansahen; die Rivalität mit einem konkurrierenden Flügel der gleichen totalitären Bewegung an Afghanistans Westgrenze im Iran; der Strom von Geld und Intellekt, der sich aus dem sunnitischen Heimatland des Islamismus in Saudi-Arabien ergoss; das Netz brüderlicher Bewegungen und Terroristengruppen auf der ganzen Welt, deren Dokumente auf dem Fußboden der konspirativen Wohnungen in Kabul ausgebreitet waren; die Freiwilligen aus allen Ecken des Globus bis Nordkalifornien; der Fanatismus der Kämpfer im Gefängnisaufstand von Mazar-i-Sharif sowie überall am Horizont die Apologeten und »nützlichen Idioten«, die erklären konnten, warum Schwarz Weiß ist; die Massendemonstrationen für den Frieden in Berlin und London und sogar in Washington, an denen Zehntausende von Menschen teilnahmen, die Paul-Fauristen unserer Tage, die ihre Slogans riefen – das alles war plötzlich sichtbar, sobald die Invasion begonnen hatte. Es war ein Anblick, den man aus jedem Jahrzehnt seit der bolschewistischen Revolution von 1917 kennt. Oder seit noch früherer Zeit. Glucksmann hat hervorgehoben, dass Dostojewskis russische Nihilisten sich schon in den 1860er Jahren in einer ähnlichen Struktur organisiert hatten – die charismatischen, rücksichtslosen Anführer verkündeten an der Spitze der Organisation Gleichgültigkeit gegenüber dem Leben, überlebten aber trotzdem irgendwie, während die schwachköpfigen Anhänger in Reih und Glied folgten und zum Sterben hinausgeschickt wurden.

Doch es gab noch etwas zu sehen, von dem ich glaube, dass niemand es zu sehen erwartet hatte. Bush der Jüngere war mit makellosen Nixon'schen Referenzen im Gepäck ins Amt gekommen, wenn auch nur durch familiäre Erbschaft. Bush der Ältere war ein Protegé Nixons; er war Nixons Botschafter in China gewesen. Dick Cheney, Donald Rumsfeld und eine Reihe weiterer Spitzenvertreter in der neuen Regierung waren ebenso Veteranen der Nixon-Jahre, jeder Einzelne von ihnen ein eingefleischter »Realist« mit der bekannten Verachtung für die »Missionstätigkeit« (ein Ausdruck Kissingers) »idealistischer« Außenpolitik. Während seines Wahlkampfs machte Bush der Jüngere deutlich, dass auch er kein Weichei war, das man beliebig herumschubsen kann.

Er höhnte über das, was man »Nationenbildung« nannte, was heißen soll, Wiederaufbauarbeit nach Kriegen in anderen Teilen der Welt. Sollen doch die Völker selbst ihre Knoten durchhauen! – so lautete Bushs Wahlkampfbotschaft. Er handelte auch nach dieser Botschaft, sobald er im Weißen Haus saß. Das tödliche Pingpongspiel von palästinensischem Terror und israelischen Vergeltungsmaßnahmen wurde tödlicher. Bush zuckte die Achseln. Die Gewalt schrieb er schlauerweise Clintons Begeisterung für das Friedenstiften zu. In Bushs geistigem Universum war die regierungsamtliche Weltverbesserei das Übel schlechthin. Argentinien stürzte ökonomisch in einen freien Fall – es war die Art von Krise, bei der Clinton bei seinen Versuchen, den Schaden zu begrenzen, im Weißen Haus wahre Klimmzüge gemacht hätte. Bush ließ den Zusammenbruch ungerührt weitergehen. »Sie mögen es so«, sagte Bushs Finanzminister über die Argentinier.

Welche Wahl würde Bush dann wohl in Afghanistan treffen? Generationen einer »realistischen« Politik hätten uns sagen können, was wir zu erwarten hatten. Das amerikanische Außenministerium würde nach einem fügsamen Warlord Ausschau halten und diesen Mann an der Macht installieren – jemanden, bei dem man darauf vertrauen konnte, dass er die amerikanischen Interessen scharf im Auge behalten würde, selbst wenn er seinen Lebensunterhalt mit Plünderung und Raub verdiente, nach dem Motto: »Er ist zwar ein Scheißkerl, aber unser Scheißkerl.« Oder das State Department würde sich einen formbaren Flügel der Taliban suchen – eine Gruppe praktisch veranlagter Mullahs, die bereit waren, den weltweiten Dschihad gegen Zionisten und Kreuzfahrer lange genug aufzuschieben, um mit der jüngst wiedereroberten US-Botschaft in Kabul ein freundliches Verhältnis auf der Basis von »Eine Hand wäscht die andere« herzustellen. Die amerikanische Politik im Nahen Osten, von anderen Regionen ganz zu schweigen, hatte diese Pfade während der gesamten jüngeren Geschichte stetig ausgetreten. Es gab Präzedenzfälle ohne Zahl. Was war denn die Geschichte von Amerikas Bündnis mit den ultramontanen Eiferern Saudi-Arabiens, wenn nicht eine »realistische« Geschichte von Hinterzimmerdeals mit *Dschihadi*-Prinzchen, die für korrupte Arrangements empfänglich waren, eine Allianz der Kaltherzigen und der Ölreichen zu gegenseitigem Profit?

Zufällig führten diese Allianzen in der muslimischen Welt zu keinem guten Ergebnis. Vielleicht war Bush auf den Misserfolg aufmerksam geworden, vielleicht verstand er den Fehler schon nach einem flüchtigen Blick. Oder nicht – das war schwer auszumachen. Wie auch immer: Irgendwie schien er auf ein paar neue Gedanken zu kommen, und zwar unmittelbar nach den Anschlägen vom 11. September. Zumindest schmückte er seine Reden mit einer schwülstigen neuen Rhetorik, die seltsam von seinen spöttischen Wildwest-Bemerkungen abstach. Er sprach von »Totalitarismus« und »Freiheit«. Als er auf Afghanistan zu sprechen kam, nannte er die Frage der Frauenrechte unter der Herrschaft der Taliban – ein feministisches Argument. Viele Leute äußerten sich abschätzig. Er brachte dieses

Thema jedoch immer wieder zur Sprache. Seine Frau, die normalerweise keine Rolle in der Politik spielt, verlieh seinen Äußerungen Nachdruck. Frauenfragen waren sichtlich zu einer Strategie des Weißen Hauses geworden. Die spöttischen Bemerkungen wurden zahlreicher.

Und doch, als die Politik der Bush-Regierung sich in Afghanistan entfaltete, waren die demokratischen oder sogar feministischen Aspekte kaum zu übersehen. Das amerikanische Außenministerium berief einige afghanische Exilpolitiker zusammen, um die Vorarbeit zu einer neuen Regierung zu leisten, und von Anfang an waren auch weibliche Führungspersönlichkeiten dabei. Als es den Koalitionsstreitkräften gelungen war, das Land militärisch zu beherrschen, wurden traditionelle afghanische Versammlungen einberufen, um mit der Arbeit des Aufbaus eines neuen politischen Systems fortzufahren – es war genau der Ansatz, den jeder aufrichtig demokratisch gesinnte Mensch empfohlen hätte. Hamid Karzai wurde schließlich als Staatschef ausgewählt. Er wurde den Afghanen zwar von den amerikanischen Strategen aufgedrängt, aber auch von der afghanischen Nationalversammlung akzeptiert – und es stellte sich heraus, dass Karzai alles andere als ein Warlord war. Ebenso wenig war er korrupt und auch kein schismatischer Mullah des Dschihad. Er schien stattdessen ein liberaler und freiheitlich denkender Mann zu sein. Ein Mann mit demokratischen Zielen für sein Land. Ein Mann überdies mit Brüdern und Schwestern, die in Amerika zu Wohlstand gekommen waren, eine Bindestrich-Persönlichkeit moderner Art – nur dass der Akzent diesmal auf der freiheitlichen Seite des Bindestrichs zu finden war.

Die Taliban flüchteten in die Berge. Und die Siegesszenen waren offenkundig Szenen der Befreiung – die Szenen, wie sich erwachsene Frauen in Kabul in Schulräumen scharten, um lesen zu lernen, die Bilder von Männern, die sich beim Friseur versammelten, um sich die verhassten Bärte abrasieren zu lassen, Bilder von Kabuls einzigem Kino, das sich wieder für eifrige Menschenmengen öffnete, Szenen, wie Musik wieder aus Lautsprechern ertönt. Um den islamistischen Begriff für Unwissenheit zu leihen, hier ging *jahiliyyah* vor den Augen der Welt zu Boden. Manche von Bushs Kritikern in den Vereinigten Staaten zeigten johlend und hohnlachend auf die chaotischen Provinzen außerhalb Kabuls, verwiesen auf das Überleben der Al-Qaida und bin Ladens Flucht, auf die Warlords, die im Norden, Süden und Westen überlebten, auf Morde, Armut, Drogen, Krankheit, Obdachlosigkeit – auf die Brüchigkeit des Siegs und seine geografische Begrenztheit auf Kabul. Das alles entsprach den Tatsachen, und das Hohngelächter war wohlverdient, und ich werde in wenigen Momenten selbst ein paar höhnische Bemerkungen vorschlagen.

Wir sollten uns aber ein Gefühl für die Proportionen bewahren. Ein Jahr nach der Niederlage des Islamismus in Afghanistan schätzten die Vereinten Nationen, dass rund drei Millionen Kinder, viele davon Mädchen, zum ersten Mal zur Schule gingen – ein revolutionäres Ereignis. Noam Chomsky hatte einen»stummen Völkermord«, sogar einen absichtlichen Genozid vorhergesagt (»die Vereinigten Staaten hatten verlangt, dass Pakistan möglichst Millionen von Menschen tötet ...«). Es gab tatsächlich eine humanitäre Krise. Doch die Krise war weitgehend auf etwas zurückzuführen, was so ziemlich das genaue Gegenteil von Völkermord ist. Eine riesige Menge von fast zwei Millionen Afghanen, Flüchtlinge, die während des sowjetischen Einfalls, des jahrelangen Chaos und der Gewaltherrschaft der Taliban geflüchtet waren, strömten jetzt in ihr Land zurück. Der Völkermord dezimiert Bevölkerungen. Die Invasion in Afghanistan steigerte die Bevölkerung um fast zehn Prozent. Statt Genozid also Genogenese. Im Verlauf dieses Buches verhieß es nichts Gutes, wenn ich von Tausenden oder gar Millionen von Menschen gesprochen habe. Die Zahlen in Afghanistan waren aber kein Zeichen des Schreckens.

Und mit diesen Bildern vor Augen wurde es möglich, ein paar Bemerkungen über den größeren Krieg gegen den Terror zu machen, und zwar nicht nur in Zentralasien – zunächst eine Bemerkung über den Umfang des Krieges, um damit zu beginnen. Die Ereignisse in Afghanistan waren in Wahrheit keine Polizeiaktion und konnten es nicht gewesen sein, wenn man Größe und Organisationsgrad der Al-Qaida bedenkt, die sich auf den gewaltigen Unterbau der Taliban und deren Zuspruch im Volk stützen konnte. Die Leute fantasieren gern davon, wie sie enorme Gefahren dadurch beseitigen, dass sie glattzüngige Super-Unterhändler losschicken, Menschen mit Silberkugeln töten lassen, oder dadurch, dass sie mit stoischer Ruhe darauf warten, dass die ungeheuren Gefahren sich von allein verflüchtigen. Doch in Afghanistan hatten es die USA mit großen und mächtigen Institutionen zu tun, die nur durch militärisches Handeln ausgemerzt werden konnten, sonst gar nicht. Ich glaube nicht, dass ein besonnener Beobachter beim Anblick des afghanischen Panoramas zu einer anderen Schlussfolgerung hätte kommen können.

Überdies erforderte der Krieg in Afghanistan die Mitarbeit von Pervez Musharraf, dem pakistanischen Diktator, die wohl recht schwierig zu erlangen war, wenn wir uns die Geschichte des Islamismus und dessen Stärke in seinem Land ansehen. General Musharraf ging ein großes Risiko ein, indem er sich auf die Seite der Vereinigten Staaten stellte – auf die Seite von Amerikanern, deren Loyalität sich in der Vergangenheit als hoffnungslos wankelmütig erwiesen hatte. Ganz besondere Rücksichtnahmen, etwas Unwiderstehliches muss Musharraf dazu gedrängt haben, diese Risiken auf sich zu nehmen; und diese Rücksichtnahme dürfte, wie wir vermuten dürfen, wohl etwas mit den amerikanischen Truppen gleich nebenan zu tun gehabt haben – das heißt mit Amerikas Fähigkeit, auf Ereignisse an Pakistans Grenze Einfluss zu nehmen, Pakistans verhasste Feinde in Indien zu begünstigen, und ganz allgemein ihre Fähigkeit, die Pakistani aus nächster Nähe zu bedrängen. Und wenn sich eine militärische Intervention in Afghanistan als unvermeidlich erwiesen und überdies ohne Gewalt auch in Pakistan ein paar erwünschte Nebenwirkungen ausgelöst hat – wenn das in einem Teil der Welt der Fall war, welche Formen der Politik würden sich dann noch in anderen

Regionen anbieten, in denen Terroristen ähnlich zahlreich und populär waren?

Ich möchte nicht den Laptop-General spielen und imaginäre Expeditionskorps auf meinem Computerbildschirm in alle Himmelsrichtungen schicken – um dabei Militärstrategien zu erfinden und jedermann von glänzenden Triumphen zu überzeugen. Ich möchte nur bemerken, dass die Al-Qaida und die mit ihr verbündeten Gruppen eine über viele Länder verstreute nebulöse Konstellation waren, und diese Konstellation ruhte deutlich auf Institutionen, die hier und da über wirkliche Macht verfügten, und diese Institutionen wiederum beriefen sich auf Verschwörungstheorien, organisierten Hass und apokalyptische Fantasien: die Kultur des Totalitarismus. In manchen Ländern blieb den Regierungen keine andere Wahl, als auf Zehenspitzen um die islamistischen Radikalen herumzuschleichen und zu versuchen, nicht deren Zorn zu erregen. In anderen Staaten kontrollierten die radikalen Islamisten die Regierungen ohnehin schon halbwegs. In wieder anderen Ländern hatten die Panarabisten und Baath-Sozialisten schon lange ihre Außenpolitik mit terroristischen Verschwörungen verwoben, ob nun islamistischen oder sonstigen – was eine weitere Komplikation schuf, in der man sich verheddern konnte.

Keine dieser Regierungen würde sich gegen die radikalen Islamisten und andere Terroristengruppen wenden und sie in unserem Namen oder dem irgendeines anderen vernichten – es sei denn, die führenden Mitglieder der Regierung spürten wie General Musharraf, dass die Daumenschrauben immer stärker angezogen wurden. Und vielleicht nicht einmal dann. Unter diesen Umständen schien eine Menge militärischen Taktierens seitens der Vereinigten Staaten und ihrer Verbündeten unvermeidlich zu sein. Polizeiarbeit? Polizeiarbeit würde es geben. Doch schon die schiere Zahl der Soldaten, die höchstwahrscheinlich an den Persischen Golf sowie in mehrere andere Regionen auf der Welt würden verlegt werden müssen, sowie die Kosten und Gefahren, die unvermeidlichen Kollisionen konkurrierender Kräfte und Armeen – jeder Aspekt dieses Konflikts mit dem muslimischen Totalitarismus und dessen offiziellen Verbündeten verlangte mehr als nur Polizeiarbeit.

Andererseits sah auch der Krieg gegen den Terror nicht wie ein Kampf der Kulturen aus. Das ganze Problem mit Huntingtons Theorie war immer eins des Maßstabs und nicht nur der Nuancen. Der Kampf der Kulturen muss schon definitionsgemäß riesig und ewig oder zumindest annähernd so sein. Der Konflikt zwischen dem Christentum und dem Islam köchelt immerhin schon seit 1400 Jahren, woran Huntington uns erinnert – eine Zeitspanne, die den Kalten Krieg zwischen freiheitlicher Demokratie und Kommunismus in seinen Worten »vorübergehend und oberflächlich« erscheinen lässt. Doch es gab keinen Grund, den Krieg in Afghanistan oder das, was danach geschah, als einen Kampf zwischen Christentum und Islam anzusehen. Oder es gab vielmehr nur einen Grund, der uns als lächerlich hätte auffallen müssen. Eine große Zahl von Islamisten und Baathi sahen den Konflikt tatsächlich in diesem Licht. Sie bestanden auf ihrem Kampf. In ihren Augen widersetzte sich die muslimische Welt energisch den Kreuzfahrern aus dem Westen. Das war ihre Ideologie.

Sie betrachteten auch jedes neue Ereignis auf der Welt als ein Stadium in dem kosmischen Kampf des Judentums gegen den Islam. Ihre Ideologie war verrückt. Doch in Kriegen zwischen freiheitlicher Demokratie und Totalitarismus ist das totalitäre Bild des Krieges immer verrückt. (Oder, um genauer zu sein, das totalitäre Bild ruht auf einer verrückten Plattform – selbst wenn sich die totalitäre Seite in einem Krieg auch auf einige der konventionelleren Ursachen und Ziele eines Krieges beruft.) Die Nazis stellten den Zweiten Weltkrieg als einen biologischen Kampf zwischen der überlegenen Rasse (wir) und den minderwertigen Mischlingsrassen dar (sie). Die Sowjets und ihre Genossen stellten den Kalten Krieg als einen ökonomischen Kampf zwischen den Proletariern der Welt (wir) und den bürgerlichen Ausbeutern (sie) dar. Das mittelalterliche Bild von *Dschihadi*-Kriegern im Islamismus, die ihre Krummschwerter schwangen und sich so gegen die Verschwörung von Zionisten und Kreuzfahrern wehrten, war nicht weniger abstrus und verrückt. Die Realität des Kriegs gegen den Terror nun – das, was sich in jenen ersten Tagen des afghanischen Krieges herausstellte – sah weder nach Polizeieinsatz noch nach einem Kampf der Kulturen oder einer kosmischen Schlacht aus. Es war ein Ereignis im Stil des zwanzigsten Jahrhunderts. Er war der Kampf der Ideologien. Es war der Krieg zwischen freiheitlicher Demokratie und den apokalyptischen und gespensterhaften Bewegungen, die sich seit den Katastrophen des Ersten Weltkriegs gegen die freiheitliche Zivilisation erhoben haben.

Was nun das Thema des Krieges zwischen freiheitlicher Demokratie und ihren Feinden betrifft, hatten uns die Islamisten tatsächlich etwas zu sagen, und es war Sayyid Qutb, der uns die klarste Erläuterung bot. Qutb war immer klar, dass der wahre Feind des Islamismus keine militärische Macht war, sondern vielmehr ein heimtückisches Eindringen kultureller Einflüsse und Ideen – der Ideen, die mit seinem Begriff den Islam »auszurotten« drohten. Der Kampf, wie er ihn interpretierte, war vor allem geistiger Natur. Der Krieg zwischen freiheitlicher Demokratie und Islamismus spiegelte in dieser Hinsicht die früheren Kriege zwischen freiheitlicher Demokratie und anderen Formen des Totalitarismus perfekt wider. Diese früheren Kriege wurden letztlich immer durch etwas anderes als marschierende Armeen entschieden. Die Kriege gingen zu Ende, als die apokalyptischen Ideologen in einem Moment geistiger Hellsichtigkeit endlich ihre Untergangsfantasien aufgaben. Wenn Menschen von 1989 sprechen und dem Fall der Berliner Mauer, ist es das, was sie wirklich meinen – den Moment, in dem Kommunisten in Osteuropa schließlich erkannten, dass der Kommunismus ein Fehler war und dass man eine ganz andere Gesellschaft errichten konnte. Der doktrinelle Zusammenbruch des Kommunismus in Europa ereignete sich, ohne dass ein Schuss abgefeuert wurde – was fast ein Wunder ist, wenn man die Wahrscheinlichkeit bedenkt. Im Fall der faschistischen Achse konnte davon jedoch nicht die Rede sein. Doch selbst dort erfolgte der endgültige Triumph über den Faschismus, der Triumph, der von Dauer war, erst dann, als die wichtigsten faschistischen Länder mit viel Hilfe und Anleitung von außen sich bereit erklärten, ihr Denken und ihre politische Kultur zugunsten von etwas Neuem auszumerzen – das war ein Prozess, der viel länger dauerte als die eigentlichen Kämpfe und hier und da vielleicht noch nicht abgeschlossen ist. Im Zweiten Weltkrieg war der D-Day, der Tag der Landung der Alliierten in der Normandie, ein wichtiges Ereignis, doch die Entnazifizierung war der eigentliche Sieg.

Ein geistiger Krieg war in Afghanistan ebenfalls sichtbar – ein Krieg der Ideologien, manchmal auf höchstem Niveau, bei dem Doktrinen in massierten Formationen einander kreuz und quer über die Landschaft jagten. Ich höre, wie da jemand kichert: Ideen auf höchstem Niveau? – Dort, in der Walachei der Paschtunen, wo die Leute ohne elektrischen Strom oder fließendes Wasser auskommen müssen? Aber natürlich. Es ist ein Fehler zu kichern. Der Islamismus wurde zum Teil deshalb eine weltweit spürbare Kraft, weil Nassers Nachfolger Anwar Sadat in den 1970er Jahren in Ägypten die Gelehrten der Muslimischen Bruderschaft an den Universitäten von der Leine ließ, um Ägyptens Marxisten abzuwehren; und die Muslimischen Brüder erwiesen sich als gewichtige Denker. *Im Schatten des Koran* bot eine kühle Erfrischung, und die Islamisten wehrten die Marxisten nur allzu erfolgreich ab, und ihre Ideen verbreiteten sich. Die Ereignisse in Afghanistan folgten einem sehr ähnlichen Weg. Der Marxismus-Leninismus kam in vielen Ländern der Erde in Mode, und Afghanistan war ein Land unter den vielen. Der Marxismus-Leninismus war gut genug für Louis Althusser in Paris, und somit war er auch gut genug für die fortgeschrittenen Denker in Kabul.

Doch dann fiel der Marxismus-Leninismus in Afghanistan in Ungnade, und die Menschen wandten sich stattdessen dem Islamismus zu, der nächsten Hoffnung der Menschheit – einer Lehre für einen neueren Moment. Marx und Lenin flogen aus dem Fenster, und herein kamen die Lehren von Qutb und von Pakistans Abul A'la Mawdudi. Von den Sowjets unterstützte Kaderausbildung war nichts verglichen mit den von den Saudis unterstützten »Madrassas« (Koranschulen). Und dann irgendwann ergab sich der Islamismus einer neueren Phase – der neuen Welle, deren Stärke und Anziehungskraft jeder sehen konnte, als Karzai mit seinen liberalen Anhängern erschien und wieder eine andere Lehre predigte. Die Stürme der Ideologie wehen, und sie rasen mit verblüffender Geschwindigkeit um die Erde, und kein Land entgeht ihnen, wie fern es auch sein mag. Und dieser Aspekt der afghanischen Geschichte – der Konflikt von Doktrinen und Ideen – zeigte im Kleinen die Züge des umfassenderen Kriegs gegen den Terror, der künftig an anderen Orten in der Welt zu erwarten war.

Bei diesem Thema, dem Krieg der Ideen, bin ich glücklich, ein Laptop-General zu sein. Die Strategie für einen geistigen Krieg war von Anbeginn an offenkundig oder hätte es zumindest sein sollen, wie ich meine. Es war die Strategie, die in den frühen Jahren des Kalten Krieges in Europa nach dem Zweiten Weltkrieg einigermaßen funktionierte – in den Jahren, in denen sehr viele Franzosen, Italiener und Menschen in anderen Ländern Mitglieder der kommunistischen Parteien wurden und die klügsten Intellektuellen sich der prosowjetischen Linken anschlossen. Damals schienen die Fortschritte der Sowjets unaufhaltsam zu sein. Die Strategie bestand damals darin, die Stalinisten ernst zu nehmen – mit ihnen Punkt für Punkt zu streiten. Es war ein Krieg der Zeitungskioske und der Buchhandlungen.

Die klassische Literatur des Antitotalitarismus der Zeit von etwa 1950 an, die Bücher von Camus und Arthur Schlesinger und den anderen Schriftstellern, die ich erwähnt habe – das waren die schweren Geschütze in jenem Krieg. Es war ein Krieg der Konferenzen, der Vorlesungen, der Schriftstellerorganisationen, der Universitätsdebatten und der Wissenschaft – eine konzertierte Mobilmachung liberaler Denker und Schriftsteller. Und es war ein schwieriger Krieg – schwierig vor allem, weil 1914 die Absurditäten des liberalen

Optimismus des neunzehnten Jahrhunderts zusammengebrochen waren und weil die totalitären Bewegungen sich auf der Grundlage von Argumenten erhoben, die gelegentlich tiefgründig und sogar genau waren: ein Krieg, in dem die totalitären Denker zu schimpfen und zu höhnen verstanden und die liberalen Denker nur zu leicht von Heuchelei, Selbsttäuschung und Hintergedanken erfüllt waren; ein Krieg, in dem die Einfachheit, die mächtig ist, den Totalitären gehörte und die Komplexität, die schwach ist, den Liberalen.

Der Krieg gegen den Terror war dazu verurteilt, auf dieser selben Ebene ausgetragen zu werden – auf der Ebene von Theorien, Argumenten, Büchern, Zeitschriften, Konferenzen und Vorträgen. Es würde ein Krieg um die »kulturellen Einflüsse« sein, die in den islamischen Geist eindringen, ein Krieg um die tiefsten Begriffe des modernen Lebens, um Philosophien und Theologien, um Ideen, die sich auf die brillantesten Autoren und die rührendsten Texte stützen. Es würde letztlich ein Krieg der Überredung werden – ein Krieg, der weitgehend von Schriftstellern und Denkern entschieden werden würde, deren Ideen bei der Allgemeinheit Wurzeln schlagen würden oder nicht. Und wo sollte dieser Krieg in geografischer Hinsicht stattfinden? Die mir vorliegenden Ausgaben von Qutbs Schriften führen diese Städte als Veröffentlichungsorte auf: Kairo, Doha in Qatar, Kano in Nigeria, Nairobi in Kenia, Karatschi in Pakistan, Neu-Delhi und Bombay in Indien. Der Krieg der Ideen würde mit Sicherheit dort stattfinden. Und in anderen Städten, die ebenfalls aufgeführt waren: Leicester in Großbritannien sowie Oneonta im Staat New York.

Doch der Krieg der Ideen sollte auch noch in anderen Städten stattfinden, die in diesen Büchern nicht genannt waren. Die geistigen Zentren der arabischen Welt und einiger anderer muslimischer Länder sind in diesem Zeitalter der Bindestrich-Identitäten wohl London und Paris. Diese Städte waren schon in der Vergangenheit immer die Hauptstädte des Denkens und sind es noch heute. Die größten und wichtigsten intellektuellen Schlachten würden wohl mit Sicherheit in diesen Städten ausgetragen werden – in den gleichen Städten, in denen auch die intellektuellen Kämpfe zwischen freiheitlicher Demokratie und Kommunismus stattgefunden hatten. Die London School of Economics, die Pariser Universitäten, das waren die Hochschulen von Pakistans Ahmed Omar Sheikh und Hassan al-Turabi aus dem Sudan – diese Städte waren also definitiv Schlachtfelder. Die Londoner und Pariser würden sich der Lage gewachsen zeigen müssen. Dabei sollten wir die Deutschen nicht vergessen: Es hatte tatsächlich etwas zu bedeuten, dass Muhammed Atta und einige seiner Genossen in Hamburg ihren Wohnsitz hatten. Unmöglich könnte ich auch die Stadtviertel in Brooklyn und Jersey City vergessen, in denen Scheich Rahman seine Operationszentren unterhielt. Brooklyn, die Heimat von Walt Whitman, war vor fünfundsiebzig Jahren einmal eine Welthauptstadt der arabischen Poesie – der Ort, an dem Khalil Gibran einige seiner wichtigsten Arbeiten veröffentlicht hat, ein Dichter, der sich auf Whitman und sogar auf Lincoln berief. Ich meine, dass dort ebenfalls ein intellektueller Krieg stattfinden müsste – der Krieg von Gibrans Poesie und freiheitlicher Gesinnung gegen Scheich Rahmans Islamismus und Terror: eine wahre Schlacht der Atlantic Avenue.

Der Frühzeit des Kalten Krieges lassen sich auch noch weitere Lektionen entnehmen – die Lektionen der französischen Sozialisten, nicht weniger. Die bemitleidenswerte Flugbahn des Anti-Kriegs-Flügels des französischen Sozialismus während des Zweiten Weltkriegs, die Unfähigkeit, an die Existenz wahnhafter Massenbewegungen zu glauben oder die Bedeutung von Nazismus und Faschismus zu verstehen, die Weigerung zu kämpfen, die Sympathie für Marschall Pétain – all diese Fehler zusammen zerstörten die Paul-Fauristen und die Kriegsgegner der Linken in Frankreich. Doch der zweite Flügel des Sozialismus ging mit intakter Ehre aus dem Krieg hervor, sogar verbessert – und hier geht die Geschichte weiter. Léon Blum, der Prügelknabe der Kriegsgegner unter den Sozialisten, überlebte seine Internierung in Dachau. Er kehrte nach Frankreich zurück und nahm seine politische Karriere wieder auf: der sozialistische Führer in seinem patriotischen Ruhm. Und nachdem er in Sachen Hitler Recht gehabt hatte, erwiesen sich auch seine Ansichten über die Sowjets als richtig.

Selbst in Dachau schrieb er Briefe, die aus dem Lager geschmuggelt und de Gaulle in London zugeleitet wurden. Darin gab er de Gaulle den Rat, den Kommunisten nicht zu trauen. Blums Besorgnisse vertieften sich noch, sobald der Krieg vorüber war. Er konnte recht klar sehen, dass ein sowjetischer Sieg in Westeuropa angesichts des Fortgangs der Ereignisse sowie des Wachstums und der Popularität der kommunistischen Parteien durchaus im Bereich des Möglichen lag. Er verstand die innere Stärke des Kommunismus. Blum erfasste jeden Aspekt – den Appell der kommunistischen Bewegung an das soziale Gewissen, die von militanten Kommunisten in den Gewerkschaften geleisteten guten Werke, das Netz kommunistischer Schulen und Agenturen, die Fähigkeit der Kommunisten, den Armen und Leidenden Hoffnung auf eine strahlende Zukunft einzuflößen, den Mythos vom sowjetischen Wohlstand und der Gerechtigkeit in der UdSSR, die Brillanz der prokommunistischen Philosophen.

Blum wusste, dass rechtsgerichtete Politiker und konservative soziale Bewegungen es nicht schaffen konnten, die Kommunisten in den Gewerkschaften und in den Arbeitervierteln durch Argumente zu überwinden, und dass konservative Intellektuelle nie in der Lage sein würden, den Kommunisten und deren Mitläufern an den Universitäten verbal Paroli zu bieten. Und so rief Blum nach einer »Dritten Kraft« in Europa, die weder konservativ noch kommunistisch sein würde – nach einer Dritten Kraft aus demokratischen Sozialisten, Gewerkschaftern und Menschen mit ähnlichen Ansichten, die bereit waren, einen eigenen Kampf gegen die Kommunisten und deren Gesinnungsgenossen zu führen. Blum wollte den Kommunismus links durch politische Argumente überwinden: wollte bessere Gewerkschaften bieten als die der KP nahe stehenden, bessere soziale Sicherungssysteme, wahrere Hoffnungen für eine bessere Zukunft.

Er handelte auch nach diesem Programm – er und die anderen demokratischen Sozialisten in Europa, zumindest einige von ihnen. Das war absolut typisch. Denn was war die linke Idee in letzter Instanz, wenn nicht eine Verpflichtung zu internationaler Solidarität und aktivem Engagement? Das war jedenfalls Blums Vorstellung von linker Politik. Die Kommunisten diffamierten seine Dritte Kraft als imperialistische Reaktion. Na und? Das kommunistische Bild von den Weltereignissen war ein ideologisches Nichts, und die kommunistischen Verleumdungen beruhten auf einem Trugbild der Weltangelegenheiten. Blum machte zusammen mit seinen Verbündeten und Anhängern deshalb unerschrocken weiter.

Manche dieser Anhänger waren Amerikaner, und auch das ist erwähnenswert. In den Vereinigten Staaten der 1940er Jahre ergab es für sehr viele Menschen keinerlei Sinn, Europas Sozialisten und Gewerkschaften zu unterstützen, um die Kommunisten zurückzuschlagen, und besonders nicht bei den Konservativen der alten Schule und den Angehörigen des Establishments im State Department. Amerikas Konservative waren unfähig, den Unterschied zwischen Kommunisten und der nichtkommunistischen Linken zu erkennen, und irgendeine Art linker Bewegung zu unterstützen überstieg ihr geistiges Fassungsvermögen. Überdies stieß die Vorstellung, Europas Sozialisten eine hilfreiche Hand zu leihen, auch in manchen Ecken der amerikanischen Linken auf reichlich Widerstand. Die Kommunistische Partei der Vereinigten Staaten mag klein und bedrängt gewesen sein, doch sie kontrollierte tatsächlich eine Reihe von Gewerkschaften in dem neueren industriellen Flügel der Gewerkschaftsbewegung, dem CIO. Die Kommunisten leiteten das außenpolitische Büro des CIO. Und von diesem Posten beim CIO aus bekämpften sie nach Kräften alles, was auch nur andeutungsweise nach Blums Dritter Kraft roch.

Dennoch erkannten in den Vereinigten Staaten manche den Vorteil von Blums Idee. Diese Leute waren seine sozialistischen Genossen in Amerika, die früheren Gewerkschaftsradikalen in der International

Ladies Garment Workers Union in New York und bei den United Auto Workers in Detroit zusammen mit einigen anderen Gruppen mit Bindungen an den älteren Flügel der Gewerkschaftsbewegung, der AFL. Die alten Sozialisten erfassten intuitiv die Vorzüge einer Dritten Kraft. Die amerikanischen Gewerkschaften waren damals auf dem Höhepunkt ihres Einflusses, und die Garment Workers und die Auto Workers erfreuten sich hoher Mitgliederzahlen und großer Budgets. Sie schickten eigene Organisatoren nach Europa, um Blums Dritter Kraft und Menschen mit ähnlichen Ideen Hilfestellung zu geben. Die Amerikaner mühten sich im Namen der französischen und italienischen Gewerkschaftsbewegungen redlich ab und kämpften auch im Namen der deutschen Sozialdemokraten, ja sogar der Untergrund-Sozialisten und Anarcho-Syndikalisten im faschistischen Spanien – damit war das breite Spektrum der europäischen Linken abgedeckt, all derer, die keine Kommunisten waren.

Diese Amerikaner huldigten einem unabhängigen linken Internationalismus ohne regierungsamtliche Unterstützung – obwohl manche der jüngeren, freier denkenden Leute im State Department allmählich die Nützlichkeit dieses Gedankens erkannten, was die Effektivität nur steigerte. Schlesinger sah in seinem 1949 erschienenen Buch *The Vital Center* eine Menge Dinge, denen man bei dieser Art internationaler Solidarität Beifall zollen konnte. Er forderte mehr davon, einen »neuen Radikalismus« im Namen der »freien Linken« – einen neuen Radikalismus, der den Faden der sozialen Reformen von Franklin Roosevelts New Deal aufnehmen und weitertragen sollte, nicht nur zu Hause, sondern in der ganzen Welt.

Das Panorama des Kriegs gegen den Terror verlangte geradezu nach dieser Art von Aktivismus auch in unserer Zeit – nach einer Dritten Kraft, die sich von den Konservativen und den Zynikern der Außenpolitik unterscheidet, denen nichts weiter einfällt, als Bündnisse mit freundlich gesinnten Tyrannen zu schließen; anders auch als die Antiimperialisten auf der Linken, die linken Isolationisten, die sich für die Vereinigten Staaten überhaupt keine fortschrittliche

Rolle vorstellen können. Eine Dritte Kraft, die weder »realistisch« noch pazifistisch ist – eine Dritte Kraft, die sich der Politik der Menschenrechte und besonders der Frauenrechte in der ganzen muslimischen Welt verpflichtet fühlt, einer Politik ethnischer und religiöser Toleranz, einer Politik gegen Rassismus und Antisemitismus, wie unbequem das den ägyptischen Medien und dem Hause Saud auch erscheinen mag, einer Politik auch gegen die Manie der Ultrarechten in Israel, wie sehr das auch den Likud-Block und dessen Anhänger in Rage bringen mag, einer Politik einer säkularen Erziehung, von Pluralismus und Recht in der ganzen muslimischen Welt, einer Politik gegen Obskurantismus und Aberglauben, einer Politik, die sich zum Ziel setzt, die Islamisten und Baathi auf der Linken durch Argumente aus dem Rennen zu werfen, einer Politik des Kampfs gegen Armut und Unterdrückung, einer Politik authentischer Solidarität für die muslimische Welt statt der Demagogie weltweiten Hasses. Mit einem Wort einer Politik freiheitlicher Liberalität, einer »Wiedergeburt der Freiheit« – den Dingen, von denen man nach der Befreiung Kabuls in der ersten Zeit eine Ahnung haben konnte.

Doch dafür würde es eine Dritte Kraft nicht nötig haben, sich auf Ereignisse in Afghanistan zu berufen, wo der Fortschritt mit hoher Wahrscheinlichkeit schon bald wieder verloren gehen würde, um im alten Chaos der Warlord-Kämpfe und des Opiumhandels unterzugehen. Eine neue Politik für die muslimische Welt ließe sich einfach dadurch rechtfertigen, dass man auf die Revolutionen von 1989 zurückblickt. Immerhin ist in diesen Revolutionen etwas passiert, auch wenn der Totalitarismus als solcher nicht beendet wurde. Die Vorstellung, dass diese oder jene Rasse, Kultur oder Religion gegen freiheitliche Ideen hoffnungslos allergisch sei – von dieser Vorstellung ist so gut wie nichts übrig geblieben. Wenn wir das freiheitliche Potenzial in der muslimischen Welt einschätzen wollen, brauchen wir nur aufmerksam den totalitären Muslimen zuzuhören, den großen Theoretikern und deren Aussagen.

Diese Theoretiker haben immer wieder erklärt, dass ihnen apokalyptische Lösungen zusagten, weil ihnen nichtapokalyptische Ideen genauso zusagten und in ihren Köpfen ungeheure Kämpfe stattfänden. Der ganze Zweck des Totalitarismus, schrieb Schlesinger 1949, bestehe darin, die »Angst« zu bekämpfen, die durch die Verlockung anderer, besserer Ideen geweckt wird. Molotow, Stalins Stellvertreter, erklärte auf dem Höhepunkt des sowjetischen Terrors, dass sich in der kommunistischen Gesellschaft die »Spuren des Kapitalismus hartnäckig im Bewusstsein der Menschen hielten« – was die Notwendigkeit erklärte, die Erschießungspelotons weiterarbeiten zu lassen, vor allem gegen Abweichler und Revisionisten innerhalb der Kommunistischen Partei. Ein halbes Jahrhundert später wissen wir, dass Molotow gute Gründe hatte, sich Sorgen zu machen, und Spuren einer nichtkommunistischen Idee haben sich in der Sowjetunion tatsächlich als äußerst hartnäckig erwiesen, selbst unter Kommunisten, und am Ende haben diese »Spuren« triumphiert. Was in der muslimischen Welt sollte uns annehmen lassen, dass es beim Totalitarismus in seinen muslimischen Varianten anders aussieht?

Qutb, der sich wegen »der kulturellen Einflüsse« sorgte, »die in meinen Geist eingedrungen sind«, drückte genau das aus, was Molotow meinte. Qutb machte sich Sorgen wegen der schrecklichen Spaltung des modernen Lebens, weil er wusste, dass die muslimische Gesellschaft und nicht nur die Kultur des Westens durch einander widerstreitende Ideen hin und her gerissen wurde. Aflaq machte in seinem Kommentar zu den »Philosophien und Lehren«, welche »in den arabischen Geist eindringen und seine Loyalität stehlen«, die gleiche Beobachtung. Einflüsse und Philosophien penetrieren tatsächlich, dringen tatsächlich ein und stehlen auch Loyalitäten. Spuren davon halten sich selbst in den Köpfen totalitär gesinnter Menschen. Die Feinde freiheitlicher Ideen sind nach eigenem Eingeständnis halb und halb auch ihre Freunde. Nun ja, vielleicht nicht halb und halb. Aber hier ist immerhin etwas, womit sich arbeiten lässt.

Die Aussicht auf eine Dritte Kraft in den muslimischen Ländern, eine Kraft, die sich zumindest für die Grundlagen einer freiheitlichen Gesellschaft einsetzt – das war die Aussicht in jenen ersten Monaten des Kriegs gegen den Terror. Sie war unverkennbar in diesen erstaunlichen afghanischen Szenen zu erkennen – ich komme immer wieder auf diese Szenen zurück, sie waren extrem rührend, lassen Sie uns diese Szenen nicht vergessen! –, sobald die Taliban vertrieben worden waren: die Szenen, wie Mädchen und Frauen vorsichtig ihre bedrückenden Burkas ablegen und sich in erstaunlich großer Zahl auf den Weg zu einer Schule machen.

Und doch stieß die Vorstellung von dem Krieg gegen den Terror, wie ich sie soeben dargelegt habe, wie sie in den ersten Wochen des Kriegs in Afghanistan so leicht vorstellbar zu sein schien, die Vorstellung von einem freiheitlichen Befreiungskrieg, der zwar zum Teil militärischer Natur war, sich aber letztlich auf intellektueller Ebene abspielte, ein auf der ganzen Welt ausgefochtener Krieg der Ideen – fast augenblicklich auf ein paar harte politische Hindernisse. Dies war keineswegs in jeder Hinsicht Bushs Fehler. Es war immerhin Bush gewesen, der auf die Anschläge vom 11. September reagierte, indem er vom Totalitarismus sprach und nicht nur über Terror – obwohl er in diesem Punkt ein wenig widersprüchlich war. Unter den Politikern Washingtons war es Bush und nicht jemand weiter links, der auf der Forderung nach Verwirklichung der Frauenrechte als Kriegsziel in Afghanistan beharrte, und es war Bush, der die Hoffnung auf liberale Freiheit in der muslimischen Welt aufrechterhielt – die Hoffnung auf politischen und sozialen Fortschritt.

Aber – und dies war seltsam – er schien unfähig zu sein, der Welt auch nur einen dieser Punkte nahe zu bringen. Er sprach, und die Stummschaltung verschluckte seine Worte, und das nicht nur wegen seiner eigentümlichen Unfähigkeit, einen korrekten Satz zu formulieren. Ihm stand ein Doktrinproblem im Wege, und er schien unfähig zu sein, um dieses Problem herumzukommen – weil in seinen Augen wahrscheinlich gar kein Doktrinproblem vorlag. Bush kandidierte im

Jahr 2000 für die Präsidentschaft und versuchte dabei den Eindruck zu vermitteln, dass er ein praktisch veranlagter und von Ideologie unbelasteter Geschäftsmann sei; doch wie jeder schnell erkannte, hatte er doch eigene Ideen, und zwar ziemlich starre. Ich werde versuchen, diese Ideen so sympathisch wie möglich darzustellen. Bush und sein Team waren die Erben seines Vaters, Bush des Älteren; doch am meisten bewunderten sie Ronald Reagan. Sie wollten Reagans Leistungen wiederholen, die ihnen großartig erschienen. Reagan träumte davon, die Taue zu kappen, die der amerikanischen Wirtschaft Fesseln anlegten – Bundesbestimmungen, Gewerkschaften, Steuern: er hasste sie alle –, in der Erwartung, dass die amerikanische Wirtschaft sich zum Nutzen aller als munter und kreativ erweisen würde, wenn sie erst einmal von lästigen Beschränkungen befreit sei. Bush und sein Team wollten etwas Ähnliches tun, in der Außenpolitik ebenso sehr wie in der heimischen Wirtschaft.

Sie vertrauten auf die natürliche Dynamik der amerikanischen Wirtschaft. Sie gingen von der Überlegung aus, dass die militärische und wirtschaftliche Macht Amerikas in der Welt große und positive Veränderungen bewirken konnte, wenn es der neuen Regierung nur gelang, die Beschränkungen und Ängstlichkeiten der Vergangenheit abzuschütteln. Das Kioto-Protokoll über Luftverschmutzungen, ein vorgeschlagener Vertrag, der die Verbreitung biologischer Waffen beschränken sollte, der alte ABM-Vertrag mit Russland, der Internationale Strafgerichtshof – alle diese Dinge waren in ihren Augen Fesseln, die Amerika am Boden hielten, und sie wünschten diese Dinge abzuschütteln. Sie wollten die amerikanische Technologie von ihren Fesseln befreien. Sie dachten über Reagans alten Traum von einem Abwehrsystem im Weltraum nach, und obwohl ein solcher Schutzschild nicht existierte und die ersten Tests eine Katastrophe waren, ebenso die zweite und die dritte Testreihe etc., machten sie unbeeindruckt weiter und ließen bewundernde Ausrufe hören. Ein neues Spielzeug – zumindest die Aussicht darauf! Sie freuten sich schon auf die wundervollen Ergebnisse, die ihnen mit Sicherheit in den Schoß fallen würden, so wie Reagan wundervolle Ergebnisse in den Schoß gefallen waren. Und doch war es Bush und seinem Team inmitten ihrer hoffnungsvollen Erwartungen und ihrer dynamischen Sehnsucht nach der Zukunft nicht möglich zu begreifen, wie andere Völker auf der Welt ihre Politik in der Gegenwart zwangsläufig sehen mussten.

Niemand in Bushs Kreis hatte für die hauptsächlich humanitären und Menschenrechtsfragen der 1990er Jahre irgendeine Sympathie gezeigt. Die Streitigkeiten um den Völkermord auf dem Balkan, über die Verantwortung der Nationen, über die moralische Notwendigkeit, Solidarität mit den Opfern zu zeigen, die Streitigkeiten über die Ideale des Völkerrechts und die Notwendigkeit, diesen Idealen mit dem Willen, etwas mehr zu tun, als nur die Hände zu ringen, so etwas wie Leben einzuhauchen – alle diese Streitigkeiten waren an ihnen vorbeigegangen. Bush selbst schien Clintons Intervention auf dem Balkan mit instinktivem Entsetzen zu betrachten. Die Balkanpolitik kam während des Wahlkampfs im Jahr 2000 ein- oder zweimal zur Sprache, und Bush machte deutlich, dass amerikanische Truppen überhaupt nie losgeschickt worden wären, wenn es nach seinem Kopf gegangen wäre. Er versprach sogar, die Truppen nach Hause zu holen – doch er musste von diesem Vorschlag abrücken, als die Europäer ängstlich aufjaulten.

Und diese seine Haltung blieb auch nach den Anschlägen vom 11. September 2001 weitgehend gleich. Der Krieg in Afghanistan begann, und die amerikanischen Streitkräfte nahmen mehrere hundert Menschen gefangen, die Taliban-Kämpfer oder militante Angehörige der Al-Qaida zu sein schienen. Man brachte die Gefangenen auf der amerikanischen Militärbasis in Guantánamo auf Kuba unter, wo die Verhöre durch das Militär ohne die nervtötenden Beschränkungen des heimischen amerikanischen Rechts durchgeführt werden konnten. Und selbst diese Freiheit für die verantwortlichen Offiziere schien ungenügend zu sein, und so verkündete die Regierung ihre Absicht, die Genfer Konvention, welche die Behandlung von Kriegsgefangenen regelt, zu umgehen. Gesetze, förmliche Verträge, Sitten und Gebräuche zivilisierter Nationen, die Legitimität internationaler Einrichtungen – all das war Schrott der Vergangenheit, und Bush war dabei, sich in die Zukunft zu stürzen. Während er nur die Zukunft vor sich sah, hatte er keinerlei Vorstellung – wie auch niemand in seiner Regierung eine Vorstellung zu haben schien –, dass Völkerrecht, Menschenrechte, »Europa« und Humanität nolens volens zur Sprache der freiheitlichen Demokratie auf der ganzen Welt geworden waren. Das war das doktrinelle Problem, das er nicht sehen konnte. Und so machte Bush den Mund auf und sprach von Freiheit. Ich denke, dass er dabei das Gefühl hatte, aufrichtig zu sein, doch für sehr viele Zuhörer hörten sich die Worte blechern und falsch an. Überdies konnte er die Reaktion nicht einschätzen.

Ich kann mir vorstellen, dass es ihm besonders darum zu tun war, die Frage der Frauenrechte zur Sprache zu bringen, und das aus Gründen, die man mühelos erkennt. Bernard Lewis hat bemerkt, dass wenn irgendein einzelner Faktor die Schwierigkeiten der arabischen Welt bei der Anpassung an das moderne Leben erklären kann, es der Status der Frauen in arabischen Gesellschaften sein muss. Jeder, der zum Kern des arabischen Dilemmas vordringen möchte, wird über die Frauen und ihren Platz in der Gesellschaft sprechen müssen – zumindest insoweit, als Lewis Recht hat. Die Islamisten selbst waren bei diesem Thema auffällig defensiv, als wären sie nicht vollständig von der Fundiertheit ihrer Doktrin überzeugt. Islamismus versprach Modernisierung in einer Version, die eindeutig muslimisch und nicht westlich sein würde, eine koranische Modernisierung also; doch der Koran des Islamismus sieht nicht besonders modern aus. Jeder, der Qutb oder als zeitgenössischen Autor Tariq Ramadan liest, wird merken, dass diese Autoren, die großen islamistischen Theoretiker, der Superradikale und der nicht so Radikale, in der Frage der Rechte von Frauen sehr bissig werden – bei ihnen ein offenkundig wunder Punkt. Wer immer Bush den Rat gegeben hat, diese Frage aufzuwerfen, war eine sehr schlaue Person.

Aber konnte jemand Bushs Bemerkungen verstehen? Die Frage der Rechte von Frauen hatte in den außenpolitischen Debatten der 1990er Jahre eine große Rolle gespielt – vermutlich zum ersten Mal in der Geschichte. Der Grund waren die Balkankriege. Die nationalistischen Milizen der Serben hatten sich auf Vergewaltigungen spezialisiert, und das Phänomen der Vergewaltigung in Kriegszeiten wurde von Feministinnen in anderen Ländern gründlich analysiert. Sie äußerten die Ansicht, dass Vergewaltigung als Kriegsverbrechen gewertet und nicht nur als zufälliger Gewaltakt angesehen werden solle. Die Feministinnen setzten sich mit dieser Ansicht auch durch, und so wurde Vergewaltigung schließlich als ein Bestandteil des Völkermords auf dem Balkan anerkannt, als ein Angriff auf eine gesamte Bevölkerung – als Verbrechen gegen die Menschlichkeit, das vor dem Internationalen Strafgerichtshof verfolgt werden sollte. Das Verständnis für Frauenrechte und von Verbrechen gegen Frauen entwickelte sich während dieser Debatten ein gutes Stück weiter. Der Fortschritt war riesig – zumindest unter freiheitlich denkenden Europäern und Amerikanern sowie bei allen anderen, die dem Thema Aufmerksamkeit schenkten.

Doch da Bush und sein Team sich aus diesen Debatten herausgehalten hatten, hatten sie keine Möglichkeit, sich auf die neuen Erkenntnisse zu berufen. Zu Hause hatten sie der Frage der Frauenrechte nie etwas anderes entgegengebracht als Gleichgültigkeit. Sie hatten versucht, das gesetzliche Recht auf Abtreibung wieder abzuschaffen. Sie hatten amerikanische Beiträge zu sexueller Aufklärung im Ausland untersagt. Manchmal hatte die Regierung sich sogar entschieden lächerlich gemacht. Bushs Justizminister hatte, durch seine ungewöhnlichen religiösen Verpflichtungen gedrängt, angeordnet, Statuen nackter Frauen im Justizministerium in Washington sittsam in Burka-ähnliche Gewänder hüllen zu lassen – eine absurde Anordnung, die den Rest der Regierung nur albern aussehen lassen konnte. Doch gab es keinerlei Grund für irgendjemanden, zu lachen oder sich lustig zu machen, was die Frauenrechte als einen Bestandteil des Krieges gegen den Terror betrifft – am allerwenigsten für jeden, der Frauenprobleme ernst nahm. Der Krieg in Afghanistan war meiner Einschätzung nach der erste feministische Krieg in der gesamten Geschichte – der erste Krieg, in dem die Rechte der Frauen gleich zu Anfang als wichtiges Kriegsziel verkündet wurden. Doch es schien niemand davon Notiz zu nehmen. Der Krieg wurde mehr oder weniger gewonnen, und die Szenen, in denen sich Frauen und Mädchen um Bildungsmöglichkeiten bemühten, gingen um die Welt – und doch wollte in den freiheitlichen Staaten unter Intellektuellen der Spott über Bush kein Ende nehmen. Er hatte nicht herausgefunden, wie er sich Gehör verschaffen sollte. Und überdies gab es ein noch größeres Problem.

Viele Menschen haben sich gefragt, weshalb Bush sein eigenes Land nie bat, dem Gemeinwohl ein paar Opfer zu bringen – weshalb er nie auch nur den kleinsten Schritt unternommen hatte, um Amerikas Abhängigkeit von arabischem Öl zu verringern, weshalb er nie um höhere Steuern gebeten hatte, um ein stärkeres Militär und ein Sicherheitsprogramm bezahlen zu können, weshalb er nie um eine umfassende Kampagne zur Anwerbung von freiwilligen und ehrenamtlichen Helfern gebeten hatte. Das waren von seiner Seite seltsame Versäumnisse. Sie schienen seine Abneigung dagegen widerzuspiegeln, Gutes zu tun. Doch das merkwürdigste Versäumnis von allem war sein Versäumnis, den umfassenderen Krieg der Ideen anzusprechen. Dabei sprach er von einem solchen Krieg. In seiner ersten tapferen und temperamentvollen Rede vor dem Kongress, die er gut eine Woche nach den Anschlägen des 11. September 2001 gehalten hatte, hatte er einen Krieg der Ideen angekündigt. Doch er selbst besaß weder die Fähigkeit noch die Sprache, um die Ideen der heutigen Zeit zu artikulieren, und bei den Leuten seiner Umgebung sah es nicht anders aus.

Stattdessen verabschiedete er ein Programm, mit dem in Hollywood Fernsehspots über die Vorzüge Amerikas produziert werden sollten. Diese Spots liefen im arabischen Fernsehen. Das Außenministerium schaltete in Pakistan Spots, in denen versichert wurde, dass Amerika keinerlei Voreingenommenheit gegen Muslime empfinde. Das war lachhaft – große Kampagnen, um der gelehrtesten aller Lehren entgegenzutreten, den gelehrtesten religiösen Autoritäten und den größten modernen Autoren. Bloße Werbespots, ein paar sonnige Bilder, um damit Wolken koranischer Exegese zu durchbrechen und dunkle Predigten in tausend Moscheen und Koranschulen! Das Pentagon schlug die Gründung eines Büros mit dem Namen »Office of Strategic Influence« vor. Es sollte den Auftrag erhalten, Falschinformationen unter Journalisten zu verbreiten – und das in genau dem Augenblick, in dem das ganze Problem in Ländern wie Pakistan in der Flut falscher Informationen bestand. Das »Büro für strategischen Einfluss« fiel der Lächerlichkeit anheim und versank in gnädigem Vergessen. Doch ein paar Monate später kam das Pentagon mit dem Vorschlag zu einer neuen Direktive wieder. Das Militär sollte ermächtigt werden, in neutralen und sogar in befreundeten Ländern geheime Propagandaoperationen auszuführen. So sah der Krieg der Ideen aus. Es war bejammernswert. Und nachdem die Bush-Regierung dann das Feld der Ideen weitgehend aufgegeben hatte, zuckte sie auch davor zurück, Strategiefragen zu diskutieren – die Grundlagen dessen, wie der umfassendere Krieg zu führen sei.

Das Weiße Haus hat die der Invasion Afghanistans zugrunde liegende Logik nie zur Gänze erklärt. Der Teil, in dem es darum ging, bin Laden und die Al-Qaida nach Möglichkeit dingfest zu machen, brauchte nicht näher erläutert zu werden – von der Notwendigkeit abgesehen, der Welt zu versichern, dass die Vereinigten Staaten Chomsky zum Trotz nicht die Absicht hätten, einen Völkermord zu begehen. Doch es gab noch einen weiteren Aspekt des Krieges in Afghanistan – bei dem es darum ging, den Totalitarismus zu stürzen und dem Land die Segnungen einer freien Gesellschaft zu bringen. Bush sprach diesen Grundsätzen zufolge und handelte sogar danach, worauf ich schon hingewiesen habe. Doch das Zögern und die Vorsicht, die sein Handeln beschränkte, die kleinliche finanzielle Ausstattung und die offenkundige Zurückhaltung, mehr als nur ein Minimum zu tun – diese Dinge konterkarierten jede seiner Bemerkungen. Die engen geografischen Grenzen der amerikanischen Unterstützung für Karzai und dessen neue Regierung, die auf Kabul beschränkt blieb, sprachen eine deutlichere Sprache als alles, was der Präsident zu sagen hatte. Und so johlten Bushs Kritiker, und es war legitim, dass man ihn ausbuhte. Meinte er es mit seinen liberalen demokratischen Zielen ernst oder nicht? Das ließ sich unmöglich feststellen. Und doch standen diese Ziele im Kern dieses und des umfasenderen bevorstehenden Krieges. Und wenn es schwer war, Bush in der Frage seiner Strategie in Afghanistan zu verstehen oder ernst zu nehmen, war es noch schwieriger, ihn im Hinblick auf das nächste Stadium des Krieges zu verstehen, den Krieg im Irak.

Seine wirklichen Motive für den Wunsch, Saddam zu stürzen, hätten von Anfang an offenkundig sein sollen. Nixon hatte die Gründe, zumindest die Hälfte davon, in seinem 1991 für die *New York Times* geschriebenen Beitrag über den Golfkrieg dargelegt. Die Diskussion hatte alles mit dem entscheidenden Wort in Nixons Vokabular zu tun, »Glaubwürdigkeit«. Nixon wollte den Krieg von 1991 führen, um zu demonstrieren, dass es weder Saddam Hussein noch sonst jemandem erlaubt werden würde, sich über ein amerikanisches Ultimatum hinwegzusetzen. Und so kämpften die Vereinigten Staaten, und zufällig überlebte Saddam (was natürlich einem anderen Nixon'schen Prinzip zu verdanken war, nämlich der Vorliebe für Diktatoren gegenüber demokratischem Chaos und Ungewissheit, was Bush den Älteren und Colin Powell dazu brachte, den Krieg abzublasen). Und Amerikas Glaubwürdigkeit wurde zerstört und nicht gesteigert.

Jeder, der auch nur einen Funken von Logik in Nixons Betonung der Glaubwürdigkeit sah, hätte erkannt, was vermutlich als Nächstes geschehen würde. Denn worin bestand die Lektion des Kriegs von 1991 in den Augen von Amerikas Feinden? Es war die Lektion des Vietnamkriegs. Man konnte Amerika standhalten. Amerika fehlte die Stärke, die Harten und Motivierten abzuwehren. Amerika war die Art freiheitlicher Gesellschaft, die Qutb beschrieben hatte, fett und prinzipienlos, was das Land auf lange Sicht zu einer schwachen Gesellschaft machte. Es gebe keinen Grund, auf weitere Angriffe auf die Vereinigten Staaten zu verzichten – keinen Grund, sich zurückzuhalten, keinerlei Grund zu fürchten, was als Nächstes geschehen könne. Das war die Lektion von 1991. Die Islamisten im östlichen Afrika machten die Probe aufs Exempel. Sie griffen die Marines in Mogadischu an – und die Marines flüchteten tatsächlich, so wie sie es ein paar Jahre zuvor im Libanon getan hatten. Danach folgten die anderen Anschläge der Islamisten. Amerika klatschte träge nach ihnen, als wären sie lästige Fliegen, als würde es dem Land nicht wirklich etwas ausmachen.

Die Regierung von Bush dem Jüngeren war voller alter Nixon-Mitarbeiter, und Leute mit einem solchen Hintergrund mussten auf die Anschläge vom 11. September zwangsläufig reagieren, indem sie sich auf diesen oder jenen von Nixons Grundsätzen beriefen – entweder auf den Glauben an Diktatoren oder auf das Beharren auf Glaubwürdigkeit. Manche der Berater von Bush dem Älteren neigten in die eine Richtung, was sie zu der Annahme brachte, dass ein weiteres Verbleiben Saddams an der Macht nicht das Schlimmste sei, was man sich vorstellen könne. Doch alle anderen behielten die Anschläge vom 11. September im Blick und legten das Hauptaugenmerk auf die Glaubwürdigkeit. Für sie musste auf der Hand liegen, was im Gefolge der Terroranschläge zu tun war. Der Fehler von 1991, der Riesenfehler, Saddam nicht gestürzt zu haben – dieser gewaltige Schnitzer musste korrigiert werden. Jedermann auf der Welt musste klar gemacht werden, dass niemand die Vereinigten Staaten bekämpfen kann; wer es versucht, bekommt eins übergebraten, nein, ein Überleben gibt es nicht, nein, keine Massen werden den Namen eines US-Feindes skandieren – den dieser wird verlieren und wieder verlieren und noch mehr verlieren. Das war nun eine erste Begründung für einen Waffengang gegen Saddam – eine Nixon'sche Begründung, die jedem aus Nixons Flügel der Republikanischen Partei intuitiv eingefallen wäre, selbst wenn manche der alten Nixon-Mitarbeiter in die andere Richtung marschierten.

Doch die zweite Begründung für den Kampf gegen Saddam war ganz und gar nicht nach Nixon'schen Gedankengängen gestrickt und könnte sogar als Nixon-gegnerisch dargestellt werden. Diese Begründung war – um bei dieser Etikettierung mit Präsidentennamen zu bleiben – Wilson nachempfunden, wenn auch in einer militanten Version. Dieser lag der Gedanke zugrunde, weder die Islamisten, die Baathi noch sonst jemanden durch das Angebot von Konzessionen bei dieser oder jener Forderung zu beschwichtigen – bei diesen wahnhaften Forderungen, die auf paranoiden Verschwörungsängsten von Kreuzzüglern und Zionisten beruhten. Stattdessen bestand der Grundgedanke darin, die Menschen dazu zu bringen, in völlig anderen Bahnen zu denken – ihre Hoffnungen auf den Bau einer freiheitlichen Gesellschaft zu richten, genau wie so viele andere es auf der ganzen Welt taten. Dies war eine extrem radikale Idee. Es braucht kaum betont zu werden, dass Bushs Kritiker diesen Gedanken augenblicklich verächtlich abtaten, entweder mit der Bemerkung, dass man von arabischen Gesellschaften nicht erwarten könne, dass sie sich über die Tyrannei hinausentwickeln würden, oder mit der Bemerkung, dass die Vereinigten Staaten in Vietnam und auch in anderen Ländern ernsthaft versucht hätten, eine freiheitliche Kultur einzupflanzen, und dabei schmählich gescheitert seien.

Das war zu erwarten – obwohl ich mit Interesse feststellte, dass Bernard Lewis trotz seines ganzen Pessimismus bezüglich der arabischen Gesellschaft eine wohlwollendere Einschätzung lieferte. Der Herausgeber der mexikanischen Zeitschrift *Letras Libres* fragte Lewis, ob er irgendwelche Anzeichen der Hoffnung im Nahen Osten erkennen könne – Anzeichen, die dafür sprächen, dass Bewegungen wie die bin Ladens letztlich scheitern würden. Lewis antwortete mit der Bemerkung, dass wenn Ägypten oder Saudi-Arabien freie Wahlen abhalten würde, die Islamisten gewinnen würden – eine entmutigende Bemerkung. Und doch bemerkte Lewis in anderen Teilen der Region etwas, was er »Keime« einer Alternative nannte. Er warf einen Blick auf den Iran, aber auch den Irak. »Ein Regimewechsel im Irak und Iran wäre ein sehr guter Anfang«, sagte er, was bemerkenswert war. Also gab es vielleicht tatsächlich eine Chance, im Nahen Osten so etwas wie eine freiheitliche Revolution in Gang zu setzen, die mit dem Irak und dem Iran begann – eine Chance, zu einer liberalen Wiedergeburt der Freiheit in Ländern zu ermutigen, in denen die schlimmste totalitäre Plage ihren Schaden angerichtet hatte. Eine Chance, im Nahen Osten zu tun, was in Deutschland, Italien und Japan geschafft worden war – den Gegenbeispielen zu Amerikas Versagen in Vietnam und in anderen Ländern. Eine Chance, den gesamten muslimischen Totalitarismus zunichte zu machen.

Dieser Gedanke schien den großen Revolutionen von 1989 zu folgen. Er war auch mit dem Schwung der neuesten Ereignisse vereinbar. Doch was immer an dieser Art des Denkens klug gewesen sein mag oder töricht, Bush zögerte erneut, irgendeine Art von systematischer Erklärung vorzulegen. Er sagte kein einziges Wort über die Nixon'sche Logik, die darin lag, eine Glaubwürdigkeit Amerikas im Irak oder sonstwo zu etablieren – obwohl Impulse à la Nixon ihn in diese Richtung gedrängt haben mussten. Und er sagte auch nichts oder nur sehr wenig über die Wilson'sche Logik – das überließ er seinen nachgeordneten Beratern. Meist präsentierte er seine Kriegsstrategien auf vollkommen anderen Grundlagen – oder erlaubte seinen Kabinettsmitgliedern, sie vorzustellen –, und diese anderen Grundlagen waren entweder nicht überzeugend (etwa das Argument, dass Saddam mit der Al-Qaida konspiriere) oder aber überzeugend, jedoch nicht gerade von höchster Dringlichkeit (das Problem von Saddams Waffenprogramm). Und der Eindruck, den er hinterließ, war – nun ja, er variierte je nach Publikum.

Manche waren froh zu sehen, dass der Präsident eine harte Haltung einnahm. Sie gingen davon aus, dass er wusste, was er tat, und waren froh, ihm ihre Unterstützung zu geben, ohne sich zu genau nach seiner Logik oder seinen Plänen zu erkundigen. Diese Reaktion traf auf den größten Teil der Öffentlichkeit in den Vereinigten Staaten zu. Andere wollten die Argumentation jedoch selbst bewerten, und für sie sahen Bushs Argumente unaufrichtig aus – was sie auch waren. Die Argumente hörten sich an wie Lyndon Johnsons Berufung auf nordvietnamesische Angriffe im Golf von Tonkin – wie Halbwahrheiten oder vielleicht sogar glatte Lügen, darauf angelegt, die öffentliche Meinung zu manipulieren. Einen solchen Eindruck zu hinterlassen war alles andere als gut. Und wenn Bush es versäumt hatte, seine Strategie gegenüber dem Irak offen und ehrlich zu präsentieren, was sollte man dann von seiner umfassenden Strategie für den Krieg gegen den Terror halten? Es gab keine Möglichkeit, dazu überhaupt eine Meinung zu haben. Die umfassende Strategie war ein schwarzes Loch.

Es hätte offenkundig sein müssen, dass die Vereinigten Staaten und ihre Verbündeten früher oder später die libanesische Hisbollah unter die Lupe nehmen mussten, was bedeutete, dass sie sich die syrische Regierung und die iranischen Mullahs genau ansehen musste. Es hätte auf der Hand liegen müssen, dass auch in Sachen Saudi-Arabien etwas unternommen werden musste – dem wohl größten Problem von allen. Frieden und Sicherheit könnten sich letztlich mit der Existenz einer fanatischen, kulturfeindlichen, intoleranten, antisemitischen, obsessiv patriarchalischen, polygamen, terrorfreundlichen, theokratischen, ungeheuer reichen Erdöl-Monarchie als unvereinbar erweisen, einer Monarchie, die daran festhält, ihre missionarische Botschaft in der ganzen Welt zu verbreiten. Doch bei Bushs Äußerungen zum Krieg gegen den Terror wurde nichts davon auch nur angedeutet. Und die Wirkung seiner verschiedenen Argumente und Nicht-Argumente auf die öffentliche Meinung überall auf der Welt war insgesamt ein wenig problematisch.

In den ersten Augenblicken nach den Terroranschlägen des 11. September 2001 gab es in Europa und in vielen anderen Ländern der Welt tatsächlich Wellen der Sympathie für die Vereinigten Staaten. Doch Bush fiel keine Möglichkeit ein, diese Wogen des Mitgefühls für sich nutzbar zu machen, keine Möglichkeit, die Europäer oder sonst jemanden zu den Themen Freiheit und Demokratie anzusprechen, keine Möglichkeit, sich die freiheitliche Politik gutzuschreiben, die er tatsächlich verfolgte, keine Möglichkeit, einen Krieg der Ideen gegen die totalitären Bewegungen in Gang zu setzen, keine Möglichkeit, die Skeptiker und Zweifler dazu zu bringen, seine militärischen Strategien zu unterstützen. Stattdessen brachte er eine Reihe falscher Probleme zur Sprache. Das Weiße Haus gab eine Erklärung zur nationalen Sicherheitspolitik heraus, in der der einzige Punkt, der Aufmerksamkeit auf sich zu ziehen vermochte, die Versicherung war, dass die Vereinigten Staaten sich in Zukunft das Recht vorbehielten, Präventivkriege zu führen – das heißt Kriege, in denen Amerika als Erster zuschlagen würde, ohne zuvor angegriffen worden zu sein. Doch warum das Weiße Haus mit einer solchen Aussage an die Öffentlichkeit ging, war schwer zu sagen.

Amerika war letztlich angegriffen worden. Amerika war seit 1983 von verschiedenen Flügeln muslimischen Totalitarismus immer wieder attackiert worden, seit den Sprengstoffattentaten der Hisbollah gegen die Marines 1983 – die USA hatten Angriffe erlebt, Terroranschlag auf Terroranschlag, die schon vor den Ereignissen des 11. September viele hundert Todesopfer gefordert hatten. Der Krieg gegen Saddam, der 1991 begonnen hatte, war nie zu Ende gegangen, sodass die Artillerie der Baathi immer noch auf amerikanische Flugzeuge feuerte und die Waffenlabors vermutlich weiterhin ihre finsteren Bemühungen fortsetzten, sogar als das Weiße Haus seinen Bericht über Präventivkriege veröffentlichte. Ich nehme an, dass man sich über die Definition des Begriffs Krieg streiten kann, meine aber, dass Geschützfeuer als Indiz gelten sollte. Wieso dann noch von einem Präventivkrieg sprechen? Die amerikanische Hälfte des Kriegs gegen den Terror war alles andere als ein Präventivkrieg. Doch das Weiße Haus sprach tatsächlich von Präventivschlägen, und die Welt reagierte auf vorhersehbare Weise, nämlich mit Besorgnissen wegen des Weißen Hauses.

Es konnte nie irgendwelche Zweifel geben, dass Bush, genügende diplomatische Bemühungen der USA vorausgesetzt, in der Lage gewesen wäre, sich die Zustimmung und sogar die Teilnahme der verschiedensten Verbündeten im Krieg gegen den Terror zu sichern – und wenn nicht in jedem Fall die der Vereinten Nationen, dann die irgendeiner anderen Gruppe von Nationen wie im Kosovo-Krieg: ein Bündnis westlicher Länder und muslimischer Staaten, die Erste und die Dritte Welt in einer bunten Kombination. Amerikas Macht war groß, und die Niederwerfung der Terroristengruppen lag im Interesse vieler Völker. Es ging dabei nicht um uns gegen den Rest der Welt. Und doch, nachdem Bush das Thema der Präventivkriege angesprochen hatte, brachte er auch das Problem der amerikanischen Einseitigkeit zur Sprache – was Ländern auf der ganzen Welt zwangsläufig das Gefühl gab, in Fragen von Krieg und Frieden jedes Mitspracherecht verloren zu haben. Auf diese Weise sorgte Bush dafür, dass die ihm gewährte Unterstützung selbst in den Fällen, in denen er sich die Zustimmung der Vereinten Nationen sicherte, nur zögernd und grollend gewährt wurde und unpopulär war – es war eine Zustimmung, die nur durch harten Druck und durch Zusagen von lukrativen Erdöl-Geschäften in einem Nachkriegsirak und nicht durch einen Appell an die höheren Motive einer freiheitlichen Zivilisation gewonnen wurde. Warum handelte er so? Aus keinem Grund. Aus Gründen der Ideologie. Vielleicht aus Unerfahrenheit. Weil ihm die Zeit fehlte, über die Alternativen nachzudenken. Oder wer weiß? Hier war jedenfalls die große, furchterregende Wahrheit der gesamten modernen Geschichte wieder einmal für jeden deutlich zu erkennen und zu besichtigen – die große Wahrheit, dass ungeheure Konsequenzen aus unbedeutend erscheinenden Ursachen erwachsen und dass die Weltereignisse nicht durch eine systematische Logik bestimmt werden, ferner, dass zufällige Ereignisse das größte aller Phänomene einrahmen: in diesem Fall das zufällige Ereignis, dass der mächtigste Mensch der Welt in einem Augenblick der höchsten Krise zufällig George W. Bush war.

Aber wenn Bush und seine Berater weitgehend den Faden verloren, der zum Jahr 1989 und den freiheitlichen Errungenschaften der 1990er Jahre zurückführte, wenn die führenden Männer Amerikas es schafften, den Enthusiasmus und die Sympathie großer Teile der Welt zu verspielen, wenn es ihnen gelang, naive Menschen in vielen Ländern davon zu überzeugen, dass Amerika und nicht die Terroristen die weltweit größte Gefahr darstellten – wenn die Führung Amerikas kurz dafür verantwortlich war, dass tausend Vorteile einfach weggeworfen wurden, Vorteile, die ihnen hätten gehören müssen, was taten dann die Europäer? Die anfänglichen Reaktionen auf die Anschläge des 11. September 2001 in Europa hatten tatsächlich etwas zu bedeuten und würden letztlich wahrscheinlich stark ins Gewicht fallen. (»Ich bin mit dem amerikanischen Volk solidarisch«, sagte etwa der Vorsitzende der Kommunistischen Partei Frankreichs.)

Doch es gab auch andere Reaktionen. Selbstmordattentäter jagten Israelis in die Luft; und Massen im Trend liegender Denker kamen zu dem Schluss, dass Israel kein Existenzrecht besitze. So sah die Perversität des Augenblicks aus. Und ähnliche Perversitäten umgaben die Anschläge des 11. September und die Vereinigten Staaten. Ich habe nicht die Absicht, das Ausmaß des neuen Antiamerikanismus in Europa zu übertreiben. Die Zahl der Anschläge auf Synagogen und Juden in Europa stieg urplötzlich an, und die Attacken auf Muslime nahmen sogar noch mehr zu – überall gab es hässliche Ausbrüche von Gewalt in Wohngebieten und Demagogie von den Rednerpodien. Bei den französischen Präsidentschaftswahlen kam ein faschistischer Politiker als Zweiter ins Ziel. (Besser so, als das Rennen als Erster zu beenden!) Amerikanern in Europa widerfuhr nichts dergleichen. Doch die atmosphärische Veränderung war unverkennbar. Frédéric Encel hat sie geschildert: »Die Zwillingstürme waren kaum in sich zusammengestürzt, als sämtliche psychopathischen Spötter in den

Salons von Paris über die Vereinigten Staaten herzogen und dabei vor Vergnügen und Rachlust platzten: ›Wer profitiert denn von diesem Verbrechen, wenn nicht die Amerikaner und ihre Verbündeten?‹, ›Kein Rauch ohne Feuer!‹, und dann ertönte noch der abstoßende Ausruf: ›Die Amerikaner haben es doch geradezu herausgefordert!‹ Als würden die Menschen, die im World Trade Center gearbeitet hatten und die Fluggäste der entführten Maschinen das Böse Amerikas verkörpern, als sühnten sie den Kult des Königs Dollar, das Schicksal der Apachen, die McDonald's-Restaurants ...«

Und während die Salon-Schwätzer weiter faselten, zeigten die europäischen Intellektuellen, jedenfalls einige der Klügsten von ihnen, eine parallele Reaktion auf einer niveauvolleren Ebene. Die Intellektuellen warfen einen Blick aufs Bushs Abneigung gegen das Völkerrecht und internationale Institutionen, sein unkultiviertes Auftreten (Bushs persönliches Verhalten, das in den Vereinigten Staaten gut ankommt, kommt in einigen anderen Ländern schlecht an) sowie die Politik seines Justizministers, die mit dem McCarthyismus in dessen schlimmster Zeit verglichen wurde. Und die Intellektuellen gelangten zu einer extremen Interpretation. Sie vermuteten, dass Europa und die Vereinigten Staaten, die so lange Zeit eine einzige atlantische Zivilisation gebildet hätten, sich jetzt auseinander entwickelten. Die Vereinigten Staaten drifteten in eine eigene Richtung ab, was irgendwann eine vollkommen andere Kultur hervorbringen würde. Dies war eine wilde Interpretation. Bush hatte vielen auf die Füße getreten, das war nicht zu leugnen. Doch selbst wenn man seine Politik im allerschlimmsten Licht erscheinen lässt, könnte kein Mensch sagen, dass Bush irgendeinem umfassenden neuen Konsens Ausdruck gegeben hätte. Der Mann war sowieso nur durch puren Dusel Präsident geworden, weil bei den Wahlen des Jahres 2000 nicht alles mit rechten Dingen zugegangen war. Trotzdem beharrten einige der europäischen Intellektuellen darauf, seiner Politik eine tiefe Bedeutung zuzumessen. Und sie äußerten ein Urteil.

Sie kamen zu dem Schluss, dass sich Westeuropa zu einer fortgeschrittenen und hochzivilisierten Demokratie entwickelt habe, während Amerika in die Barbarei abgleite. Sie verwiesen auf das Ausmaß der ökonomischen Ungleichheit in Amerika, auf die enorme und noch anwachsende Rolle der Religion in Politik und Verwaltung der USA sowie auf den Niedergang der amerikanischen Bindung an das Recht. Schon die eine Entscheidung, sich dem Kioto-Protokoll über Luftverschmutzung zu entziehen und nicht zu unterschreiben, gab vielen europäischen Intellektuellen ein mit Worten nicht zu beschreibendes Entsetzen ein. Doch vor allem verwiesen sie auf die Todesstrafe in den Vereinigten Staaten. Diese höchste Strafe schien ihnen der endgültige Beweis für amerikanische Grausamkeit. Nun muss ich gestehen, dass mein amerikanisches sozialdemokratisches Herz in jedem einzelnen dieser Punkte zutiefst mit den europäischen Intellektuellen übereinstimmt, wenn ich mir die Fragen einzeln ansehe. Ich bin auch der Meinung gewesen, dass Westeuropa in den letzten Jahrzehnten wunderbare Fortschritte gemacht hat, denen wir Amerikaner zu unserem eigenen Wohl nacheifern sollten, selbst wenn die Europäer damit ihre wirtschaftlichen Probleme hatten, von den kulturellen ganz zu schweigen.

Und doch sind den europäischen Intellektuellen beim Vergleich zwischen Amerika und Westeuropa einige relevante Faktoren entgangen. Westeuropa mag zwar ein überlegenes Maß an ökonomischer Gleichheit erreicht haben, doch dafür hatte Amerika ein überlegenes Maß an Offenheit für alle und jeden erlangt – eine andere Art von Gleichheit, zugänglich für Einwanderer aus immer exotischeren Weltgegenden und nicht nur für die Erben der *Mayflower*. Sollte das nicht auch etwas wert sein? Im gegenwärtigen Zeitalter war es Westeuropa, das seine Minderheiten mit Straßenmobs und Hooligans verfolgte – das besonders die Muslime verfolgte und manchmal auch die Juden –, obwohl den meisten Menschen bei Straßenmobs und Hooligans unwohl war. Die Vereinigten Staaten erfreuten sich im Gegensatz dazu eines ungewöhnlich gesunden Augenblicks in den Rassenbeziehungen. Was die Todesstrafe betrifft, schienen mir die europäischen Intellektuellen dreifach Recht zu haben. Tocqueville hatte in den 1830er Jahren die Todesstrafe als ein Anzeichen von Amerikas Überlegenheit über Europa gewertet, als ein Zeichen, weil in Amerika kaum jemand mehr hingerichtet wurde, während die Menschen in den hirnrissigen Monarchien der Alten Welt in erschreckenden Zahlen erhängt und guillotiniert wurden. Doch das war damals.

Mit Amerika war es seit den 1830er Jahren bergab gegangen. Das war nicht zu bestreiten. In dieser einen Frage, des Vergleichs von Amerika mit Europa, hatten sich die Dinge umgekehrt. Die Alte Welt war vorangestürmt, und die Neue Welt hinkte hinterher, und Bushs barbarisches Texas hinkte noch weiter hinterher. Dennoch hatte die europäische Obsession in der Frage der Todesstrafe in den Vereinigten Staaten etwas Seltsames und Lächerliches an sich. Frankreich wäre nicht Frankreich ohne seine Geschichte der Massenhinrichtungen und Erschießungspelotons – in der Schreckensherrschaft von 1793, in der Niederschlagung der Pariser Kommune und wiederum in der Zeit der Befreiung von den Nazis. Die Geschichte staatlicher Hinrichtungen in Deutschland erwähne ich nicht einmal. Etwas Vergleichbares hat es in den Vereinigten Staaten nie gegeben. Keine politische Bewegung in Amerika ist je durch die Todesstrafe unterdrückt worden, zumindest nicht seit den Tagen von Ned Turners Rebellion im Jahre 1831. Amerikas Probleme lagen woanders. Doch mir war klar, worauf diese europäische Kritik abzielte. Sie drückte die Stimmung von Menschen aus, die sich in einem Moment der Angst zu dem Traum von Schweden oder einer Schweiz zurückziehen wollten – dem Traum von einem Europa, das Angriffe auf sich vermied, indem es nicht klar Stellung bezog, ein herzloses altes Europa der Vergangenheit, das Europa, das vor sechzig Jahren nicht seine Juden beschützen wollte oder vor zehn Jahren seine Muslime, das Europa, das schon immer von seinen eigenen Manien errettet werden musste und sich in jüngster Zeit zu seinen (wirklich) überlegenen Leistungen gratuliert hat, was ökonomische Gleichheit und Sozialleistungen betrifft.

Ich will aber damit nicht sagen: »So ist Europa: Seht es euch an und stöhnt.« Ich möchte auf etwas anderes hinweisen, was besorgniserregender ist. Denn was bedeutet es, wenn man sagt, dass das zwanzigste Jahrhundert im Jahre 1989 tatsächlich nicht zu Ende gegangen ist – dass die schlimmsten und erschreckendsten Impulse der Neuzeit immer noch ungebändigt waren und weiterhin Schaden anrichteten? Es gibt eine Bedeutung, die über die einfache Beobachtung hinausgeht, dass schurkenhafte Tyrannen immer ein Problem sind. Wir sollten uns die Frage vorlegen: Wie konnte es passieren, dass im zwanzigsten Jahrhundert eine neue Bewegung nach der anderen der Welt verrückte und apokalyptische Fantasien präsentierte und dafür bejubelt wurde, um dann ihre Feinde und sogar ihre Freunde dahinzumetzeln? Diese Bewegungen entstanden aus einem Ekel vor den Fehlschlägen und der Einfalt der freiheitlichen Zivilisation und stützten sich auf einige der tiefsten und schönsten Leistungen von Literatur und Philosophie. Sie griffen auf die Tiefen der menschlichen Natur zurück, was sie mächtig machte.

Die totalitären Bewegungen blühten auch, weil das Klima des modernen Lebens ihnen zu blühen erlaubte. Um eine Situation zu erreichen, in der Nazis Europa erobert haben, braucht man dazu nicht nur die Nazis, sondern auch noch all die anderen rechten Bewegungen, welche die Nazis in einem freundlichen Licht sehen, und außerdem braucht man linke Gegner wie die Kriegsgegner unter den französischen Sozialisten, die nicht sehen können, dass Nazis Nazis sind. Um am Ende zu erleben, dass Stalin halb Europa tyrannisiert, braucht man nicht nur die vorsichtigen Sowjetführer und die sowjetischen Panzer, man braucht auch die naiven Gewerkschaftsführer und die unwissenden Arbeiter, die alles glauben, was man ihnen erzählt. Man braucht die törichten Gesinnungsgenossen und Mitläufer, die nie die Absicht haben, selbst Stalinisten zu sein, die sich aber einreden, dass liberale Gesellschaften sowieso halbwegs faschistisch seien und dass der Kommunismus trotz all seiner Unzulänglichkeiten ein Schritt nach vorn sei. Die totalitären Bewegungen entstehen aufgrund von

Fehlschlägen in der liberalen Kultur, können aber gedeihen, weil es noch weitere Fehlschläge und ein weiteres Versagen in der liberalen Kultur gibt. Und wenn sie weiter gedeihen, liegt es an noch mehr Versagen – an einem liberalen Versagen nach dem anderen.

Im Augenblick werden wir von Terroristen aus den totalitären Bewegungen der muslimischen Welt heimgesucht, die schon jetzt eine erstaunliche Zahl von Menschen getötet haben, meist in den muslimischen Ländern, aber nicht nur dort. Was war nötig, damit diese Terroristen gedeihen konnten? Innerhalb der muslimischen Welt ein ungeheures Versagen des politischen Muts und der Vorstellungskraft. Ferner ein fast vorsätzlicher Mangel an Neugier, was das Versagen von Menschen in anderen Teilen der Welt betrifft – der Mangel an Neugier, der uns die Annahme erlaubte, dass der Totalitarismus besiegt worden sei, obwohl er gerade erst einen neuen Zenit erreichte. Es waren ansehnliche Dosen von Wunschdenken nötig – ganz der naive Glaube an eine rationale Welt, der in seiner Unfähigkeit, die Realität zu verstehen, die totalitären Bewegungen überhaupt erst ermöglicht hat. Ferner eine politische Linke, die in ihrer antiimperialistischen Glut die Fähigkeit verlor, sich dem Faschismus zu widersetzen – und die manchmal noch ein kleines Stückchen weiter auf der abschüssigen Bahn abgerutscht ist. Dann über Jahrzehnte hinweg eine zynische Anwendung »realistischer« oder Nixon'scher Doktrinen – der Doktrinen, die den Golfkrieg von 1991 bestimmten, der Doktrinen, die selbst jetzt noch zu freundlichen Verbindungen mit den reaktionärsten Feudalsystemen führen. Schuld war außerdem unsere Unfähigkeit, zu unseren freiheitlichen und demokratischen Grundsätzen zu stehen, ja unsere Unfähigkeit, diese Prinzipien auch nur zu artikulieren. Weiter waren nötig eine provinzielle Unwissenheit, was die geistigen Strömungen in anderen Teilen der Welt betrifft, törichte Ressentiments in Europa und eine törichte Arroganz in Amerika. Es waren so viele Dinge nötig! Doch daran hat es nie gemangelt – alles, was zu dem Debakel nötig war, war in überreicher Fülle vorhanden.

Und jetzt stehen wir vor einer schrecklichen Situation. Nachdenkliche Menschen warnen uns vor bevorstehenden entsetzlichen Ereignissen, und die Warnungen sind nur zu einleuchtend. Doch die Warnungen können uns nicht raten, welche Schritte wir unternehmen sollen, und sei es auch nur deshalb, weil die warnenden Stimmen sich auf allen Seiten befinden und uns davor warnen, etwas zu tun, aber auch davor warnen, nichts zu tun. Der Präsident der Vereinigten Staaten hat ein ausdauerndes Talent dafür an den Tag gelegt, auf Hühneraugen zu treten, und das gerade dann, als die Vereinigten Staaten ihre Freunde am dringendsten als Freunde brauchten; daneben aber auch eine beharrliche Unfähigkeit, die intellektuellen Dimensionen des Krieges zu begreifen. Der Herausgeber der französischen Tageszeitung *Le Monde*, Jean-Marie Colombani – genau der Mann, der die bewegende Solidaritätsadresse mit den Vereinigten Staaten formulierte, »Nous sommes tous Américains!«, und das in der Nacht nach den Anschlägen des 11. September 2001 –, hat später eine leicht skeptische Reaktion auf seinen eigenen Leitartikel geschrieben, ein Buch mit dem Titel *Tous Américains?* Darin erinnert er in einem wohlmeinenden Geist daran, wie großartig die Vereinigten Staaten früher einmal gewesen seien. Damals, so erzählt er uns, »hatte Amerika einen großen Präsidenten, Franklin Delano Roosevelt. Heute nichts dergleichen.« Was nur zu wahr ist. Aber was lässt sich dagegen unternehmen? Terroristenbomben explodieren dennoch weiter, die Selbstmordkrieger setzen ihren ekstatischen Marsch in Richtung Tod fort, und wir Amerikaner und die Franzosen und alle anderen haben zu reagieren, auch wenn wir keinen Franklin Roosevelt haben, der uns den Weg zeigt.

Wir befinden uns in einer absurden Situation. Dies ist wahrhaft ein Moment, den Camus geschätzt hätte. Wir haben allen Grund, verängstigt zu sein; doch es ist keine gute Idee, Angst zu haben. Oh, wie sehr wünsche ich mir, dass die ganze Welt sich am Ende doch als rational erklärlich erwiese – dass ein Chomsky sie für uns festnageln und dass man nachweisen könnte, dass alles das Werk böser Erdölfirmen und ihrer Verbündeten in den Medien sei oder irgendeiner anderen benennbaren Pestilenz. Doch es gibt keine einzelne Logik, welche die Welt regiert, und niemand wird für uns intervenieren, um eine einzusetzen – weder Gott noch Hegel, auch nicht Franklin Delano Roosevelt. Wir müssen uns schon selbst wappnen. Wir brauchen einen neuen Radikalismus, um Bush zuzusetzen, damit er uns deutlicher erklärt, was auf dem Spiel steht, und für die Menschen auf der ganzen Welt politische Lösungen anbietet, die sonst vielleicht unsere Feinde würden – wir brauchen einen neuen Radikalismus, um Bush zu zwingen, sich auf überzeugendere Weise gegen die »realistischen« Irrtümer der Vergangenheit zu wenden. Bush wird tun, was er tun wird. Wir wollen ihm trotzdem zusetzen. Manche Aspekte eines Krieges gegen Terror und Totalitarismus können sogar von Menschen ausgekämpft werden, die George W. Bush nicht ausstehen können. Deutschlands Pazifisten billigen die amerikanische Politik nicht. Deutschlands Pazifisten können trotzdem teilnehmen – sie ganz besonders. Die gesamte muslimische Welt ist von deutschen Philosophien aus längst vergangener Zeit überschwemmt worden – den Philosophien des revolutionären Nationalismus und Totalitarismus, clever in muslimische Dialekte übersetzt. Lassen wir die Deutschen in der gesamten Region von Tür zu Tür gehen und eine Rückrufaktion durchführen. Sie können sich nützlich machen. Die Franzosen entrüsten sich über die Todesstrafe. Sollen sich die Franzosen doch um Orte kümmern, an denen die Opfer von Bulldozern begraben worden sind. Die Franzosen brauchen keine amerikanischen Präsidenten, um in diese Richtung geführt zu werden. In den Vereinigten Staaten selbst brauchen wir keinen Präsidenten, der die Ideen artikuliert, die artikuliert werden sollten. Die Demokratische Partei hat keinen Roosevelt mehr, der noch wusste, wie man einen Krieg der Ideen führt, während man gleichzeitig noch eine andere Art Krieg führt. Trotzdem kann die Partei Roosevelts immer noch die Partei Roosevelts sein. Schlesinger hat auf die amerikanischen Gewerkschaften und die weitsichtige Rolle verwiesen, die sie nach dem Zweiten Weltkrieg in Europa gespielt haben.

Lassen wir die Gewerkschaften heute diese Rolle spielen, nämlich in Ländern, in denen Terror und Totalitarismus noch immer eine Gefahr darstellen. Vielleicht sind die Gewerkschaften einer solchen Aufgabe nicht mehr gewachsen. Na schön, wir haben heute reiche Stiftungen. Wir haben Menschenrechtsorganisationen. Sollen die Stiftungen und Organisationen ihren eigenen Krieg führen. Al-Qaida ist ein lockeres Netzwerk. Seien wir ein noch lockereres Netzwerk. Ein Krieg ist ein Krieg, und es gibt nichts, worin man Trost finden könnte. Aber wir haben auch keinen Grund, so heftig zu zittern, wie Henry James es 1914 tat. James sah zu, wie sich die einfachen Hoffnungen des neunzehnten Jahrhunderts in Luft auflösten, und erschauerte, weil er wusste, dass die gesamte Zivilisation hilflos auf die Niagarafälle zutrieb. Wir müssen seine Furcht nicht teilen. Die Zivilisation ist schon in den Abgrund gestürzt. Das war die Bedeutung des zwanzigsten Jahrhunderts.

Wir können unmöglich wissen, wie die gegenwärtige Situation sich entwickeln wird – ob die Entscheidungen des Präsidenten sich als klug oder töricht erweisen werden, ob sein Versagen sich als verhängnisvoll erweisen wird oder nicht, ob die militärischen Planer klug oder naiv sein werden, ob unsere Feinde zahlreicher oder weniger zahlreich sein werden, ob irgendein wachsamer Polizeibeamter oder Zollbeamter eine Stadt retten wird oder nicht. Doch anders als James können wir uns auf die Erfahrung der vielen letzten Jahre stützen, und diese Erfahrung kann uns lehren, welches Ziel wir im Auge behalten sollen. Bei der Schilderung der Nihilisten und ihres Denkens schrieb Camus: »Hier sind Selbstmord und Mord zwei Seiten des gleichen Systems.« Wir sind die Antinihilisten – wir sollten es jedenfalls sein. Ereignisse auf der ganzen Welt haben uns die Existenz eines antinihilistischen Systems demonstriert. Das antinihilistische System hat ebenfalls zwei Seiten. In diesem System bedeutet Freiheit für andere Freiheit für uns selbst. Treten wir also für die Freiheit anderer ein.

Anmerkung für den Leser

In einem früheren Buch (*Zappa meets Havel: 1968 und die Folgen – eine politische Reise*, Rotbuch Verlag 1998) habe ich in groben Zügen ein paar Gedanken zu Liberalismus und Geschichte skizziert. Nach dem 11. September 2001 begann ich, diese Gedanken auf heutige Gegebenheiten anzuwenden. Zuerst in einem Bericht für die *New Republic*, dann in einem Essay »Terror and Liberalism«, der am 22. Oktober 2001 in *The American Prospect* erschien. Einige Monate später fügte ich in einem Essay für die New Yorker Wochenzeitschrift *Forward* vom 24. Mai 2002 einige zusätzliche Gedanken hinzu. Ein Guggenheim-Stipendium ermöglichte mir, im Sommer und Herbst 2002 diese Gedanken und Bemerkungen zu dem Buch auszubauen, das Sie in Händen halten.

Im Verlauf des Buches zitiere ich die wichtigsten Quellen, die mein Denken geleitet haben, und mit Ausnahme weniger Fälle gibt es keinen Grund, die Zitate hier zu wiederholen. Das Zitat von C. L. R. James im zweiten Kapitel stammt aus *Mariners, Renegades and Castaways: The Story of Herman Melville and the World We Live In* (New York: C. L. R. James, 1953) und bezieht sich in Wahrheit auf die Besatzung der *Pequod*. Die relevanten Bücher von André Glucksmann sind: *Am Ende des Tunnels: das falsche Denken ging dem katastrophalen Handeln voraus; eine Bilanz des zwanzigsten Jahrhunderts* (Berlin, Siedler, 1991). Darin legt der Autor seine Theorie apokalyptischer Revolutionen dar; ferner *Dostoïevski à Manhattan* (Paris,

Robert Laffont, 2002), ein Werk, in dem er den Nihilismus erörtert. Das Buch von Gilles Kepel, das ich oft herangezogen habe, ist: *Das Schwarzbuch des Dschihad: Aufstieg und Niedergang des Islamismus* (München, Piper, 2002). Das von mir erörterte Buch Tariq Ramadans ist *Islam, the West and the Challenges of Modernity* (Markfield, Leicester, und Nairobi, Kenia, The Islamic Foundation, 2001).

Luigi Galleanis Abhandlung *The End of Anarchism?* erschien ursprünglich 1924–25 in italienischer Sprache in der New Yorker Zeitschrift *L'Adunnata dei Refratarri* (Orkney, Schottland, Cienfuegos Press, 1982). Das von mir herangezogene Buch von Paul Avrich ist sein Werk *Sacco and Vanzetti: The Anarchist Background* (Princeton, Princeton University Press, 1991).

Das von mir zitierte Gedicht von Charles Baudelaire ist »Aufschrift für ein verurteiltes Buch« aus *Die Blumen des Bösen*, Sämtliche Werke/Briefe, Bd. 4 (München, Heimeran Verlag, 1975). Das Gedicht von Rubén Darío ist »Salutación del Optimista« aus *Cantos de Vida y Esperanza*, erschienen 1905.

Zu den von mir erörterten Werken Sayyid Qutbs gehören die folgenden: *Social Justice in Islam* (Oneonta, New York, Islamic Publication International, 2000); *In the Shade of the Qur'an* in der Übersetzung von M. A. Salahi und A. A. Shamis, erster Band (Markfield, Leicester, und Nairobi, Kenia: The Islamic Foundation, 1999); vierter Band (2001); und 30. Band (New Delhi, Idara Ishaat E. Dioiyat [P] Ltd., 1992). Meine Analyse basiert ferner auf der Lektüre der Bände 2, 3, 5 und 6 der Übersetzung von Salahi und Shamis, die Bestandteil der 15-bändigen englischsprachigen Ausgabe sind. Ich beziehe mich auch auf *Islam: The Religion of the Future* (Delhi, Markazi Maktaba Islami, 1974) sowie *Milestones* (Mumbai, Indien, Bilal Books, 1998). Ferner zitiere ich eine Biografie Qutbs von S. Badrul Hasan, *Syed Qutb Shaheed* (Karachi, International Islamic Publishers, 1980). Die Zitate aus dem Koran sind folgender Ausgabe entnommen: *Der Koran – Das Heilige Buch des Islam* (München, Wilhelm Goldmann Verlag, 1980).

Bernard Lewis zitiere ich mehrfach und beziehe mich dabei auf sein Buch »*Treibt sie ins Meer!*«: *Die Geschichte des Antisemitismus* (Frankfurt am Main, Ullstein, 1987). Ferner habe ich ein Interview mit ihm von Enrique Krauze zitiert, das im Dezember 2002 in *Letras Libres* in Mexiko erschienen ist. Mein Hinweis auf Walter Laqueur bezieht sich auf einen Essay aus seiner Feder, der am 6. September 2002 im *Times Literary Supplement* erschienen ist.

Meine Erörterung Léon Blums und der Kriegsgegner unter den französischen Sozialisten stützt sich auf *The Burden of Responsibility: Blum, Camus, Aron, and the French Twentieth Century* von Tony Judt (Chicago, University of Chicago Press, 1998) sowie auf ein wertvolles Buch von Nadine Fresco, *Fabrication d'un antisémite* (Paris, Editions du Seuil, 1999). In diesem Werk werden die Ursprünge der Holocaust-Verleugnung wiedergegeben – einer Manie, die auf die Anti-Kriegs-Fraktion des französischen Sozialismus zurückgeht.

Breyten Breytenbachs Essay in *Le Monde* ist in englischer Sprache auf der Website des International Parliament of Writers zu finden, www.autodafe.org. José Saramagos Essay wurde am 21. April 2002 in *El País* veröffentlicht und einige Tage später in derselben Zeitung von Barbara Probst Solomon beantwortet. Zu Chomskys Argumenten bezüglich des amerikanischen Raketenschlags gegen den Sudan stütze ich mich auf eine im Internet veröffentlichte Polemik von Leo Casey in den Archiven der Zeitschrift Z, www.zmag.org.

Von Fatima Mernissi zitiere ich *Islam und Demokratie – Die Angst vor der Moderne* (Freiburg, Herder, 2002). Ferner verweise ich auf das Buch von Jean-Marie Colombani: *Tous Américains? Le Monde après le 11 septembre 2001* (Paris, Fayard, 2002). Ferner stütze ich mich auf Frédéric Encels *Géopolitique de l'apocalypse: La démocratie à l'épreuve de l'islamisme* (Paris, Flammarion, 2002). Wo nichts anderes vermerkt ist, sind Übersetzungen aus dem Französischen und dem Spanischen von mir. Ferner habe ich den unerschrockenen Reportern der *New York Times* unzählige Fakten zu verdanken.

Der Ausdruck »neuer Radikalismus« ist Arthur M. Schlesinger Jr.

entnommen, nämlich seinem Werk *The Vital Center: The Politics of Freedom* (Boston, Houghton Mifflin, 1949). Die Kühnheit dieses Ausdrucks sagt mir zu. Der Ausdruck ist aber auch mit einer belehrenden Geschichte befrachtet, was man nicht vergessen sollte. Von Christopher Lasch stammt ein Buch mit dem Titel *The New Radicalism in America 1889–1963: The Intellectual as a Social Type* (New York, Alfred A. Knopf, 1965). Darin stellte er Betrachtungen über Schlesingers *Vital Center*, die Liberalen des Kalten Krieges und die antikommunistische Linke um die Mitte des zwanzigsten Jahrhunderts an. Und Lasch zeigte sich besorgt. Das Phrasenhafte an Ausdrücken wie »Freiheit«, »Totalitarismus« und ähnlichen Wörtern erschien ihm als extrem und starr. Diese Ansicht war keineswegs töricht. Die in den Jahren um 1950 übliche Schwarz-Weiß-Malerei, die Furcht vor dem Sowjetkommunismus, der neue Radikalismus dieser Ära – diese Dinge führten später tatsächlich zu Problemen. Doch nach einiger Zeit verlor der Sowjetkommunismus seinen Stachel. Allerdings haben einige der Liberalen und Radikalen in der Hitze ihres Antitotalitarismus die Veränderung der Gegebenheiten nicht bemerkt und jubelten am Ende dem Sprung nach Indochina zu. Indem ich den Vorschlag mache, den Begriff »neuer Radikalismus« und den Geist der antikommunistischen Linken wiederzubeleben, möchte ich diese besondere Lektion aber nicht vergessen – die Erinnerung daran, wie einige der Liberalen und Radikalen vor einem halben Jahrhundert in ihrer Heftigkeit später die Fähigkeit verloren, fundierte und nuancierte Urteile zu fällen. Wenn Laschs Buch einen kleinen Schatten auf den Begriff »neuer Radikalismus« wirft und vor neuen Irrtümern dieser Art warnt, stelle ich mir vor, dass der Schatten den Begriff verbessert. »Sei radikal, sei radikal, sei aber nicht zu verdammt radikal«, hat Walt Whitman einmal gesagt.

Heute hat die totalitäre Gefahr noch nichts von ihrer Bedrohlichkeit eingebüßt, und es wäre unklug, etwas anderes zu behaupten. Literatur und Sprache um die Mitte des zwanzigsten Jahrhunderts sprechen zu uns über diese Gefahr. Das ist die These meines Buches.

Greg Campbell
Tödliche Steine
Der globale Diamantenhandel und seine Folgen
Aus dem Amerikanischen von Angelika Hildebrandt
Broschur, 260 Seiten

Anna Funder
Stasiland
Aus dem australischen Englisch von Harald Riemann
Gebunden mit Schutzumschlag, 340 Seiten

Josef Gräßle-Münscher
Terror und Herrschaft
Die Selbstbespiegelung der Macht
Broschur, 165 Seiten

Kai Hirschmann
Geheimdienste
eva wissen 3000
Broschur, 96 Seiten

Michael Ignatieff
Empire *lite*
Die amerikanische Mission und die Grenzen der Macht
Aus dem Englischen von Christiana Goldmann
Broschur, 114 Seiten

Michael Ignatieff
Die Politik der Menschenrechte
Aus dem Englischen von Ilse Utz
Broschur, 121 Seiten

Michael Ignatieff
Virtueller Krieg
Kosovo und die Folgen
Aus dem Englischen von Angelika Hildebrandt
Broschur, 231 Seiten

Michael Ignatieff
Die Zivilisierung des Krieges
Ethnische Konflikte, Menschenrechte, Medien
Aus dem Englischen von Michael Benthack
Broschur, 243 Seiten

Bernard Lewis
Die politische Sprache des Islam
Aus dem Amerikanischen von Susanne Enderwitz
eva TB 103, 258 Seiten

Christina Knüllig (Hg.)
Aufwärts bitte!
Zehn Beiträge gegen Deutschlands freien Fall
Broschur, 150 Seiten

Maria Mies
Globalisierung von unten
Der Kampf gegen die Herrschaft der Konzerne
Broschur, 255 Seiten

Maria Mies/Claudia von Werlhof (Hg.)
Lizenz zum Plündern
Das multilaterale Abkommen über Investitionen »MAI«
Broschur, 232 Seiten

Globale Supergesellschaft – Imperium – Softpower – Globalisieru

Joseph S. Nye Jr.
Das Paradox der amerikanischen Macht
Warum die einzige Supermacht der Welt Verbündete braucht
Aus dem Amerikanischen von Bernhard Jendricke u.a.
Gebunden mit Schutzumschlag, 296 Seiten

Jedediah Purdy
Das Elend der Ironie
Aus dem Amerikanischen von Holger Fliessbach
Gebunden mit Schutzumschlag, 213 Seiten

Jedediah Purdy
Das ist Amerika
Freiheit, Geschäft und Gewalt in der globalisierten Welt
Aus dem Amerikanischen von Ilse Utz
Gebunden mit Schutzumschlag, 367 Seiten

Stefan Reinecke (Hg.)
Die neue NATO
Vom Verteidigungsbündnis zur Interventionsmacht?
Broschur, 163 Seiten

Thomas Schroedter
Globalisierung
eva wissen 3000
Broschur, 96 Seiten

Mark Terkessidis
Migranten
eva wissen 3000
Broschur, 96 Seiten

Sibylle Tönnies
Cosmopolis Now
Auf dem Weg zum Weltstaat
Broschur, 150 Seiten

Joel Turnipseed
Bagdad Express
Kriegstagebuch
Aus dem Amerikanischen von Harald Riemann
Gebunden mit Schutzumschlag, 220 Seiten

Gore Vidal
Ewiger Krieg für ewigen Frieden
Wie Amerika den Hass erntet, den es gesät hat
Aus dem Amerikanischen von Bernhard Jendricke u.a.
Broschur, 132 Seiten

Gore Vidal
Bocksgesang
Antworten auf Fragen vor und nach dem 11. September
Aus dem Amerikanischen von Bernhard Jendricke u.a.
Broschur, 121 Seiten

Michael Walzer
Erklärte Kriege – Kriegserklärungen
Aus dem Amerikanischen von Christiana Goldmann
Mit einem Vorwort von Otto Kallscheuer
Broschur, 184 Seiten

 Anregungen und Kritik, Lob und Tadel erreichen uns unter
www.europaeische-verlagsanstalt.de
oder per Post: Europäische Verlagsanstalt, Bei den Mühren 70, 20457 Hamburg